Paul Herre

Der Kampf um die Herrschaft im Mittelmeer

Die geschichtliche Entwicklung des Mittelmeerraums

Herre, Paul

Der Kampf um die Herrschaft im Mittelmeer

Die geschichtliche Entwicklung des Mittelmeerraums

ISBN:˙978-3-86403-107-6
Erscheinungsjahr: 2011
Erscheinungsort: Bremen, Deutschland

© Outlook Verlagsgesellschaft mbH, Fahrenheitstr. 1, 28359 Bremen. Alle Rechte beim Verlag und bei den jeweiligen Lizenzgebern.

Bei diesem Titel handelt es sich um den Nachdruck eines historischen, lange vergriffenen Buches aus dem Jahre 1909. Da elektronische Druckvorlagen für diese Titel nicht existieren, musste auf alte Vorlagen zurückgegriffen werden. Hieraus zwangsläufig resultierende Qualitätsverluste bitten wir zu entschuldigen.

Paul Herre

Der Kampf um die Herrschaft im Mittelmeer

Die geschichtliche Entwicklung des Mittelmeerraums

> **Wissenschaft und Bildung**
> Einzeldarstellungen aus allen Gebieten des Wissens
> Herausgegeben von Privatdozent Dr. Paul Herre
> 46

Der Kampf um die Herrschaft im Mittelmeer

Die geschichtliche Entwickelung des Mittelmeerraums

Von

Dr. Paul Herre

Privatdozent an der Universität Leipzig

1909
Verlag von Quelle & Meyer in Leipzig

Alle Rechte vorbehalten.

Vorwort.

In mehrfacher Hinsicht bedarf dieser Überblick über die geschichtliche Entwickelung des Mittelmeerraums der Nachsicht des Lesers. Bei dem für den Geschichtsforscher notwendig gewordenen Gebot, einzelnen Zeiträumen und innerhalb derselben einzelnen Gebieten sein Sonderinteresse zuzuwenden, ist es gewiß ein Entschluß, die gewaltige Entwickelung von vier Jahrtausenden für einen Raum, der Völker verschiedenster Kulturen und Rassen zusammenschließt, zum Gegenstand einer Darstellung zu machen, der 160 Druckseiten als höchster Umfang zugewiesen sind. Es ist selbstverständlich, daß dieser Überblick demgemäß durchaus nicht auf selbständiger, an die ursprünglichen Quellen sich wendender Forschung beruht; es mag deshalb auch sein, daß ein oder der andere Fachmann gewisse Dinge seines Arbeitsgebiets nicht einwandfrei erfaßt und bearbeitet finden wird, und ich bin mir selbst der Unzulänglichkeit meiner Arbeit wohl bewußt. Was mir trotzdem den Mut gab, die schwierige Darstellung zu wagen, war die Gewißheit, daß ich mit ihr eine, wie ich glaube, tatsächlich bestehende Lücke in unserer geschichtlichen Literatur ausfülle. Soviel über einzelne Abschnitte innerhalb des großen Zeitraums der Mittelmeergeschichte geschrieben ist, so eingehend man sich mit der Geschichte der einzelnen Länder beschäftigt hat, so wenig ist der Versuch gemacht worden, den gesamten Mittelmeerraum wie vom geographischen so auch vom geschichtlichen Standpunkt aus als eine Einheit zu betrachten, das Auf und Ab, Hin und Her, Neben-, Mit- und Gegeneinander dieser gewaltigen Entwickelung zusammenfassend zu behandeln. Daß es mehr als lohnend war, unter diesem Gesichtspunkt einmal die Mittelmeergeschichte zur Darstellung zu bringen, wird auch der nichtfachmännische Leser anerkennen, und ich möchte deshalb hoffen, daß auch zweifellos vorhandene Mängel dem Buche den Wert nicht nehmen.

Es kommt in diesem geschichtlichen Überblick also weniger darauf an, die Entwickelung der einzelnen im Kampfe stehenden Völker selbständig zu verfolgen, als vielmehr den Ursachen nachzugehen, die sie haben emporwachsen und zurücktreten lassen. Das Kommen und Gehen der Völker, die Ablösung einer Herrschaft durch eine andere und die in diesem Wechsel ruhende Bedeutung sind hauptsächlich Inhalt der Darstellung. Nur so gewinnt man den Blick für die allgemeine, den Gesamtraum überspannende Entwickelung und für die sichtbaren und unsichtbaren treibenden Kräfte, deren Kampf die viertausendjährige Geschichte erfüllt.

Uns Deutschen steht der Mittelmeerraum in seiner Vergangenheit und Gegenwart verhältnismäßig fern. Aber gerade die Vorgänge der letzten Jahre tun dar, welch große Bedeutung seiner Entwickelung innewohnt und wie nötig es ist, daß wir einen größeren Anteil daran nehmen. Der Zweck des Buches wäre erreicht, wenn es ihm gelänge, in einem weiteren Leserkreis Interesse an der Vergangenheit und Gegenwart der Mittelmeervölker und namentlich an den in ihrem Zusammenleben im Meeresraum beschlossenen Problemen zu erwecken. Unter diesem Gesichtspunkt ist den vier letzten Jahrhunderten der Mittelmeergeschichte sowie der Rolle der europäischen Völker eine bevorzugende Beachtung geschenkt worden.

Die Literaturangaben, die trotz ihres Umfanges bei der Fülle des Materials nur hinweisenden Charakter haben können, sollen über die Grundlagen der Darstellung Auskunft geben und dem Leser den Weg zu weiterer Beschäftigung mit dem Stoff ebnen.

Inhaltsverzeichnis.

	Seite
Vorwort	V—VI
Kapitel I. Das Altertum	1—20
Kapitel II. Der Untergang des römischen Reiches und die Völkerwanderung	21—33
Kapitel III. Die Bewegung des Islam und die Begründung des römischen Kaisertums deutscher Nation	34—48
Kapitel IV. Die Kreuzzüge und die Versuche der Wiedervereinigung des christlichen Abend- und Morgenlandes	49—62
Kapitel V. Die Renaissance und die Anfänge der osmanischen Bewegung	63—77
Kapitel VI. Die osmanische Bewegung und die Gegenreformation	78—99
Kapitel VII. Das System des europäischen Gleichgewichts und der Niedergang des osmanischen Reiches	100—119
Kapitel VIII. Die Einheits- und Befreiungsbewegung der christlichen Nationen und die Gewinnung Nordafrikas	120—139
Kapitel IX. Weltpolitik und Weltwirtschaft	140—154
Anmerkungen	155—163
Register	164—172

Kapitel I.
Das Altertum.

Wenn wir die geographischen Gebilde betrachten, die Schauplatz weltgeschichtlicher Entwickelung geworden sind, so bemerken wir, daß den drei Mittelmeeren, die die Erde kennt, eine besondere Rolle zufällt. Denn nicht nur das europäische, sondern auch das amerikanische und asiatische Mittelmeer sind Ursprung und Sitz uralter menschlicher Kultur geworden. Um das letztere hat sich das Gebiet der alten indischen und chinesischen Kultur geschlossen, um das erstere die Kultur des Nahnareiches. Gerade das karaibische Meer weist besonders zahlreiche Analogien zum europäischen Mittelmeer auf; es wird in einer nahen Zukunft auch noch in dem Panamakanal eine entsprechende Erscheinung zum Suezkanal besitzen und so auch im modernen Sinne dem europäischen Mittelmeer vergleichbar sein. Es ist die Verbindung verschiedener Länder durch eine leicht zu überwindende Wasserfläche, die den Mittelmeerräumen eine Art Ausnahmestellung für die Geschichte der Menschheit schenkt. Denn bei einem frühen Kulturzustand bedeutet das Binnenmeer nicht etwas Trennendes, sondern, entgegen dem Lande, Verbindendes. Frühzeitig treten die anwohnenden Völker zueinander in Austausch und erzeugen in politischem, wirtschaftlichem und geistigem Zusammenschluß einen Ausgleich der verschiedenen Kulturstufen.

Bei aller Gleichartigkeit dieser Bedingungen und Äußerungen kommt dem europäischen Mittelmeerraum noch eine weit größere weltgeschichtliche Bedeutung zu als denen in Amerika und Asien. Wohl ist auch bei diesen in früherer Zeit bereits ein verhältnismäßig hoher Kulturzustand der anwohnenden Völker erreicht worden, aber die Entwickelung gelangte über ein bestimmtes Maß nicht hinaus. Man blieb bei dem vor Jahrtausenden Erreichten stehen und besaß nicht die Fähigkeit fortzuschreiten. Die in den Menschen wirkenden

Kräfte wurden aufgezehrt und fanden aus unverbrauchten Völkern keine neue Zufuhr. Ganz anders die Entwickelung im Gebiete des europäischen Mittelmeeres. Die Gunst der Lage zwischen den drei Erdteilen der alten Welt mit verschieden gearteten Rassen und Völkern, bewirkte einen ständigen Wechsel der Herrschaft in politischer und kultureller Beziehung. Immer neue Kräfte drängten hinter den verbrauchten nach und schufen ein Hin und Her, ein Auf und Ab anstürmender und zurückgehender Völkermassen, wie sie kein anderes geographisches Gebiet aufweist.

Stets von neuem machte sich dabei das Streben nach Zusammenschluß geltend. Das Hinübergreifen des einen Erdteils in den anderen, ihre Auflösung in Inseln und Halbinseln, die Gleichartigkeit von Klima, Pflanzenwelt und Bodenverhältnissen wirkten dahin, und so wurde in den Völkern, die in den Mittelmeerraum hineinbrandeten, immer wieder das instinktive Bedürfnis nach Ausbreitung über das gesamte Gebiet mächtig. Andererseits führte die reiche Küstengliederung trotz alles Verbindenden und Vermittelnden zu politischer Sonderung und staatlicher Einzelbildung. Dieses In- und Gegeneinander von Zusammenschluß und Trennung bleibt das besondere Kennzeichen des europäischen Mittelmeerraumes. In dem Wechsel von Kampf und Versöhnung und in dem Wechsel der durch sie siegenden Kulturträger, liegt die eigentliche Bedeutung des Mittelmeergebietes für die Geschichte der alten Welt begründet; in ihnen ruht das Moment des Fortschrittes, wie es uns in der Geschichte von vier Jahrtausenden entgegentritt.

Es ist und bleibt wohl strittig, welche Völker in vorgeschichtlicher Zeit die Randgebiete des Mittelmeeres bewohnten. Möglich, daß die Länder damals in noch höherem Sinne eine Einheit waren als zu irgend einer geschichtlichen Zeit. Möglich, daß eine einheitliche blonde Rasse, über deren Ursprung nur Vermutungen angestellt werden können, nicht nur Europa, sondern auch Nordafrika und Westasien bevölkerte. Es ist nicht Aufgabe des Historikers, über diese Streitfrage zu entscheiden, und er kann sich hinter den freilich etwas temperamentvollen Ausspruch Theodor Mommsens verschanzen, daß sich die vorgeschichtlichen Forscher mit Stoffen abgäben, die weder wißbar noch wissenswert seien.

Sicher ist, daß zu Beginn unserer geschichtlichen Kenntnis bereits scharf voneinander geschiedene Rassen und Völker die Küstenländer des Mittelmeeres bewohnten. Auf den beiden östlichen Halbinseln unseres Kontinents war eine gräco-italische Bevölkerung indogermanischen Ursprungs seßhaft geworden und hatte die Ureinwohner verdrängt oder aufgezehrt. Nur die Illyrier auf der Balkanhalbinsel, die noch heute in dem Stamme der Albanier fortleben, und die Etrusker auf der Apenninhalbinsel hatten ihr Volkstum bewahrt, doch gingen die letzteren allmählich in der italischen Bevölkerung auf. Die westliche Halbinsel dagegen war noch im Besitze ihrer Ureinwohner, der Iberer, die der Halbinsel selbst den Namen gegeben haben. In Nordafrika lebte von den Gebieten der Syrten bis an den Atlantischen Ozean das Mischvolk der Berbern, das sich durch Verschmelzung einer Urbevölkerung mit einem wahrscheinlich aus Europa zugewanderten Volke gebildet hatte. Diese der hamitischen Rasse zugehörigen Stämme standen ursprünglich dem Semitentum fern und scheinen sogar den Indogermanen verwandter gewesen zu sein, bis sie sich dann mit den semitischen Arabern zu einer Art Einheit zusammenschlossen. Für die nordafrikanische Entwickelung ist von Bedeutung, daß sie räumlich völlig gesondert von der des afrikanischen Kontinents blieb, indem die Saharawüste trennender wirkte als irgend eine andere geographische Schranke. Ägypten schließlich sowie in Asien Syrien und die Hinterländer am Euphrat und Tigris gehörten dem Semitentum an, während Kleinasien von arisch-armenischen Stämmen bevölkert wurde, denen sich um das Schwarze Meer bis in die Donauebene das arische Volk der Skythen anschloß.

Am Anfange der uns greifbaren menschlichen Geschichte stehen die beiden Kulturstaaten Ägypten und Babylon. Die Gunst der Natur, klimatische Vorbedingungen und die Eigenschaften der semitischen Rasse haben diese Gebiete zum Ausgangspunkte der Geschichte der alten Welt gemacht. Aber noch standen diese Völker in keinem oder nur in geringem Verhältnisse zum Mittelmeer; ihre Kulturen blieben an die Stromgebiete gebunden, aus denen sie emporgewachsen waren. Ägypten war bis in die jüngste Zeit hinein niemals Seemacht, sondern hat in voller Abgeschlossenheit zu Wasser und zu Lande jene selbständige frühe Kultur geschaffen, die wir in ihren gewaltigen

Resten noch heute bewundern. Babylon stand zum Mittelmeer ebensowenig in Beziehungen und war, wie Ägypten, ausschließlich Landmacht. Nur einmal hat das Reich sich bis an die Küste des Mittelmeeres erstreckt und sogar darüber hinaus gegriffen. Wir besitzen eine Überlieferung, daß in der ersten Hälfte des dritten Jahrtausends vor Christi Geburt der durchaus geschichtliche aber mythisierte König Sargon von Agade (um 2800 v. Chr.) „das Westland bekriegt und das Meer der untergehenden Sonne befahren hat", und wir haben neuerdings Funde gemacht, die an der Wahrheit einer Mittelmeerherrschaft von diesem ältesten Babylon aus nicht zweifeln lassen. Es bleibt freilich ganz ungewiß, welchen Umfang diese hatte und wie lange sie währte, wennschon alles dafür spricht, daß Sargons Unternehmung kein einfacher Raubzug war.

Somit kann im ganzen von einer Zugehörigkeit des Mittelmeergebietes zur ältesten orientalischen Kultur keine Rede sein. Erst seit dem zweiten vorchristlichen Jahrtausend begannen die beiden nationalen Kulturen Ägyptens und Babylons zusammenhängend in die zwischen ihnen liegenden Gebiete überzugreifen und so eine vorderasiatische Gesamtkultur zu entwickeln, die dann durch Handel und Schiffahrt über das ganze Mittelmeer getragen wurde.

Das Volk der Syrer war dank der Notwendigkeit, Mittler der getrennten Kulturen zu sein, ganz besonders befähigt zu der Aufgabe, auch Missionar für die neue Kulturgemeinschaft zu werden. So sind die Semiten die Handelsrasse geworden, als die wir sie noch heute sprichwörtlich kennen. Anfangs beschränkte sich ihr Handel wohl auf das Land; sie trugen die Waren hin und her zwischen dem Osten und Westen des Kulturgebietes, und erschlossen ihm sowohl nach Süden, nach Arabien zu, wie nach Norden, nach Kleinasien hin, neue Länder. Nach verhältnismäßig kurzer Zeit müssen sie aber auch schon den Seeweg beschritten haben, bereits im sechzehnten Jahrhundert vor Christi finden wir ihre Seefahrten hoch entwickelt.

Es ist das Volk der Phönizier, das so das Mittelmeer zuerst in den Bereich der orientalischen Kultur und damit der Kultur überhaupt zog. Unter Phöniziern versteht man die semitische Bevölkerung, die an der Küste Syriens saß. Sie war ursprünglich selbständig, geriet dann aber in die Abhängigkeit der

Macht, die jeweils die Herrschaft in Vorderasien ausübte. Die Hauptplätze waren die Städte Sidon und Tyros, die nacheinander eine Art Oberhoheit über die anderen Stammesgenossen besaßen. Neuere Forscher haben versucht, die weltgeschichtliche Bedeutung der Phönizier einzuschränken. Nach ihnen sollen die Kolonien oder Siedelungen der Phönizier im Mittelmeer als ein Teil der großen kanaanäischen Wanderung aufzufassen sein, die ihrerseits als eine große semitische Bewegung in der damals bekannten Welt betrachtet werden müsse. Die phönizische Ausbreitung bedeute also eine der islamitischen Bewegung des siebenten und achten Jahrhunderts n. Chr. entsprechende Erscheinung. Zuzugeben ist wohl, daß nicht nur die Bevölkerung der wenigen syrischen Städte Trägerin der riesigen Handelstätigkeit war, daß sich diese vielmehr aus den verwandten Stämmen des Hinterlandes ergänzte, aber im übrigen ist doch die große und selbständige Arbeit der Phönizier nicht zu bestreiten. Tatsächlich hat es ein phönizisches Volk gegeben, das sich seit 2500 v. Chr. etwa herausbildete. Im einzelnen unterlag diese Entwickelung großem Wechsel. In der Tel-Amarna-Periode (um 1500 v. Chr.) hatte z. B. Ägypten die Oberhoheit, während Sidon an der Spitze der phönizischen Städte stand. Später hatte Tyros die Vormacht, freilich nur für Südphönizien, während der Norden von Assyrien abhängig war. Die höchste Blütezeit erlebte die tyrische Herrschaft unter König Hiram (um 1000 v. Chr.), einem Zeitgenossen König Salomos, damals befand sich wohl auch Palästina in Abhängigkeit von Tyros. Seitdem behielt dieses die Vormachtstellung.

Die Phönizier waren ein typisch semitisches Volk. Es ist ein besonderes Kennzeichen des Altertums, daß es die Kräfte der einzelnen Völker einseitig, hypertrophisch entwickelte. Diese syrische Bevölkerung war vorwiegend ein Handelsvolk. So weitblickend und befähigt es sich in der Erschließung neuer Handelsgebiete erwies, so sehr versagte es hinsichtlich der organischen Ausnutzung und des systematischen Ausbaues der gewonnenen Vorteile. Die semitischen Völker besitzen nur eine einseitige Veranlagung im staatsbildenden Sinne. Darauf beruht das schließliche Versagen ihres weltgeschichtlichen Wirkens; daraus folgt der gewaltige Aufstieg der Indogermanen, die die staatsbildende Fähigkeit in vielseitigster Erscheinung als vornehmste Eigenschaft besitzen.

So erfüllten die Phönizier in echt semitischer Weise ihre weltgeschichtliche Aufgabe. Als koloniale Entdecker traten sie ihren Siegeszug über das Mittelmeergebiet an. Wie sie es taten, war es damals allein möglich, und sie verfuhren ganz im Sinne ihrer Handelstätigkeit. Wir lernen in der kolonialen Besiedelung der Phönizier die erste Form der Kolonisation überhaupt kennen. Die Kolonisation im Mittelmeer war in jenen früheren Jahrhunderten leicht genug selbst für ein der Zahl nach kleines Volk. Da die anwohnenden Völker auf einer niedrigen kulturellen Stufe standen, hatten sie durchaus keinen Anlaß, die Fremden abzuweisen, die ihnen die Produkte einer verhältnismäßig hohen Kultur zuführten. So wurden die phönizischen Kaufleute überall gern aufgenommen, sie konnten in ungesicherten Faktoreien ungestört ihre Handelstätigkeit ausüben.

Mit ihren kleinen Fahrzeugen wagten sich die mutigen Händler hinaus mit einer Entdeckerfreude und einer Abenteuerlust, die mit dem Wagemute der entdeckenden Spanier und Portugiesen im fünfzehnten und sechzehnten Jahrhundert n. Chr. zu vergleichen ist. Man bedenke, wie gefährlich die Schiffahrt damals war, wie sie nur angesichts der Küste ausgeübt werden konnte. Schnell wurde der Phönizier an allen Gestaden des Mittelmeeres heimisch. Von Cypern, Ägypten und den nächsten kleinasiatischen Küsten stieß er in die kleine abgeschlossene Welt des Ägäischen Meeres vor. Die griechische Sage von der durch Jupiter entführten tyrischen Königstochter Europa und dem jungen Königssohne Kadmos, der auszog, sie wieder zu finden, bezeugt uns die Rolle, die die Phönizier in der ältesten griechischen Geschichte spielen. Und weiter und weiter drangen sie gen Westen vor. Sie besiedelten die nordafrikanische Küste in zahlreichen Plätzen von der großen Syrte bis an den atlantischen Ozean. Sie ließen sich auf Sizilien und Sardinien nieder, faßten auf der spanischen Halbinsel Fuß und begaben sich durch die Straße von Gibraltar hindurch, an der vom atlantischen Ozean bespülten Küste entlang, nach Norden bis hinauf nach Großbritannien, nach Süden bis in die Höhe des Äquators.

Jedoch das ist das Charakteristische dieser Besiedelung: sie erfolgte nicht in der Art systematischer Erschließung und Besetzung des neuen Landes, sondern lediglich durch Otkupierung einzelner Plätze, in denen wohl Kaufleute und Handwerker sich ansiedelten, aber der Bauer fehlte. Die Folge war, daß die Kolonien in dauernder Abhängigkeit vom Mutterlande blieben, daß sie selbst zum Hinterlande nur Handelsbeziehungen gewannen. Wie man es sich zu Hause gefallen ließ, daß alle paar Jahrzehnte der Herr wechselte, daß man die ägyptische Oberhoheit ebenso gern anerkannte wie die persische, so fühlte man sich in der Fremde ohne Unbehagen als Gast. Selbst Karthago, die mächtigste und zukunftsreichste phönizische Kolonie, hat Jahrhunderte lang für den Boden ihrer Stadtanlage den Eingeborenen Grundzins entrichtet.

Inzwischen aber hatte sich im Bereiche des mittelländischen Meeres ein zweites wichtiges Kulturzentrum gebildet: die Welt des ägäischen Meeres. Nicht ohne Zusammenhang mit dem Orient, aber doch in verhältnismäßig großer Selbständigkeit hatte die europäische Urbevölkerung eine eigenartige Kultur ausgebildet, die früher nach der Hauptfundstätte ihrer Reste die mykenische genannt wurde, aber nach den neueren Ausgrabungen, namentlich auf der Insel Kreta, als für den ganzen Südosten Europas, wenn auch mit gewissen lokalen Verschiedenheiten, gültig in Anspruch zu nehmen ist. In die Länder dieses ägäischen Kulturkreises drangen seit dem dritten Jahrtausend die Griechen ein, zunächst die Beherrschten und Empfangenden, allmählich aber zu den Herren und Trägern einer neuen indogermanischen Kultur aufsteigend. So nahm diese griechische Bevölkerung der Balkanhalbinsel und der Inseln des ägäischen Meeres eine selbständige, scharf von der asiatischen unterschiedene Entwickelung; bald war sie kräftig genug, ihrerseits vorzustoßen.

Zwischen 1300 und 1000 v. Chr. drängten die Griechen vorwärts, schon kam es zu einem ersten abendländischen Gegenschlag gegen die Vormachtstellung der orientalischen Kultur. Wir wissen von einem gewaltigen Vorstoß „nordischer" Stämme gegen das damals in Syrien bestehende Hetiterreich und gegen Ägypten. Während das erstere darüber zusammenbrach, scheiterte der Vorstoß an der ägyptischen Macht. Aus dem Gebiete des ägäischen Meeres aber wurden die orientalischen Fremdlinge systematisch hinausgedrängt; die Phönizier mußten sich in die südlichen Gebiete zurückziehen und wurden vermutlich dadurch zu energischerem Vorgehen nach dem westlichen Becken des

Mittelmeeres hin veranlaßt. Das ägäische Meer ward ein griechisches Meer. Infolge des Unterganges des kleinasiatischen Großreiches der Hetiter und des Nieberganges Ägyptens wurde der Zusammenhang mit dem Orient gelockert, die hellenische Kultur konnte im europäischen Sinne ihre selbständige freie Entfaltung nehmen.

Von vornherein war diese Entwickelung auf die Ausbreitung über das Meer gerichtet. Die natürliche Beschaffenheit des Landes wies die Griechen dorthin: jene Durchdringung von Meer und Land, jene Zerstückelung des Festlandes, jene Auflösung in Inseln, jene Gebirgigkeit und Unzugänglichkeit, wie sie in Europa nur noch Norwegen aufweist. In den geographischen Verhältnissen Griechenlands ist die hohe Begabung für Seewesen und Schiffahrt begründet, die die Griechen bis auf den heutigen Tag besitzen. Mit dem Meere war vom ersten Augenblick an die Entwickelung der griechischen Kultur verbunden. Die herrlichen Sagen vom trojanischen Krieg, von der Argonautenfahrt, von Herkules, von Theseus und Perseus, von Hero und Leander, atmen die enge Beziehung des griechischen Volkes zum Meer, und die Odyssee ist das gewaltigste Schifferepos, das die Weltliteratur hervorgebracht hat. Auch die geographische Wissenschaft hat in Griechenland ihre Wiege und erfuhr mit der zunehmenden Ausbreitung der Griechen über den Mittelmeerraum eine immer wachsende Ausgestaltung.

Bereits in diese älteste Zeit griechischer Geschichte ist der Beginn der bekannten Kolonisation zu setzen, die das griechische Wesen über die gesamte alte Welt verbreitet hat. Bereits für diese Jahrhunderte können wir jedoch auch die Unterschiede greifen, die zwischen der neuen kolonialen Besiedelung des Griechentums und der alten semitischen bestand. Gewiß war auch bei den Hellenen der Handelstrieb von Einfluß, aber entscheidend war ein anderes Moment. Da in den organisch sich auswachsenden Staaten bald eine intensivere Ausnutzung des Heimatlandes und eine kriegerische Ausbreitung zu Lande unmöglich war, mußte die überschüssige Volkskraft über das Meer hin abgegeben werden. Eine hohe kulturelle Blüte war dafür Voraussetzung, und so wuchs die koloniale Ausbreitung in demselben Maße wie die hellenische Kultur sich ausreifte. Die Kolonien aber waren keine Faktoreien zur kommerziellen

Ausbeutung des Hinterlandes, sondern zur dauernden Besetzung des Landes angelegte, mit Mauern umschlossene Plätze. Nicht nur der Händler, sondern auch der Bauer zog hinaus; ihm sollte die Kolonie die neue Heimat sein. Und so breitete sich hellenische Kultur mit überraschender Schnelligkeit über das Mittelmeergebiete aus. Man begann mit der Besiedelung der ägäischen Meeresgestade in Kleinasien, die völlig hellenisiert wurden. Diese Bewegung stellt wohl zugleich noch einen Teil der Wanderbewegung dar; es gingen für diese älteste Zeit eben natürliche Ausbreitung und systematische Kolonisation noch nebeneinander her. Die jüngere Kolonisation hatte dann vor allem von Kleinasien und den ägäischen Inseln, weniger vom griechischen Festlande ihren Ausgang. Man griff in dieser zweiten Phase kolonialer Besiedelung nordwärts hinüber an die Küste des Schwarzen Meeres, und man begab sich über die südlichen Inseln Kreta und Cypern in das eigentliche Gebiet der phönizischen Handelsherrschaft Nordafrika. Als Konkurrenz der phönizischen Dreistadt Tripolis entstand die rasch aufblühende Kolonie Kyrene, die sich bald zur sogenannten Pentapolis auswuchs. Und schließlich setzte man den Fuß in das westliche Mittelmeergebiet hinüber. Man besiedelte in großartiger Weise Unteritalien und Sizilien und wagte sich bis nach Südfrankreich, wo das neue Handelsemporium Massalia (Marseille) entstand.

Nur nach einer Seite versagte das Griechentum. Wenn es auch über eine hohe staatsbildende Fähigkeit verfügte, so wurde diese doch nur in der Form kleinstaatlicher Praxis verwirklicht. Seine politische Betätigung erschöpfte sich in den Kämpfen der zahlreichen Staaten untereinander und in den Verfassungskämpfen innerhalb der Mauern der einzelnen Stadt, wennschon die Theorie vom Staate dabei auf hellenischem Boden eine frühe Ausbildung erfuhr und wennschon die große Zahl der so erzeugten Kulturzentren eine höchst wertvolle Vielseitigkeit und Mannigfaltigkeit der Gesamtkultur zur Folge hatte. Auch bei den Griechen bemerken wir jene einseitige Ausbildung, die für das Altertum charakteristisch ist. An dem Mangel an staatsbildender Kraft im großen Stil ist das Hellenentum zu Grunde gegangen.

So waren jetzt zwei große Nebenbuhler im Mittelmeerraum wirksam, Phönizier und Griechen rangen um die Vormacht.

Eine zeitlang schien sogar ein dritter Konkurrent im Kampfe um die Herrschaft über das Meer sich durchsetzen zu wollen: Ägypten. Einen ersten Versuch, an der Seeherrschaft teilzunehmen, hatte im dreizehnten Jahrhundert v. Chr. König Ramses II. unternommen. Jetzt im siebenten Jahrhundert v. Chr. zwang nach Beseitigung der assyrischen Fremdherrschaft das Auswachsen der babylonischen Macht die Pharaonen von Sais, auf Abwehrmaßregeln bedacht zu sein. Sie setzten sich mit den Seemächten in Beziehung und taten Schritte für Errichtung einer eigenen Seemacht. Necho II. (609 — 595) begann die Herstellung eines Kanals vom Nil zum Roten Meer, des ersten Vorläufers des heutigen Suezkanals, und erbaute eine starke Kriegsflotte auf dem Mittelländischen und Roten Meere. Dagegen ist die Überlieferung, daß in seinem Auftrage Phönizier Südafrika umschifft hätten, in das Reich der Legende zu verweisen. Unter Necho und seinen Nachfolgern erlebte Ägypten eine bedeutende Nachblüte, aber sie war nicht mehr echt. Träger dieser Erhebung war nicht mehr das heimische Volkstum, sondern das vordringende Griechentum. Ägypten stieg politisch noch einmal empor, weil der Zusammenbruch der vorderasiatischen Reiche ihm Raum zur Entfaltung gab, aber schnell unterlag es dann wieder dem gewaltig ausholenden Babylonier Nebukadnezar. Phönizier und Griechen blieben die alleinigen Rivalen auf dem Mittelmeere.

Die allgemeine Bedeutung dieses Kampfes zwischen den beiden Handelskonkurrenten springt in die Augen: es war die Frage, ob indogermanisches europäisches Wesen oder semitische asiatische Art die Zukunft für sich haben sollte. Bereits schien es, als sollte die ältere Herrschaft der Phönizier der frischen Energie und der universellen Begabung der Griechen unterliegen, da machte sich um die Wende des siebenten und sechsten Jahrhunderts ein auffälliger Umschwung bemerkbar. Das hellenische Vordringen kam zum Stillstande. Was war der Anlaß und die Ursache?

Unzweifelhaft war das Semitentum zur Erkenntnis gelangt, daß es zu Grunde gehen würde, wenn es sich dem unaufhaltsamen Vordringen der Griechen nicht mit anderen Mitteln entgegenstellte, als es bisher geschehen war. Die alte phönizische Kolonialstadt Karthago ward zum Organ des Systemwechsels.

Die alte Überlieferung, daß Karthago im Jahre 814 v. Chr. entstanden sei, kann historisch zutreffen; auch die Gründung von Tyros aus mag geschichtlich sein. Dagegen ist die der Königstochter Dido zuerteilte Rolle durchaus sagenhaft. Es ist kein Zufall, daß gerade diese Kolonie sich jetzt an die Spitze der semitischen Bewegung stellte. Karthago hatte die günstigste Lage im Mittelmeere für sich. Auf afrikanischem Boden an der schmalsten Stelle des Meeres, der Südspitze Siziliens gegenüber gelegen, beherrschte es die Zufahrt vom Ost- zum Westbecken; gegenüber dem benachbarten älteren Utica hatte es den Vorteil des Terrains auf seiner Seite.

In systematischem Vorgehen begann nun Karthago den Griechen den Besitz der Westhälfte des Mittelmeeres streitig zu machen, und es entfaltete eine Energie und Zähigkeit, die zu den hervorragendsten Leistungen der Weltgeschichte gehört. Eine ganz neue Art phönizischer Kolonisierung wurde jetzt in Angriff genommen. Systematisch unterwarf man das Landgebiet und sicherte es durch Festungen. Man gelangte zu einer Zentralisierung der Kräfte, wie sie die griechische Geschichte niemals gesehen hat; freilich war sie mehr begründet in der bewußten Energie des Willens als in der instinktiv Geltung suchenden Äußerung eines ausgeprägten Rassegeistes. Im übrigen behielt der karthagische Staat seinen echt semitischen Charakter. Die Handelstätigkeit blieb als das Bestimmende bestehen, die Regierung und Führung der Politik lag ganz in den Händen des kapitalistischen Patriziats, dem für eine spätere Zeit in der Handelsaristokratie der venezianischen Republik eine ganz ähnlich geartete Nachfolgerin im Mittelmeergebiete erwachsen ist.

Es war eine ungeheure Gefahr für die Zukunft indogermanischen Wesens, wenn es dem neuen semitischen Großstaate gelang, dank dem zentralisierten Staatsorganismus seines kulturell wohl überlegenen, aber durch die Kleinstaaterei innerlich zerrissenen Gegners Herr zu werden.

Eines der wirksamsten Mittel, deren sich die karthagische Politik bediente, war die Verbindung mit den einheimischen Völkern, bei denen die Griechen festen Fuß gefaßt hatten. Die Anwendung dieses Mittels war zugleich der Anlaß, daß die bisher in lokaler Entwickelung dahinlebenden Völker Italiens in die allgemeine Entwickelung des Mittelmeeres hineingezogen wurden.

Längst hatten sich im westlichen Mittelmeere die Etrusker zu einer Art Seeherrschaft aufgeschwungen. Ihre Besonderheit war nicht friedliche Ausbreitung, sondern kriegerische Unterwerfung. So herrschten sie in Italien bis hinunter nach Campanien, wo sie mit den Griechen zusammenstießen. Unter dem Schutze ihrer Piraterie aber betrieben sie einen blühenden Handel, der ihnen unerhörte Reichtümer schenkte und einen maßlosen Luxus bewirkte. Ein Bündnis dieser Seemacht mit der afrikanischen Republik brachte das Vordringen der Griechen 537 zum Stillstand; nach den damals getroffenen Vereinbarungen wurde ihnen im ganzen das westliche Mittelmeer tatsächlich verschlossen, wenn auch Massalia in ihrem Besitze blieb. Dagegen legten die Karthager Grund für ihr großes Kolonialreich. Das nördliche Sizilien, Sardinien, Korsika, die Balearen und Spanien fiel ihnen zu. Der Gewinn war um so wertvoller, als ohne ihr Zutun zur selben Zeit der gefährliche etruskische Rivale zusammenbrach.

Der Ausgang dieses gewaltigen Kampfes war sehr zwiespältig. Einmal schien es, als sei die semitische Vormacht im westlichen Mittelmeere nunmehr zur Herrschaft gelangt, als werde es ihrer staatlichen Werbetätigkeit gelingen, diese Gestade sich untertan zu machen. Zugleich aber war jetzt dasjenige Volk zur freien Entfaltung zugelassen, das in seiner Entwickelung durch das Vordringen der Griechen besonders ernst gefährdet worden war: die Römer.

Es kann hier nicht die Aufgabe sein, das Entstehen des römischen Staates zu erzählen. Genug, daß die Geschichte des römischen Reiches von vornherein nicht eine Geschichte Roms, sondern Italiens war; daß in den Stammeskämpfen der Halbinsel der latinische Stamm über den umbrischen Nebenbuhler triumphierte, daß er auch die etruskische Oberhoheit abschüttelte und sich in kriegerischer Festigkeit die italischen Stämme angliederte. Indem sich Griechentum und Semitentum bekämpften, indem die sizilianischen Griechen die unbequemen Etrusker niederwarfen, hatte Rom die Möglichkeit ungehindert sich auszubauen. Bald wird seine Zeit kommen, da es die Erbschaft des verwandten hellenischen Volkes antritt.

Denn eben gegen Ende des fünften Jahrhunderts entschied sich das Schicksal des Hellenentums.

Schon seit dem sechsten Jahrhundert war den Griechen neben den westlichen Feinden auch im Osten ein neuer gewaltiger Gegner erstanden. Auf den Trümmern der untergegangenen orientalischen Völker hatte sich ein neues erhoben, das in dem großen Perserreiche des Kyros die orientalische Kultur von Indien bis gegen Kleinasien und Ägypten zusammenfaßte. Auch im Mittelmeergebiet gedachte es festen Fuß zu fassen. Es war natürlich, daß die Feinde des Hellenentums im Osten und Westen sich zusammenschlossen. Persien und Karthago reichten sich die Hand, das gewaltige Projekt einer Zusammenfassung der antiken Welt unter orientalischem Geiste drohte verwirklicht zu werden. Noch blieben in dem entbrennenden Weltringen die Griechen Sieger. Den Schlägen von Marathon (490), Salamis (480) und Plataä (479) in Griechenland entsprach der von Himera (480) auf Sizilien. Noch scheiterte der geschlossene Angriff der orientalischen Kultur an dem vorübergehend geschaffenen Zusammenschlusse der hellenischen Welt. Aber der unselige Partikularismus, der nach dem Zurücktreten der auswärtigen Gefahr sofort wieder durchbrach, führte das Hellenentum unaufhaltsam dem Verderben entgegen. Noch entfaltete sich unter der Einwirkung der glänzenden Siege über das persische Weltreich die griechische Kultur zu ihrer höchsten Blüte. Das Zeitalter des Perikles bedeutet die höchste Äußerung des kulturellen Aufstiegs; Kunst, Literatur und Wissenschaft erreichten eine Vervollkommnung, die eine der gewaltigsten Offenbarungen menschlicher Geisteskräfte darstellt. Schnell aber folgte der Verfall. In dem sogenannten peloponnesischen Kriege (431 bis 404) rieb sich das Griechentum auf. Während ein athenischer Imperialismus noch eine Unterwerfung der fremden Kultur erträumte und versuchte, brach Griechenland im Osten und Westen zusammen. Dort grub man sich selbst das Grab; hier riefen die Siege der sizilianischen Griechen, die in einer letzten Anspannung auch das Mutterland in die Schranken gewiesen hatten, eine energische Offensivpolitik des karthagischen Großstaates hervor, der der Staat Dionysos' von Syrakus unterlag.

Aber wie merkwürdig: zu derselben Zeit, da der politischen Freiheit Griechenlands das Sterbeglöcklein erklang, nahm die griechische Kultur erst vollends Besitz von der ganzen damals bekannten Welt. Der hellenische Geist mußte das Opfer des Verzichtes auf die nationale Grundlage bringen, um schlechthin Herr der Welt werden zu können; wie später das Christentum drängte es ihn, unabhängig von nationalen Schranken in universalem Wirken Geltung zu suchen. Alexander der Große, der König der Mazedonier, trug die griechische Kultur zu dauerndem Sieg in den Orient. Gewiß konnte sein Werk im staatlichen Sinne keinen Bestand haben, schnell fiel sein Universalreich wieder auseinander. Aber die kulturelle Wirkung seines gewaltigen Siegeszuges blieb bestehen, und eben die Diadochen- und Epigonenzeit stellt den Beginn der klassischen Blütezeit des Hellenismus, der entnationalisierten griechischen Kultur, dar. Die Ptolemäer in Ägypten, die Seleukiden in Syrien, die Antigonen in Mazedonien und später die Attaliden in Pergamon wurden seine Träger. Dem goldenen Zeitalter des Hellenentums folgte das silberne des Hellenismus. Damals erst nahm der griechische Geist völlig Besitz von der Erde, in seinem Sinn entwickelte sich die Anschauung von der vollen Einheit der alten Welt. Gleichzeitig aber wuchs man, universal wie man geworden war, mit kühnem Gedankenfluge darüber hinaus. Plato hat in seinem Phädon der Anschauung von der Enge des Mittelmeergebietes charakteristischen Ausdruck gegeben: „Wir", erklärt er, „die wir vom Phasis bis zu den Säulen des Herkules wohnen, haben nur einen kleinen Teil der Erde inne, in dem wir uns, wie die Ameisen oder Frösche um einen Sumpf, um das Meer angesiedelt haben". Den Karthager Hanno übertreffend, der die einst von den Phöniziern aufgesuchten Gewässer Westafrikas wieder befuhr, unternahm der griechische Kaufmann Pytheas von Massalia aus seine Entdeckungsfahrt in die Gebiete der Nord- und Ostsee, die damals zum ersten Male mit der Kulturwelt des Mittelmeeres in Berührung kamen. Die großen Geographen Eratosthenes, Hipparch und Poseidonios entwickelten in tiefdringenden Studien ihre Auffassung von der Gestalt und dem Antlitz der Erde, und Polybius wurde der erste Geschichtsschreiber des Mittelmeerraumes.

Diese zugleich theoretische und praktische Weltherrschaft der griechischen Kultur war die Vorbedingung für die Durchsetzung des großen universalen Staatsgebildes der Römer. Dereinst Träger dieser Kultur riß Rom jetzt im Westen die

Führung an sich und trat in den Kampf gegen das orientalische Karthago.

Es würde zu weit führen, den Aufstieg des Römerreiches zu verfolgen, der zum Zusammentreffen mit der afrikanischen Republik führte. Wenn irgendwo, so stießen hier zwei Offensiven aufeinander, die zu einem Kampf auf Leben und Tod führen mußten. Indem die Römer begannen, die Erbschaft der Griechen anzutreten, übernahmen sie deren Gegensatz zum semitischen Großstaate. Es sprach aus ihm der Gegensatz der bestehenden Verhältnisse, zugleich aber auch der Gegensatz zweier Rassen, die nicht miteinander leben konnten. Ebenso wenig bedarf es der Schilderung des jahrhundertelangen Kampfes, in den man so eintrat. Man kennt die Vorgänge; man kennt den Heldenmut, der auf beiden Seiten entfaltet wurde. Man kennt die gewaltigen Leistungen, die die Vorzüge der antiken Menschen besonders hell erstrahlen lassen. Man kennt auch den Ausgang. Was Karthago schließlich unterliegen ließ, war gewiß nicht Mangel an großen Menschen, denn einem Hamilkar und Hannibal kann sich wahrlich kein Römer der Zeit, auch kein Scipio, gleichstellen. Es triumphierte in dem Ringen die geschlossene staatliche Kraft des politisch und staatsmännisch überlegenen Volkes über die zähe Energie des nur kunstvoll arbeitenden Staatswesens. Die Bauernaristokratie siegte über die Geldaristokratie, über die Seemacht die Landmacht, die in den Kämpfen die Einsicht gewonnen hatte, daß sie auch Seemacht werden müsse. Nur die Herrschaft auf dem Meere verbürgte den dauernden Sieg, und so entstand nach karthagischem Vorbilde die Flotte des römischen Bauernvolkes. Erst indem Rom Seemacht und Landmacht in seinem Staate verband, ward es des gefährlichen Gegners Herr, und die Mittelmeerländer lagen ihm zu Füßen. Der Niederwerfung der karthagischen Handelsstaaten folgte die Unterwerfung der griechischen Welt, und es ist ein wohlberechnetes Zusammentreffen, daß in demselben Jahre, 146 v. Chr., da Karthago in Trümmer fiel, auch die damalige griechische Handelsvormacht Korinth dem Erdboden gleich gemacht wurde.

Indessen während der italische Stamm begann, sich die Welt untertan zu machen, vollzog sich das Bündnis zwischen ihm und dem Bruderstamme der Hellenen, das Bündnis zwischen dem kulturlosen Träger staatsbildender Kunst im höchsten Sinne und dem Träger der indogermanischen Geisteskultur schlechtweg. Schon längst war eine Annäherung der beiden Kräfte angebahnt, allmählich führte sie dann zu einer bewußten Verschmelzung. So war es eine doppelte Aufgabe, die das römische Weltreich als Mittelmeerstaat zu lösen hatte: Befestigung des italischen Geistes, d. h. Durchdringung der Mittelmeerländer durch italisches Blut und Erhebung der griechischen Kultur zur Alleingeltung in dem gesamten Bereiche.

Tatsächlich ist das der eigentliche Inhalt der römischen Geschichte seit dem zweiten Jahrhundert v. Chr. Die Phönizier, Griechen und Karthager ablösend, nahmen die Römer ihre Kolonisierungsarbeit in Angriff.

Eine erste Phase der Kolonisation der Mittelmeerländer durch italische Stämme wird durch die Romanisierung der Gallier in Oberitalien nach dem ersten und zweiten punischen Kriege bezeichnet, jedoch trat dafür planmäßig erst der vorbereitende Schöpfer der römisch-demokratischen Monarchie, Gajus Sempronius Gracchus, ein. Er, der als der größte Römer vor Caesar zu bezeichnen ist, war der Urheber der transalpinen Eroberungen, die der kolonialen Besiedelung vorangingen; er lenkte die italischen Kolonisten in die eroberten Gebiete. Gracchus wurde auch der Begründer der neuen römischen Kolonie Karthago, die sich auf den Trümmern der alten Handelsmetropole erhob und entsprechend ihrer beherrschenden Lage bald wieder eine mächtige Stellung im Handelsleben des Mittelmeeres einnahm. Die Aufgabe, die im zweiten Jahrhundert Gracchus nach Norden und Süden hin in Angriff nahm, begann zwei Generationen später der zweite große demokratische Staatsmann Roms, Quintus Sertorius, im Westen, indem er den Bewohnern der spanischen Halbinsel die Zivilisation zuführte. Das waren nur Anfänge. Aber die Bürgerkriege der untergehenden Republik beweisen, daß schon überall eine zahlreiche italische Bevölkerung ansässig war, aus der die Legionen der Provinzen zusammengestellt werden konnten; es gab schon ganze italische Städte, die freilich im Osten von vornherein einen stark hellenischen Charakter annahmen. Eine großartige Steigerung erfuhr dann diese Kolonisationstätigkeit durch Cäsar, dessen Werk schließlich von Augustus vollendet wurde.

Damals, in der ersten Zeit des neuen Imperiums, wurden zahllose Kolonien gegründet. Man schickte die in Italien zu

Grunde gerichteten Landbesitzer in die unterworfenen Länder, man richtete dorthin die militärischen Ansiedler. Es war kein Zufall, daß dabei der Westen bevorzugt wurde, daß fast die ganze zivilisatorische Tätigkeit der Monarchie sich diesem Gebiete zuwandte. Es ergab sich das aus den Verhältnissen im Osten, die eine völlige Durchsetzung der römischen Herrschaft erschwerten. Die spanische Halbinsel und das heutige Frankreich aber wurden damals völlig romanisiert. Es ist die große weltgeschichtliche Bedeutung dieser gewaltigen Kolonisationsarbeit, daß sie die romanische Rasse schuf. Das ist die eine große und bleibende Tat des römischen Mittelmeerreiches.

Ihr entspricht an weltgeschichtlicher Bedeutung die andere: daß es dem größten Staatsmanne Roms, Gajus Julius Cäsar, gelang, das längst angebahnte Bündnis seines Staates mit der hellenischen Kultur zum Abschluß zu bringen. Indem er Italien in den Landschaften des Mittelmeeres aufgehen ließ, ward er der Retter und Erneuerer des Römertums, aber auch zugleich des Hellenentums. So fanden sich in Cäsars Werk die stammverwandten Völker Griechenlands und Italiens wieder zusammen, die einst gemeinsam wohl den Boden ihrer neuen Heimat betreten hatten und die jetzt ihrem Kontinent die Herrschaft des Erdballs schenkten. Das Griechentum, das politisch unterworfen war, wirkte an diesem Bunde mit. Es erkannte, daß die lateinische Zivilisation, die den fremden Völkern aufgenötigt wurde, nur eine Verkündigung des Evangeliums hellenischer Art war; es sah schließlich in Rom den Hort des Hellenismus.

Auf der anderen Seite war freilich mit dieser Durchsetzung der römischen Weltherrschaft eine schwere Schädigung der Kulturerrungenschaften verbunden. Für die gesamte Ausbreitung des Römertums war und blieb bestimmend der Drang nach Herrschaft und Macht, und die Verwirklichung des Zieles ging Hand in Hand mit der Zerstörung und Aufzehrung wertvollster Kulturgüter. Die Römer waren das Gegenteil eines Handelsvolkes; nichts ist bei ihnen zu spüren von dem Unternehmungsgeiste, der die Griechen und Karthager durchdrang und auf das Meer trieb. Rom war und blieb Militärstaat auf politischer Grundlage. Selbstverständlich lebte der Handel trotzdem fort, aber er hatte nicht in der Zentrale Quelle und Nahrung, sondern in den Provinzen, deren Handels- und Gewerbetätigkeit das gewaltige Konsumtionsgebiet von Rom und Italien versorgte. Von neuem überspannten die Griechen mit ihrer kommerziellen Betätigung den Mittelmeerraum. Rom selbst verschloß sich nicht der Erkenntnis von der Bedeutung des Handels und Verkehrs für das Imperium; man sah darin eine Voraussetzung für die Existenz des Gesamtstaates, der auf der Kraft der einzelnen Glieder ruhte. Aus solchen politischen Ursachen wurde dem Handel zeitweilig sogar eine Art staatlicher Fürsorge zuteil. So trat Kaiser Augustus in der entscheidenden Frage der Verkehrsverbindung nach Indien eifrig für die dem Imperium angehörenden Nationen gegenüber den Arabern und Syrern ein. Die Zerstörung Adanas (Adens) und die Entdeckung der Monsunfahrt auf dem Indischen Ozean durch Hippalos lenkten den weiteren Orientverkehr tatsächlich ins Rote Meer und nach Ägypten und schenkten den Griechen weitere Handelsvorteile. Mehr und mehr zog sich jedoch bei dieser Praxis die materielle Kultur nach dem Osten zurück, und mit ihr konzentrierte sich von neuem auch die geistige dort in den Gebieten des Hellenismus. Wenn auch die politische Herrschaft zunächst im Westen ihren Sitz behielt und Italiens militärischer und staatsmännischer Geist die Einheit des Mittelmeerraumes fest aufrecht hielt, so bereitete sich doch langsam die Entwickelung vor, die dann in einer Trennung von Ost- und Westrom ihren offenen Ausdruck fand.

Zunächst waren die Kämpfe um die Herrschaft im Mittelmeer zur Ruhe gelangt. Alle Völker und Länder hatten sich der römischen Staatsgewalt unterworfen. Ideenwelt und Kultur der Indogermanen hatten sich vereinigt und sich die antike Welt untertan gemacht. Wie aber verhielten sich die Besiegten?

Es ist eine der denkwürdigsten geschichtlichen Erscheinungen, daß eben in der Zeit, da die semitisch-orientalische Kultur zu Grunde gerichtet schien, die besiegte Rasse eben den Sieger mit einer Idee befruchtete, die diesem erst im letzten Ende die Herrschaft für die Zukunft in die Hand gegeben hat: der Idee des Christentums. Zu der kulturellen und staatlichen Einheit trat die religiöse, um das Mittelmeergebiet zu einem voll geschlossenen Raume zusammenzufügen und die antike Entwickelung zum Abschluß zu bringen.

Jedermann weiß, wie in Syrien das Volk der Juden aus orientalischen Grundanschauungen die monotheistische Religion ausgebildet hatte, die Grundlage aller späteren geblieben ist. Die Religion war national und sollte es ausdrücklich sein. Sie hatte sich verknöchert und veräußerlicht. Es ist im historischen Sinne die Tat Christi, diese jüdische Religion wieder vertieft, vergeistigt und in Formen gegossen zu haben, die ohne Beschränkung auf ein einzelnes Volk mit ihrem ethischen Inhalt für die Menschheit schlechthin Geltung haben sollte. Christus wurde zum Märtyrer und konnte sein Werk nicht vollenden. Paulus erst tat den Schritt der Entnationalisierung der veränderten Religion, indem er das Bündnis mit der griechischen und orientalischen Philosophie einging; er erst schuf die geistig-religiöse Gemeinschaft für die Kulturvölker. Im Sinne der bestehenden Verhältnisse aber — so ist mit Ranke zu sagen — gehört Christi Wort: „Gebet dem Kaiser was des Kaisers ist" zu den folgenreichsten überhaupt, denn es machte das Christentum für das römische Imperium bündnisfähig. Wohl scheiterte man zunächst an den eben jetzt besonders betonten Ansprüchen der Göttlichkeit des Imperators, aber die Möglichkeit der Lösung für die Zukunft war gegeben.

Die Vernichtung des Judenreiches unter den ersten Kaisern förderte die Verbreitung der christlichen Gemeinden, und die Zersetzung der religiösen Anschauungen im Griechen- wie im Römertum ließ die neue Religion trotz aller Anfeindungen immer weiteren Boden gewinnen. Schließlich war es das Imperium selbst, das das Christentum brauchte. Der zunehmende Verfall des Kaiserreiches schwächte die kaiserliche Autorität unaufhaltsam. Hier in der Religion, die schrankenlose und universale Ansprüche erhob, bot sich dem Imperator ein Bundesgenosse, dessen Hilfe ihn wieder emporheben konnte. Umgekehrt war es das vornehmste Interesse der neuen Religion, in dem dem Imperator unterworfenen Raum ungestört sich ausbreiten zu können. Tradition und Dogma wandelten sich gleichzeitig immer mehr und mehr in dem Sinne griechischen Geistes. Über Paulus hinaus bemühte sich die Schule von Alexandria, der bedeutendste Sitz gelehrter Bildung der damaligen Zeit, alle Phantasie des Morgenlandes aus dem christlichen Lehrgebäude auszuschließen und es auf Grund wissenschaftlicher Forschung vollends dem Gedankengehalte griechisch-römischer Geisteskultur anzupassen, bis sich dann in einem späteren Stadium auch diese trennte und eine gesonderte

Entwickelung nahm. Nordafrika, das den Haß des europäischen Siegers lange Zeit bitter hatte empfinden müssen, das ganz auf seinen Anteil an der Kultur verzichtet hatte, entrichtete jetzt seinen Tribut an die Neubegründung der christlichen Welt. Die Ausgestaltung der christlichen Religion bleibt stets verknüpft mit dem Namen Origines' und Augustins, der Nordafrikaner.

So fanden sich die universalen Kräfte, die der Geist des Mittelmeeres erzeugt hatte, schließlich zusammen. Kaiser Konstantin vollzog das Bündnis zwischen Weltreich und Weltreligion. Das römische Imperium mit griechischer Kultur wurde zu einem christlichen Staate. Mit dem Christentume trat nun auch die religiöse Idee des Orients, in allgemein gültige Formen gefügt, in die neugeschaffene abendländische Kultur ein. Das war die Vollendung der alten Geschichte. Die drei geistigen Kräfte der Menschheit waren entnationalisiert und zur universalen Geltung gelangt. Zu einer Einheit verschmolzen gestalteten sie nun die Menschheit weiter.

Kapitel II.

Der Untergang des römischen Reiches und die Völkerwanderung.

Der hellenische Geist der Kunst, Literatur und Wissenschaft, der staatsbildende und staatsordnende Sinn des Römertums und die Idee der universalen christlichen Religion hatten sich in dem römischen Imperium zusammengeschlossen. Mit dieser Vereinheitlichung der alten Welt im Mittelmeerraum war das völlige Erlöschen nationalen Lebens innerhalb des gesamten Gebietes verbunden. Ihm entgegen aber stand die doppelte Schwierigkeit, die zentrifugalen Kräfte auf die Dauer zu zähmen und die in das geschlossene Gebiet etwa hineindrängenden Kräfte zurückzuweisen oder in sich aufzunehmen. Indem diese Momente allmählich in Wirksamkeit traten, brach eine neue Zeit an.

Zunächst freilich hielt das universale Staatsgebilde zäh zusammen. Man stelle sich die dreihundert bis vierhundert Jahre des zweifellosen Bestehens des römischen Reiches vor, indem man sich von der Gegenwart aus über den entsprechenden Zeitraum zurückversetze und sich die Entwickelung von der Zeit der Reformation oder des beginnenden dreißigjährigen Krieges bis auf unsere Tage vor Augen stelle. Das römische Imperium ist doch die gewaltigste Staatsgründung, die die Geschichte kennt, zugleich die einzige universale, die einen mehrhundertjährigen Bestand gehabt hat. Bald jedoch machte sich in langsamem, aber unaufhaltsamem Wachsen eine Lockerung des staatlichen Zusammenschlusses bemerkbar. Noch war dem Sinken der kaiserlichen Autorität durch Aufnahme des Christentums Einhalt geboten worden, aber bereits die Verlegung der Residenz von Rom nach Byzanz war ein klarer Ausdruck der beginnenden Zersetzung. So begründet dieser Wechsel des Reichsmittelpunktes in der Verschiebung der materiellen Macht und des politischen Interesses war, so sehr förderte er die Spaltung des Reiches. Bald folgte die ausdrückliche Teilung des Imperiums in eine Ost- und Westhälfte, eine Teilung, die anfangs auf freiwilliger Entschließung beruhte, dann aber unter Zwang und Gewalt als dauernde Trennung Geltung behielt.

Dem Christentum brachte diese Entwickelung zunächst neue Vorteile. Indem das Kaisertum an Ansehen einbüßte, mußte die andere universale Kraft in diesem Universalreiche gewinnen. Man kann so beinahe sagen, daß die Abnahme der kaiserlichen Autorität Voraussetzung für den weiteren Aufstieg des Christentums wurde. So wertvoll der Schutz des mächtigen Kaisers der neuen Religion in den Zeiten der Geburt war, so gilt doch ebenso die Einschränkung, daß wenn die Idee des Imperiums des Augustus sich im ursprünglichen Umfange behauptet hätte, die christliche Religion vielleicht nicht zur unbestrittenen Weltherrschaft emporgestiegen wäre. Die Religion selbst nahm mit ihrer dogmatischen Ausgestaltung während dieser Jahrzehnte mehr und mehr eine in zwei Richtungen sich trennende Entwickelung. Mehr und mehr sonderte sich ein Abendland vom Morgenlande, mehr und mehr entstanden zwei ihrem Wesen nach durchaus verschiedene christliche Kulturräume. Bald sollte diese Spaltung zu gesteigertem Ausdruck gelangen.

Indessen setzte vorübergehend eine höchst merkwürdige und weltgeschichtlich bedeutungsvolle Reaktion gegen den Aufstieg des Christentums ein, und zwar in doppelter Beziehung. Einmal machte sich seit dem vierten Jahrhundert ein neues Aufleben der antiken Tradition geltend. Es äußerte sich in dem interessanten Versuche, die hellenische Philosophie mit dem Götterglauben des Altertums wieder zu vereinigen, also die antike Religion zu modernisieren und zugleich die christliche Idee auszustoßen. Eine große Partei war im Orient in dieser Richtung tätig, besonders die sogenannten Rhetorenschulen zeichneten sich durch derartige Bemühungen aus. Der offenbarste Ausdruck dieser Bewegung war Kaiser Julian, das gekrönte Mitglied dieser Gruppe, wie 1400 Jahre später Friedrich der Große der König unter den Philosophen der Aufklärung. Zugleich aber hatten diese Bestrebungen eine große politische Bedeutung. Denn die von dem Kaiser ins Werk gesetzte politische Neuorientierung hatte eine volle Wiederherstellung des alten römischen Imperiums im Sinne einer Verbindung hellenisch-römischen Geistes mit orientalischem Geist zum Ziel. Julian wollte direkt an das Werk Alexanders des Großen und Cäsars anschließen; deren Werk sollte durch das seinige erst zur Vollendung gebracht werden. Auch in dieser Richtung stellte die groß angelegte und von einer großen Persönlichkeit getragene Bewegung eine Reaktion gegen die mit Einfügung des abendländisch sich ausgestaltenden Christentums in das römische Weltreich fortschreitende Entwickelung nach abendländischer Beschränkung und nach Trennung vom Morgenlande hin dar. Julian vollzog eine durch religiöse Überzeugung und politische Berechnung getragene Annäherung an den Kult des Orients, indem er die Verehrung der Sonne in den Vordergrund seines religiösen Systems stellte; er hoffte so mit dem neuen Perserreich, das auf eben dieser religiösen Anschauung beruhte, eine religiöse Einheit zu gewinnen.

Bekanntlich hat die durch Julian getragene Bewegung keinen dauernden Sieg errungen. Vielmehr bewirkte gerade der Ausgang des Kaisers eine erneute Stärkung des Christentums. Der nun mit doppelter Kraft einsetzende Aufstieg aber kam vor allem dem Papsttum zu gute, das in diesem Jahrhundert den Grund zu der Weltstellung legte, die wir heute kennen. Der römische Bischof wurde der eigentliche Erbe des römischen Imperators.

Es kann hier nicht ausführlich von der Entwickelung des römischen Primats gesprochen werden. Die Vorrangstellung der römischen Gemeinde innerhalb der christlichen Kirche ist sehr alt und beruht auf der Stellung, die Rom als Residenz der Kaiser einnahm. Die weitere Entwickelung vollzog sich in der Form, daß die kirchliche Organisation von der Gemeinde auf den Bischof überging, und daß so der römische Bischof die Vorrangstellung erhielt, die die Gemeinde besessen hatte. Schon frühzeitig begegnen wir zur Begründung der Ausnahmestellung der Berufung auf die Worte Christi an Petrus aus dem Matthäus-Evangelium, die schließlich zu einer Art Rechtsgrundlage erhoben wurden: „Du bist Petrus, und auf diesen Felsen will ich meine Gemeinde bauen". Bereits Papst Kalixt zu Anfang des dritten Jahrhunderts erhob solche Ansprüche, und nach einer erbitterten, jedoch wirkungslosen Reaktion wurden diese römischen Forderungen anerkannt.

Die Entwickelung wurde vor allem durch die Anteilnahme beschleunigt, die das Papsttum an den großen dogmatischen Streitigkeiten dieser Jahrzehnte nehmen mußte.

Zwei Richtungen traten seit dem vierten Jahrhundert innerhalb der christlichen Lehre einander schroff gegenüber: die Lehre von der Wesensgleichheit und die von der Wesenseinheit Gottes und Christi, der Athanasianismus und der Arianismus. Ersterer stellte die geschlossenere und tiefere Auffassung dar und entsprach vor allem dem systematischen Geiste der romanischen Völker und dem klaren abwägenden abendländischen Geiste; er wurde daher im Okzident schnell herrschend. Der zweite beruhte mehr auf hellenistisch-philosophischen Spitzfindigkeiten; er fand seine Verbreitung im Orient, gewann jedoch vom Balkan aus auch Eingang unter den germanisch-gotischen Stämmen in der Donauniederung.

Zweierlei wurde in dem zwischen diesen beiden Richtungen entbrennenden Kampfe für die allgemeine Entwickelung wichtig: daß sich der Bischof von Rom für den Athanasianismus entschied, und daß es ihm gelang, schließlich das Kaisertum zu einer Anerkennung der Vorrangstellung seines Bistums zu bewegen. Es ist der Kaiser Theodosius, der diese entscheidende Konzession gewährte und der nicht zögerte, mit größter Konsequenz selbst demgemäß Stellung zu nehmen. Es machte einen tiefen Eindruck, daß der Herrscher sich einer nicht einmal vom römischen Bischof, sondern vom heiligen Ambrosius von Mailand auferlegten Kirchenbuße unterwarf, als er nach seinem Sieg am Frigidus das christliche Mitgefühl gegenüber den Besiegten allzusehr vernachlässigte. Auch vor dem geschichtlichen Urteil erscheint diese Handlung von großer Bedeutung: ein erstes Mal unterwarf sich die kaiserliche und weltliche Allgewalt den geistlichen Forderungen der christlichen Kirche und ihres Trägers.

Tatsächlich stellte sich das Verhältnis von Kaisertum und Papsttum seitdem auf eine ganz neue Grundlage, zum ersten Male ward die Frage des Verhältnisses von Staat und Kirche aufgerollt. Das Kaisertum hat die Konsequenz seines Zugeständnisses nicht bedacht; das Papsttum hat nicht gezaudert, sie zu ziehen.

Bisher hatte die Vorrangstellung des Papsttums nur für den Westen Geltung gehabt. Indessen im Zusammenhange mit den dogmatischen Streitigkeiten erhob der römische Bischof jetzt auch Anspruch auf die geistliche Obergewalt im Osten. Fast schien es, als sollte die langsam zerbröckelnde geistige und religiöse Einheit des Mittelmeerraums und der allmählich sich angliedernden Gebiete des europäischen Kontinents zu neuem Glanze wieder erstehen. Jedoch bei diesen umfassenden universalen Bestrebungen kam das Papsttum nicht zum Ziel; auf der Synode von Ephesos (449) wurden seine Ansprüche zurückgewiesen. Noch gab sich der römische Bischof nicht zufrieden und versuchte, sich die geforderte Stellung tatsächlich anzueignen, aber alle Absetzungsbeschlüsse, die er gegen oströmische Bischöfe aussprach, blieben wirkungslos. Vielmehr hatten die päpstlichen Ansprüche gerade die Befestigung der Stellung des Patriarchen von Konstantinopel zur Folge, obschon dieser auch jetzt nicht dem römischen Bischofe gleichgestellt wurde. Ein bemerkenswerter Unterschied machte sich dementsprechend für die Entwickelung im Osten und Westen geltend. Während sich im Westen die katholische Kirche, verkörpert durch das Papsttum, auf Grund universaler Ansprüche, die man aus dem alten römischen Imperium übernahm, allmählich von der schwächer und schwächer werdenden staatlichen Herrschaft losmachte und sich verselbständigte, verharrte die christliche Kirche im Osten auf dem Standpunkte der alten kaiserlichen Zeit, indem sie Reichskirche blieb. Kaiser Justinian ward schließlich der Vollender und Befestiger dieses Systems, das für die gesamte Zeit oströmischer Existenz Geltung behielt.

Noch war das Ergebnis der beginnenden Auseinandersetzung zwischen Kaiser und Papst zunächst sehr unsicher; die Dinge wechselten je nach der politischen Lage. Aber im ganzen war die Entwickelung doch so, daß die päpstliche Autorität im Westen ständig wuchs. Gleichzeitig aber stärkte sich im Papste mehr und mehr die Erkenntnis, daß er sich mit der Durchsetzung seiner Forderungen auf den Westen beschränken müsse. Er mußte und konnte es hinnehmen, daß ihm dabei die östliche Reichshälfte verloren ging. Eine zunehmende Spaltung von Osten und Westen war freilich die unvermeidliche Folge dieser Gegensätze.

Die katholische Kirche selbst aber begann in diesen Jahrhunderten die große weltgeschichtliche Arbeit, das barbarische und namentlich germanische Europa der römisch-christlichen

Kultur zu gewinnen. Ihr Wirken schloß sich unmittelbar an das des Imperiums an, und auch ihr Ziel war kein anderes: die Herrschaft über die Erde zu erringen. Nur in den Mitteln trat ein Wechsel ein. Rom hatte sich der weltlichen, kriegerischen Waffen bedient; sie hatten Großes geleistet, aber zuletzt versagt. Das neue kirchliche Rom führte das unvollendete Werk zu Ende, und es tat es mit dem Mittel geistiger und geistlicher Eroberung. Die neue Mittelmeermacht wurde die Erzieherin des kulturlosen Europa.

Inzwischen hatte die große Bewegung begonnen, ihre Wirkung auf die alte Welt auszuüben, die wir die Völkerwanderung nennen. Seit dem vierten Jahrhundert traten die Völkerbewegungen als zusammenhängende und dauernde Erscheinung auch in den Bereich des Mittelmeeres; nur unter diesem Gesichtspunkte kann man für diese Zeit von einem Anfange der Völkerwanderung sprechen.

Den Ausgang bildeten die Gotenkämpfe des Kaisers Valens, dessen Niederlage und Tod bei Adrianopel (378) und die kurz zuvor erfolgte Niederlage Julians gegen die Perser rissen den Pflock aus dem Getriebe. All die an den Grenzen des Imperiums aufgehäuften Gegensätze kamen zur Entladung, und mit elementarer Gewalt ergossen sich die von dort anstürmenden Völker über das Mittelmeergebiet.

Als Erste traten die Westgoten in den Bereich des Mittelmeeres. An der östlichen Donau ansässig, wurden sie der Beaufsichtigung durch Ostrom überdrüssig. So drängten sie westwärts nach Illyrien und Friaul hin; schließlich brachen sie in Italien ein. König Alarich wurde der erste Verkörperer des Projekts eines germanischen Staates am Mittelmeere, und in umfassendem Sinne ging er an die Verwirklichung dieser Idee. Gleich diese ersten Germanen, die sich an den südlichen Gestaden heimisch zu machen strebten, unterlagen der großen einigenden und ausgleichenden Idee, die den Meeresraum erfüllte, und mit dem ganzen Idealismus einer in strotzender Kraft Ausbreitung suchenden Rasse erfolgte der Versuch, neu zu gestalten und mit neuem Inhalt zu versehen, was im Niedergang begriffen war. 410 besetzte Alarich Rom. Italien lag ihm zu Füßen, und sofort wurde ein Zug von Sizilien aus über die schmale, weltgeschichtlich bedeutungsvolle Straße von Pantellaria nach Karthago hin geplant, das ja selbst einst von Afrika aus mit Erfolg diese Brücke nach dem europäischen Sizilien benutzt hatte. Es wird berichtet, daß bereits eine Flotte vereinigt war, die aber vor Durchführung ihrer Aufgabe von den Elementen vernichtet wurde. Alarich selbst starb kurz darauf. Die prachtvolle Sage von dem Heldengrab, das ihm die Goten im Bette des Busento schufen, symbolisiert die überragende Bedeutung des Königs, der nicht mehr als ein einfacher germanischer Heerkönig sein Volk von Kampf zu Kampf führte, um ihm kriegerischen Gewinn zu vermitteln, der ihm vielmehr mit Plänen und Ideen eine neue Grundlage für Existenz und Herrschaft schaffen wollte. Nach Alarichs Tode war für die Goten des Bleibens auf italischem Boden nicht länger; sie wandten sich weiter westwärts und traten in Südfrankreich in Beziehungen zu anderen Germanenstämmen, die ihrerseits die Grenzen des römischen Reiches überschritten hatten.

Fast gleichzeitig mit den Westgoten hatten die Vandalen, und in ihrer Gemeinschaft die Alanen und Sueven, den Boden des Imperiums betreten. Im Jahre 406 überschritten sie den Rhein, durchzogen Gallien und wandten sich dann weiter nach Süden, nach Spanien hin. Dem Vorstoß lag ein doppelter Anlaß zu Grunde. Einmal trieb der eigene Drang nach Ausbreitung die Völkerschaften an; von nicht geringerer Bedeutung aber war, daß sie gerufen wurden. Die alten Machthaber spielten diese Stämme gegeneinander aus oder nahmen sie geradezu in Dienst; so Westrom wie Byzanz. Jetzt traten in Südfrankreich die Westgoten in den Sold des oströmischen Kaisers gegen die Vandalen, die sich dadurch genötigt sahen, nach Süden auszuweichen. Aber auch hierhin, nach Spanien, folgten ihnen die feindlichen Stammesbrüder. Das ward der Anlaß für den kühnen Entschluß des Vandalenkönigs Genserich, nach Afrika überzusetzen. Während die Westgoten die spanische Halbinsel in Besitz nahmen, betraten die Vandalen an der Straße von Gibraltar den schwarzen Erdteil und unterwarfen sich Nordafrika. Mit der Eroberung Karthagos 439 wurde das Werk der neuen germanischen Staatsgründung vollendet, und sofort wurde das Beispiel Alarichs und der Westgoten auch in diesen Nachfolgern für den Plan einer Mittelmeerherrschaft wirksam. Wie vordem der Westgotenkönig von Italien her, so wollte der Vandale Genserich von Afrika aus sich zum

Herrn des westlichen Mittelmeeres machen, und wie einst Rom, so begann auch der neue germanische Staat, voll Einsicht in die staatliche Notwendigkeit, eine starke Flotte zu schaffen. In kurzer Zeit wurde eine große Seemacht entwickelt, und tatsächlich sind die Vandalen in der Beherrschung des Meeres weiter gekommen als irgend ein anderer Germanenstamm, die Normannen des zehnten bis dreizehnten Jahrhunderts eingeschlossen. Mit Hilfe eines straff organisierten Piratenwesens machten sie sich zu unbestrittenen Herren der Westhälfte des Mittelmeeres. Freilich übten sie diese Herrschaft auf Kosten des Handelsverkehrs und aller wirtschaftlichen Betätigung aus. Die Brandschatzung Roms (455) hat den Begriff Vandalismus sprichwörtlich gemacht.

Selbstverständlich hatten die bedeutenden Kämpfe der Germanen unter sich und der Germanen mit dem römischen Reich überhaupt zur Folge, daß die Errungenschaften der großen Kulturen Roms und Griechenlands mehr und mehr verloren gingen. Besonders der Westen, der vornehmlich Schauplatz dieser Kämpfe war, erlebte eine gewaltige Veränderung seines Kulturniveaus während dieser Jahrhunderte. Darüber hinaus aber war dieser Abstieg in einer noch allgemeineren Erscheinung begründet. In der Erfüllung der gewaltigen Aufgabe, für das barbarische Europa Kulturspender zu sein, zehrte das Römertum seine Kräfte auf; es gab aus dem Kulturschatze, den es besaß, nicht nur ab, sondern weg, und es war natürlich, daß in den Händen der unkultivierten Germanenstämme die abgetretenen Kulturgüter erst ganz allmählich Früchte trugen. Zunächst waren diese jugendlichen Völker kaum erst Lernende, und es währte lange Zeit, bis sie reif genug geworden waren, die Gaben zu schätzen und selbständig für sich zu verwerten. Die alte Kultur des Mittelmeerraumes zog sich weiter und weiter gen Osten zurück. Mehr und mehr konzentrierte sie sich jedoch auch hier in den abgelegenen Stätten, und in steigendem Maße trat sie aus dem Zusammenhange mit den Aufgaben und Leistungen des Staats- und Völkerlebens. Und noch war diese Wandlung erst im Werden; bald wird eine Zeit kommen, wo die christliche Kultur einer anderen unterliegt.

Die andere Seite dieser Entwickelung aber war, daß die romanisch-germanische Welt langsam zu einer Einheit zusammenwuchs. Schon waren die beiden Rassen so eng verbunden, daß sie sich als Träger einer abendländischen Gemeinsamkeit zu betrachten begannen. Ein bedeutungsvoller und zugleich wirkungsvoller Ausdruck dieses Gemeinsamkeitsgefühls wurde der Sieg auf den katalanischen Gefilden im Jahre 451, den Angehörige der gesamten westeuropäischen Welt zusammenwirkend über Attilas Hunnen errangen.

Und eben jetzt erfolgte eine Staatsgründung, die die Verbindung germanischer und romanischer Elemente geradezu zur Grundlage nahm.

Einen ersten bemerkenswerten Versuch dazu unternahm bereits der germanische Heerführer Odoaker, der in kaiserlichem Dienste die Truppen befehligte. Man pflegt ihn nur als den Kriegsmann zu kennen, der 476 den weströmischen Kaiser Romulus Augustulus absetzte und damit das weströmische Kaisertum tatsächlich beseitigte, nachdem es seit Jahrzehnten nur noch ein Schattendasein geführt hatte. Odoaker jedoch setzte sich zum Ziel, die germanischen und romanischen Elemente zu versöhnen und zu gleichwertigen Trägern eines neuen Staatswesens und einer neuen Kulturgemeinschaft zu machen. Auf dieser Grundlage stellte er sich als weltlicher Herr Italiens gegen das Papsttum, das die Zeiten der Wirrnisse auf der Halbinsel für eine weitere Stärkung seiner Machtstellung auszunutzen strebte. So gedachte er durch den Ausbau einer gebietenden Flottenmacht und durch die Ausgestaltung des Hafens von Ravenna zu einem mächtigen Kriegshafen auch Ostrom seinem Willen untertan zu machen. So wandte er sich gegen die Vandalen, die ein einseitig germanisches Staatswesen vertraten und die romanischen Elemente mit Zwang niederhielten.

Odoakers Gegner ward zugleich sein Nachfolger. Der große Gotenkönig Theoderich, der Dietrich von Bern der deutschen Volkssage, der, vom oströmischen Kaiser nach dem Westen abgeschoben, im Jahre 489 Italiens Boden betrat und Odoaker niederwarf, baute auf dessen Werk weiter. Ganz ausdrücklich machte sich das neue Ostgotenreich in Italien von vornherein die Verbindung und Aussöhnung germanischen und römischen Wesens zur vornehmsten Aufgabe; auf dieser Basis sollte das alte Imperium wieder hergestellt werden. Indem Theoderich jedoch seine Herrschaft über Italien nach Frankreich und Spanien auszubreiten suchte, ging er über

Odoaker hinaus. Er ward geradezu zu einer Verbindung von germanischem Heerkönig und römischem Imperator und insofern ein direkter Vorgänger Karls des Großen. Und tatsächlich gelang es ihm, diese Idee einer römisch-germanischen Mittelmeerherrschaft für eine kurze Zeit zu verwirklichen. Die Westgoten in Spanien und die inzwischen in Gallien heimisch gewordenen Franken, deren Herrschaft wie die ostgotische in Italien sich auf der Verbindung und Verschmelzung der germanischen und romanischen Elemente aufbaute, sahen in ihm, dem Herrscher Roms, den Oberherrn; er selbst ließ in Erneuerung der alten, beinahe vergessenen Tradition die Zeit des römischen Kaisertums wieder erstehen. Indem er für Spanien die Forderung von Getreidelieferungen wieder erhob, setzte er von neuem, zum wenigsten der Form nach, die Verbindung der alten hispanischen Provinz mit dem italischen Mutterlande durch. Darüber hinaus nahm er von den östlichen Küstenstrichen Spaniens direkt Besitz, sowie von der Insel Sardinien. Dazu begann auch er dem Bau einer Flotte sein Augenmerk zuzuwenden, von Ravenna aus suchte er, wie Odoaker, den Oströmern und Vandalen die Wage zu halten.

So war zu Beginn des sechsten Jahrhunderts die westliche Hälfte des Mittelmeerraumes beinahe germanisch geworden. An allen Küsten saßen germanische Stämme, ihre Staatsgründungen erstreckten sich, wenn auch in sehr verschieden gearteter Intensität, über Südwesteuropa wie über Nordafrika. Werden sie von Dauer sein? Werden sie den streng abendländischen Halbinseln Europas wenigstens den Charakter aufdrücken? Es sollte bald klar werden, daß germanische Art an den Gestaden des Mittelmeeres keinen Boden hatte. Die Ausstoßung der nordischen Eindringlinge geschah von Ostrom her, von neuem machte sich die Idee der Einheit des Raumes auf das deutlichste geltend.

Der östliche Mittelmeerraum hatte während dieser Jahrzehnte eine ganz gesonderte Entwickelung genommen; auch für das byzantinische Reich waren das fünfte und sechste Jahrhundert eine Epoche bedeutungsvoller Wandlungen. Ausgang war die Überstehung einer großen Gefahr. Man hatte 421 nach langwierigen Kämpfen einen neuen Vorstoß des persischen Reiches mit Erfolg zurückgewiesen, ein hundertjähriger Waffenstillstand hatte den Kampf abgeschlossen. Ostrom begann seine weltgeschichtlich bedeutungsvolle Aufgabe, Bollwerk des Abendlandes gegen das Morgenland zu sein. Eine wesentliche innere Erstarkung des byzantinischen Reiches war die Folge dieses entscheidenden Sieges, und sofort äußerte sich auch hier im Osten die staatliche Erhebung als ein Rückschlag zu Gunsten universalen Strebens, um die gleiche Zeit, da der Westen seine Einheit wieder gewann. Hauptträger dieser oströmischen Reaktion im Sinne des Mittelmeerzusammenschlusses wurde Kaiser Justinian.

Tradition und mit Überzeugung gemischter Ehrgeiz drängten den oströmischen Imperator, nach dem Westen überzugreifen. Das byzantinische, im Osten verankerte Staatsinteresse verletzend, wandte sich Justinian gegen die germanischen Staatsgründungen des Westens. Der Gegensatz gegen die arianischen Goten nötigte den Papst, bei ihm Anlehnung zu suchen, und so entbrannte der gewaltige jahrzehntelange Kampf, dem sich immer wieder die dichterische Phantasie zugewandt hat und dessen Heldengestalten uns Deutschen, dank Felix Dahns herrlichem Roman „Ein Kampf um Rom", besonders ans Herz gewachsen sind. Auf eine starke Flottenmacht gestützt, vollzogen die beiden Feldherren Belisar und Narses ihre Aufgabe. Zuerst fiel das Vandalenreich in Afrika, und bald mußte das Gotenreich unter Theoderichs Nachfolgern in Italien folgen. Und noch weiter griff Justinian nach Westen. Sardinien, Korsika und die Balearen wurden besetzt, und selbst ein großer Teil Spaniens wurde zurückerobert, so daß das alte Imperium nahezu in seinem ursprünglichen Umfange wieder hergestellt wurde. Sogar gegenüber dem Papsttum machte sich die Erneuerung der römischen Kaisermacht bedeutsam geltend. Justinian versuchte, entsprechend dem in Ostrom herrschenden Zustande, auch in Italien ein absolutes kaiserliches Kirchenregiment durchzuführen, die Päpste wurden genötigt, für ihre Wahl die Bestätigung des byzantinischen Kaisers einzuholen; sie sind bis ins achte Jahrhundert diesem Zwange nachgekommen.

Indessen diese Kraftentfaltung Byzanz' im Westen hatte eine Schwächung der Stellung im unmittelbaren oströmischen Machtbereiche zur Folge. Sie äußerte sich vor allem auf der Balkanhalbinsel selbst.

Während auf den beiden westlichen Halbinseln Europas die germanischen Einfälle eine völlige Umgestaltung der volklichen Zusammensetzung hervorriefen, vollzog sich eine solche auf der östlichen in nicht geringerem Umfange. In die durch die Abwanderung der West- und Ostgoten frei gewordenen Gebiete drängten sofort andere Völkermassen nach. Ostrom konnte es nicht hindern, daß sich serbisch-kroatische Stämme zu Beginn des siebenten Jahrhunderts im Nordwesten der Halbinsel festsetzten, wo sie noch heute wohnen, und in mehrmaligem Wechsel strömten Angehörige der mongolischen Rasse über die Donau, von denen die Bulgaren sich in dem noch heute von ihnen besetzten Gebiete, wenn auch jetzt völlig slawisiert, seßhaft machten, während die Avaren die Donauniederung in Besitz nahmen. Auch über die Hellenen im engeren Griechenland ergoß sich der slawische Ansturm, doch gelang es diesen, die fremden Elemente in sich aufzunehmen; allerdings ging es ohne eine gewisse Veränderung des ursprünglichen griechischen Volkscharakters bei diesem Verschmelzungsprozeß nicht ab. Nach einem anfänglichen ungeheuren Wirrwarr kam diese Völkerbewegung ziemlich schnell zum Stillstand, und bereits seit der Regierungszeit des Kaisers Heraklios (610 bis 641) bildete sich die Verteilung heraus, die noch heute besteht. Byzanz selbst hatte dadurch in dem eigentlichen Kerngebiete den Charakter seiner volklichen Zusammensetzung völlig verändert. Es wird vollends in diesem bedeutsamen Wandel begründet sein, daß auch die byzantinische Kulturentwickelung zum Stillstande kam und mehr und mehr verknöcherte. Für den politischen Bestand des Reiches war die unmittelbare Folge das allmähliche Aufgeben der Eroberungen im Westen, die an das über die gesamte spanische Halbinsel sich ausbreitende und nach den Inseln des tyrrhenischen Meeres wie nach Nordafrika hinübergreifende Westgotenreich verloren gingen. Sie brachten somit Byzanz keinen Gewinn, sondern nur Schaden. Die in langen Kämpfen wiedergewonnene Einheit des Mittelmeerraumes ging wieder verloren.

Neben den Kämpfen auf der Balkanhalbinsel wurden auch Verwickelungen im Orient Anlaß für eine weitere Schwächung Ostroms. Es war dort das neue *persische Reich* der Sassaniden emporgekommen, das, nicht ohne Einwirkung der Idee Kaiser Julians, sich dem hellenischen und schließlich dem christlichen Kulturkreise der nestorianischen oder chaldäischen Sekte genähert hatte. Aus dieser Verbindung entsprang ein scharfer Gegensatz gegen Byzanz, dem sich ein politischer schnell zugesellte. So erfolgte ein energischer Vorstoß des Sassaniden Khosru Anoscharwan gegen den oströmischen Besitzstand in Vorderasien. 614 wurde die heilige Stadt Jerusalem erobert, und im folgenden Jahre Ägypten in Besitz genommen. Anschließend sollte das byzantinische Reich selbst zertrümmert werden, und im Bunde mit den Avaren bedrohten die Perser Konstantinopel. Von neuem aber bewährte sich Byzanz als Bollwerk des Abendlandes. Kaiser Heraklios, der im Rücken der Perser die Türken mobil machte, warf die Angreifer nieder. Wiederum hatte Byzanz im Osten gesiegt, aber für Sieger wie Besiegte folgte der großen Kraftanspannung eine Zeit der Ermattung und Schwäche. Das Nachlassen der Staatskraft und der kulturellen Entfaltung galt jedoch für den ganzen Mittelmeerraum. Im Osten und Westen war das Erbe des römischen Imperiums bis auf Bruchteile gemindert und der Schaffensdrang lebensfrischer Völker war an die Germanenstämme übergegangen, die eben erst die Errungenschaften der alten Kultur kennen gelernt hatten. Die Welt der Griechen und Römer trat in den Schatten.

Das war der Zustand des Mittelmeerraumes zu Beginn des siebenten Jahrhunderts. Was würde geschehen, wenn die ermatteten Völker genötigt wurden, gegen einen neuen Angreifer die Verteidigungswaffen zu erheben? Und eben das geschah. Eine neue historische Kraft drängte mit elementarer Gewalt in das Gebiet des Mittelmeeres und der abendländischen Kultur hinein, um die geschichtliche Entwickelung in neue Bahnen zu lenken.

Kapitel III.

Die Bewegung des Islam und die Begründung des römischen Kaisertums deutscher Nation.

Während sich das Abendland in ununterbrochenen Kämpfen erschöpfte, während das Kulturniveau mehr und mehr herabsank, erhob sich das Morgenland, das seit dem Siege des Christentums von der Sonne geschichtlichen Lebens hatte zurücktreten müssen, zu neuen gewaltigen Leistungen; Leistungen, die dem Semitentum eine zeitlang die einst gespielte Rolle wiederschenkten, die ihm einen bleibenden Platz unter den kulturschaffenden Rassen einräumen.

Die Erhebung knüpft sich an den Namen Mohammeds, des Propheten von Mekka. Ursprünglich stellte Mohammeds Lehre einen Gegensatz gegen die Unsittlichkeiten des Götterdienstes der Eingeborenen dar; auf Anregungen des Judenchristentums begründet wurde sie der bezeichnende Ausdruck des Arabertums, wurde sie die letzte große Äußerung des asiatischen Geistes, der der religionsstiftende schlechthin ist. In überaus glücklicher Weise verband Mohammed unter enger Anlehnung an den Talmud die Jehovahreligion mit nationalen Überlieferungen. Von vornherein wurde dabei der Phantasie und der Legende die ausschlaggebende Stellung im Lehrgebäude eingeräumt, nur die Pseudoevangelien wurden in das System übernommen. Der Koran selbst, die mohammedanische Bibel, ist ohne eigentliche Originalität.

Der zweite Schritt des Systems war die Erklärung, daß Mohammed der von Gott gesandte Prophet sei. Mit ihr zugleich wurden die Erleuchtungen des Stifters wirksam, die in der arabischen Muttersprache bekannt gegeben wurden. Der dritte Schritt war die Aufstellung der Lehre von der Verbreitung der neuen Religion mit Waffengewalt. So stellt sich Mohammeds Lehre sofort als etwas ganz neues, geschlossenes Ganzes hin. Die jüdischen Einschläge wurden schnell wieder ausgestoßen, der arabische Gedanke erhielt das Übergewicht und wurde zum alleinigen Inhalt.

In drei Ursachen liegt die riesige Expansionskraft der neuen Lehre begriffen: in der Verbindung der Waffen mit dem Glauben in propagandistischem Sinne, in der völligen Vereinigung geistlicher und weltlicher Gewalt in einer Hand und in dem Zustande der zu erobernden Länder. Zugleich verstanden es Mohammed und seine Nachfolger, trotz des kriegerischen Charakters ihrer Missionstätigkeit durch schonende Behandlung der neuen Untertanen sich ihre Erfolge leichter zu machen. Häufig setzten sie an Stelle der bestehenden Herrschaften einfach ihre neue; so in Syrien, wo sie die einzelnen Städte durch Zusagen gewannen, so in Ägypten, wo sie die Eingeborenen gegen das oströmische Reich kehrten, so in Nordwestafrika, wo sie den Berbern Konzessionen machten, so in Spanien schließlich, wo sie der christlichen Kirche mit Milde entgegentraten.

So wurde der Religionsstifter und Prophet ein Feldherr und Staatsmann, und jenachdem wie seine Nachfolger Feldherrn- oder staatsmännische Eigenschaften entwickelten, wurden sie bedeutungsvoll für die Sache des Islam. Im Kampfe gegen die heidnischen Stämme Arabiens unterwarf Mohammed selbst von Medina aus die Halbinsel; die Eroberung Mekkas vervollständigte diese ursprüngliche Staatsgründung. Jedoch noch der Prophet selbst begann auch die Eroberung des weiteren Orients. Schon 632 wurde die Eroberung Syriens in Angriff genommen, die Perser wurden in der Schlacht bei Kadesia (637) besiegt. In demselben Jahre nahm man Jerusalem in Besitz; ganz Syrien war damit in den Händen der Araber. Und schon griffen sie hinüber in den östlichsten Osten, zugleich damit die Verbindung der indischen mit der europäischen Welt wieder herstellend. 636 wurde Obollah am persischen Meerbusen besetzt und die wichtige Hafenstadt Basra gegründet, um direkte Handelsverbindungen nach Indien zu vermitteln. Damals, in der Mitte des siebenten Jahrhunderts, hub die arabische Herrschaft auf dem persischen Meere an, die bis an die Schwelle der neuen Zeit bestanden hat.

Mohammed selbst erlebte den großen Siegeszug seiner Lehre nicht mehr; Träger der gewaltigen Ausbreitung über das ganze Mittelmeergebiet und die damals bekannte Welt wurden erst seine Nachfolger, die Kalifen. Besonders Omar war eine Erscheinung von weltgeschichtlicher Bedeutung; er war der Urheber der weittragenden Projekte im Osten, namentlich ist an ihm die hervorragende Fähigkeit für Ausnutzung universaler geographischer Kombinationen zu bewundern.

Nach der Gewinnung Vorderasiens galt es Nordafrika zu erobern, vor allem handelte es sich um die Gewinnung Ägyptens, das Arabiens Gegengestade am Roten Meere darstellt. Das Pharaonenland war damals eine Hochburg politischer Herrschaft des oströmischen Kaisers und zugleich byzantinischer Kultur. Aber eben die Herrschaftsverhältnisse dort machten den Angreifern den Sieg leicht genug. Vor allem kamen ihnen die kirchlichen Spaltungen zu gute, die im gesamten Bereiche des alten Imperiums Geltung hatten und auch in Ägypten selbst von Bedeutung waren. Unter Ausnutzung dieser Verhältnisse vermochte man die Griechen schnell zum Rückzuge zu bewegen. Die Kapitulation Alexandrias war der Abschluß dieser friedlichen Eroberung. Von der lange Zeit ingenommenen und berühmt gewordenen Vernichtung der Bibliothek Alexandriens kann keine Rede sein.

Schon aber kam dieser neue Gewinn nicht mehr dem ursprünglichen Kalifen von Mekka-Medina zu gute. Der Schwerpunkt der neuen universalen Staatsgründung hatte sich aus Arabien in den Bereich des Mittelmeeres verlegt, und zwar in die Gebiete, die die Verbindung der östlichen und westlichen Welt darstellen. Gleichsam der natürlichen Schwerkraft des Reiches nachgehend verlegte das Kalifat der Omajjaden seinen Sitz nach Damaskus. Die Herrschaft dieser neuen Dynastie hatte bereits einen ausgesprochenen Mittelmeercharakter und mit voller Überlegung trieb sie Mittelmeerpolitik. Die Seeherrschaft im östlichen Becken wurde seit der Mitte des siebenten Jahrhunderts Grundlage aller weiteren Unternehmungen. Nicht umsonst enthielt die Sunna, das Moralgesetzbuch der Mohammedaner, das bezeichnende Wort: „eine glückliche Seeschlacht ist gleich zehn Siegen zu Lande". Man baute eine Flotte, man bemächtigte sich Cyperns, der wichtigen Station auf dem Wege in die eigentlich abendländische Welt, man begann unmittelbar Byzanz zu bedrohen. Noch vertagte ein Waffenstillstand 652 den entscheidenden Austrag zwischen den beiden Weltreichen, aber die Verständigung konnte keine Dauer haben. Bereits kurze Zeit darauf stießen die Araber gegen Armenien vor, sie besetzten Rhodos und ein Vorgehen gegen Konstantinopel ward nur durch die feindselige Haltung der syrischen Küstenbevölkerung verhindert.

Während dann im Norden die Ausbreitung des Islam und seiner Träger infolge der Streitigkeiten um die Nachfolge im Kalifat auf einige Jahrzehnte zum Stillstand kam, breitete man nach der westlichen Richtung die Herrschaft nur um so entschiedener aus. Der bedeutende Okba nahm 668 von Ägypten aus durch das heutige Tripolis hindurch die östlichen Gebiete Nordafrikas in Besitz. Die Gründung der Statthalterei Kairuan bezeichnete die Vollendung der arabischen Herrschaft im östlichen Mittelmeer von Kleinasien an der asiatischen und afrikanischen Küste entlang bis an die westliche Syrte. Freilich mußten diese afrikanischen Gebiete noch einmal den Byzantinern überlassen werden, denen es gelang, die eingeborenen Berbern gegen die arabische Fremdherrschaft aufzuwiegeln. Indessen günstige Umstände im Abendland boten zwei Jahrzehnte später (697 bis 698) die Gelegenheit, die verloren gegangenen Länder wieder zu gewinnen und den Fuß noch weiter zu setzen; die Eroberung der eigentlichen Provinz Afrika wurde in Angriff genommen, der Gebiete des heutigen westlichen Tunis, des heutigen Algier und Marokko, die damals ein Sitz hoher abendländischer Kultur waren und trotz der vandalischen Eroberung die Tradition des alten Imperiums lebendiger erhalten hatten als Italien selbst. Vergeblich suchte Byzanz dieses Vorgehen zu hindern. Karthago wurde ohne große Mühe erobert. Nach dem Verlust Alexandrias war die alte afrikanische Hauptstadt von Byzanz aus nicht mehr zu halten, um so weniger als auch die Berbern abfielen, die unter der fanatisierten Königin und Wahrsagerin Kahina durch Ausspielung der Fremden gegeneinander ihre Unabhängigkeit erstrebten. Halb mit Waffengewalt, halb unter Verständigung mit den Eingeborenen unterwarfen die Anhänger Mohammeds das gesamte Nordafrika bis an den Atlantischen Ozean; nur eine westgotische Statthalterei in Ceuta, die seit Beginn des siebenten Jahrhunderts dort auf afrikanischem Boden bestand, vermochte sich zu halten. Den

Grund zu dieser Vermehrung des Omajjadischen Herrschaftsbesitzes legte der ägyptische Unterfeldherr Hassan; noch mehr leistete sein Nachfolger, der staatsmännische Musa. Dieser unternahm es, die gewonnenen afrikanischen Gebiete systematisch zu befestigen. Er unterwarf die noch freien Berbernstämme und organisierte an der Küste eine Achtung gebietende Seemacht. Auch von dieser westlichen Mittelmeerherrschaft machte sich sofort die Tendenz geltend, die einige Jahrzehnte vordem im östlichen Becken bereits zur Verwirklichung gelangt war: die Herrschaft über das Meer auszubreiten.

Das unaufhaltsame Vordringen der Araber übte auf die christlichen Mächte die größte Wirkung aus. Das noch nicht erloschene Einheitsgefühl der christlichen Welt machte sich in der Richtung eines Zusammenschlusses der in ihrer unmittelbaren Existenz bedrohten Völker geltend. Es ist daher kein Zufall, daß die für die Christenheit ungeheuer angewachsene Gefahr des Islam in Ostrom noch einmal kraftvolle Projekte universalen Charakters hervorrief. Sie knüpfen sich an den Namen des Kaisers Konstans II. Die Nachfolgestreitigkeiten bei den Arabern benutzend, die den Kalifen Moawigo zur Nachgiebigkeit veranlaßt hatten, faßte er den kühnen Plan, wiederum unter Verzicht auf das eigentliche Staatsinteresse Byzanz', das Abendland noch einmal in einer Hand zusammen zu fassen: indem er den als gefährdet angesehenen Sitz in Konstantinopel aufgab, wandte er sich 661 nach Italien; wie ein neuer Augustus wollte er von dort aus die mohammedanische Bewegung bekämpfen und niederwerfen, und er verlegte seine Residenz zu diesem Zwecke nach Syrakus. Die Eroberung Ägyptens war sein nächstes Ziel. Jedoch alle seine großen Anstrengungen waren vergebens, seine Flotte ging zu Grunde. Statt das Vordringen der Araber aufzuhalten, mußte er es dulden, daß diese gerade jetzt nach Westen vorstießen. Der Kaiser mußte sein Augenmerk einer anderen Seite zuwenden; denn zu derselben Stunde, da Okba den Grund für das große arabische Reich in Nordafrika legte, erschienen die Langobarden an den Grenzen Italiens. Konstans selbst wurde ermordet. Während eine neue germanische Völkerwelle in den Mittelmeerraum hineinbrandete, während die eben wieder hergestellte christliche Einheit von neuem verloren ging, holte der Mohammedanismus zu einem einheitlich geführten

Schlage gegen den zersplitterten Feind aus: von Osten, Westen und von der Mitte her suchte er ihn zu umfassen und zu erdrücken.

Der Stoß gegen das christliche Europa begann von Afrika her in der Mitte des Mittelmeeres. In vorbereitenden Raubzügen hatte man die südlichen Gestade Europas immer von neuem heimgesucht; namentlich das reiche Sizilien hatte unter diesen Beutezügen der arabischen Angreifer zu leiden. Jetzt nun begnügte man sich nicht mehr mit derartigen zeitweiligen Landungen; man nahm dauernden Besitz von christlichen Ländern. Sizilien selbst, in dem die byzantinische Herrschaft noch verhältnismäßig stark war, gelang es freilich nicht zu besetzen; dagegen fielen Sardinien und die Balearen den Arabern zu. Drohend standen sie inmitten des christlichen Herrschaftsbereiches. Gleichzeitig damit wurde der kühne und bedeutungsvolle Vorstoß nach Spanien hin unternommen. Eine westgotische Partei, die in dem afrikanischen Ceuta ihren Hauptstützpunkt besaß, war verblendet genug, Musa gegen König Roderich zu Hilfe zu rufen. Des Statthalters Unterfeldherr Tarik setzte im Jahre 711 über die Straße von Gibraltar (die bekanntlich nach ihm benannt ist) und zertrümmerte in der Schlacht von Jerez de la Frontera die westgotische Herrschaft. Binnen wenigen Jahren unterwarf Musa bis auf die gebirgigen Schluchten Galiziens die gesamte spanische Halbinsel. Und das macht diese mohammedanischen Erfolge besonders bemerkenswert, daß um die gleiche Zeit der Kalif Welid I. selbst von Osten her gegen die christlichen Reiche vorstieß. Aus einzelnen Unternehmungen sollte ein großer Zug gegen Konstantinopel herauswachsen, der lange vorbereitet wurde. Jedoch erst unter dem neuen Kalifen Soliman erschien 717 die arabische Streitmacht vor Konstantinopel, das nun zu Wasser und zu Lande belagert wurde. Das Schicksal Europas stand auf des Messers Schneide; was wäre geschehen, wenn Konstantinopel gefallen wäre? In dieser überaus gefahrvollen Lage aber bewährte sich die zäh wirkende Kraft des oströmischen Reiches. Die Griechen leisteten, geführt von Leo dem Syrer, verzweifelten Widerstand; die Branderflotte, die die arabischen Belagerer auseinander trieb, erhielt den Namen „Das griechische Feuerwerk", gleichsam das Symbol der Errettung der Christenheit.

Und fünfzehn Jahre später erneuerte sich diese Gefahr in beinahe gesteigerter Form. Da die Araber den Zugang zum Osten durch das Bollwerk Byzanz verschlossen fanden, unternahmen sie den Versuch, in das Herz Europas vorzustoßen von Westen her. Der spanische Statthalter Abd ar-Rahman überschritt die Pyrenäen mit einer gewaltigen Truppenmacht, unterlag aber in der großen Schlacht von Tours und Poitiers 732 den streitbaren Franken Karl Martells. Was hätte die Christenheit damals gegen den Islam erreichen können, wenn Karl Martell und Leo der Syrer zusammengewirkt hätten mit der geistlichen Vormacht der christlichen Welt, dem Papsttum! Wie hätte man diesen Sieg ausnutzen können! Aber eben damals vollzog sich im Schoße der abendländischen Welt eine Wandlung, die die frühere Einheit für alle Zeiten vernichtete.

Während der Islam die Frage des Verhältnisses von Staat und Kirche zu Gunsten einer vollen Einheit gelöst hatte, brachte sie für die Christenheit stets neue Konflikte. Die Einfälle und Herrschaft der Goten und noch mehr der Langobarden, die beide arianisch waren, hatten Papsttum und oströmisches Kaisertum nochmals zusammengeführt; über dogmatische Streitigkeiten kamen jedoch die beiden Mächte schnell wieder auseinander. Kaiser Leo vertrat, unter leiser Anlehnung an das mohammedanische System, die Idee von der unbedingten Einheit Gottes. Rom, das sich der auf politischer Berechnung beruhenden Überzeugung des Kaisers unmöglich anschließen konnte, protestierte im Sinne abendländisch-christlicher Anschauung. Das ward die Ursache für eine neue Krise weitgehender Art. Der rücksichtslose Leo entschloß sich, mit den Waffen den Papst zu zwingen, sich seiner Auffassung zu unterwerfen. Eine byzantinische Flotte segelte nach Italien genau zu derselben Zeit, da Abd ar-Rahman die Pyrenäen überschritt, erlitt jedoch Schiffbruch. Unter der Einwirkung dieses Vorgehens des byzantinischen Kaisers erfolgte der päpstliche Antrag an Karl Martell, das Papsttum unter den Schutz der Franken zu nehmen. Dem fränkischen Reiche wurde die Stellung in Italien eingeräumt, die bisher Byzanz besessen hatte.

Es springt in die Augen, daß die geschichtliche Entwickelung damit in ganz neue Bahnen geleitet war. Träger der weltlichen Macht der Christenheit war nicht mehr der oströmische

Kaiser, sondern ein germanischer König, der in dem Augenblick der neuen Verbindung noch nicht einmal König war. Die Einheit der alten Welt war für alle Zeiten dahin; dementsprechend war auch die Einheit des Mittelmeerraumes zu Gunsten der Zweiteilung in Ost und West dauernd zerstört. An Stelle der griechisch-römischen Gemeinschaft trat die romanisch-germanische oder lateinische, und ihr entgegen stand die griechische oder byzantinische. Fortan war das christliche Europa in zwei große politische und Kulturkreise geschieden.

Die andere bedeutungsvolle Seite dieser Verbindung Italiens, Frankreichs und des dazu gehörigen Deutschlands mit dem Träger der katholischen Kirche aber war, daß sie schließlich das Arabertum im Westen ebenso zum Stehen brachte, wie das Byzanz im Osten kurz zuvor getan hatte. Trotz aller gewaltigen Schwankungen der nächsten Jahrzehnte und Jahrhunderte wuchs seitdem diese germanische und romanische Welt zu einer Glaubens- und Kulturgemeinschaft zusammen. Das einzige Westvolk, das an dem Kampfe gegen Islam und Unglauben nicht teilnahm, das der Angelsachsen, entrichtete seinen Tribut an die Zugehörigkeit zu dieser westeuropäischen Welt, indem es Deutschland dem Christentum gewann und Rom unterstellte.

Und schnell nahm diese neue Verbindung festere Formen an. Karl Martells Sohn, Pippin, verengerte das Zusammengehen mit dem Papsttum zu einem unbedingten Bündnis. Während es seinem Hause die Reichskrone und die Anwartschaft auf den langobardischen Besitz schenkte, wurde es dem Papsttum der Ursprung einer eigenen weltlichen Macht und damit seiner Machtstellung in der politischen Entwickelung der kommenden Jahrhunderte.

Aus dieser selbständigen Entwickelung des romanisch-germanischen Westens wuchs eine neue universale Idee heraus: die des römischen Kaisertums deutscher Nation. Die ganze Entwickelung drängte zur Erneuerung des alten römischen Imperiums. Die Unterwerfung der Langobarden, die Inbesitznahme Italiens und die politische Vereinigung der gesamten romanisch-germanischen Völker, die Karl der Große mit seinen Franken durchführte, waren die Voraussetzung, aus der die Annahme der Kaiserkrone früher oder später folgen mußte. Jedoch damals, im Jahre 800, war sie von Karl nicht gewollt. Der Krönungsakt war eine Überraschung, die nur aus dem Kreise des Papsttums stammte. Rein zufällig aber war die Handlung keineswegs. Karl der Große war allerdings unwillig über die Krönung, vor allem wegen seines Verhältnisses zu Byzanz. Erst allmählich hat er die Würde für mehr als einen persönlichen Schmuck angesehen, vor der Geschichte ist sie zu der gewaltigen Verkörperung der Zeit des Mittelalters geworden.

Gegenüber diesem Neuen, das den Anstoß zu einer fruchtbringenden, eng europäischen Entwickelung gab, bleibt freilich eine andere Seite der Beachtung wert. Die vom Papsttum ausgehende Schaffung eines germanischen Westimperiums setzte den Primat Roms im Orient vollends auf das Spiel. Schon während der erwähnten Konflikte der Jahre 732 und 733 hatte Kaiser Leo Unteritalien und Illyrien dem Papsttum entrissen und dem Patriarchen von Konstantinopel unterstellt, weil Rom in der sogenannten Bilderfrage sich dem Kaiser widersetzte und zu Karl Martell in hochverräterische Beziehungen trat. Nach Karls des Großen Kaiserkrönung untersagte dann Kaiser Nikephoros der byzantinischen Kirche jeden Verkehr mit Rom. Noch allerdings kam es nicht zum vollen Bruch. Die späteren byzantinischen Herrscher erkannten Primat und Richterstellung Roms in dogmatischen Fragen wieder an, jedoch war das nur vorübergehend. Die Entwickelung trieb unaufhaltsam weiter auf die Trennung hin.

Übersehen wir die Dinge, wie sie nach einer vierhundertjährigen Geschichte voll gewaltiger Umwälzungen im Mittelmeere geworden waren, und vergleichen wir den Zustand um 400 mit dem um 800, so müssen wir einen Wandel der Verhältnisse feststellen, wie er größer nicht gedacht werden kann. Statt der Einheit eine Vielheit. Und diese Vielheit gilt für die politischen wie für die kulturellen Verhältnisse, wie für die der Religion. Das gewaltige Gebilde des römischen Reiches hatte sich in drei große Räume geschieden. Zwei Mächte teilten sich in die Erbschaft, eine dritte nahm dazu gewaltsam Anteil. Im Osten war der byzantinische Kaiser der unmittelbare Nachfolger des römischen Imperators; sein Staat, wenn auch räumlich eingeschränkt, blieb der Träger der antiken Tradition hellenischen Charakters. Im Westen aber war ein neues Element in den Kulturkreis Roms eingetreten. Das Germanentum hatte sich zwar in die romanische Welt eingefügt, es hatte sich vor allem dem Träger romanischen Wesens, der katholischen Kirche, unterworfen, aber es hatte doch die gesamten Kulturverhältnisse von Grund auf umgestaltet. Unendlich vieles war zerstört worden, und noch war nichts Neues an seine Stelle getreten. Es bedurfte einer langen Entwickelung, bis das Germanentum fähig war, eine eigene originale Kultur auf den Trümmern der alten römischen aufzubauen.

Ganz anders die Leistung des orientalischen Angreifers, der sich mit Gewalt seinen Teil an der Erbschaft des römischen Reiches erkämpfte. Was der Okzident verlor, gewann der Orient. Dort unter Karl dem Großen eine künstliche kleine Renaissance, die unter den Nachfolgern wieder verschwand, hier eine hohe gewaltige Kulturleistung, die durch die Vereinigung der selbständigen nationalen Errungenschaften mit den Resten hellenischer, römischer und persischer Kultur bewirkt wurde. Bezeichnend für die Überlegenheit der orientalischen Kultur über die abendländisch-christliche ist das Anstaunen der Geschenke, die eine Gesandtschaft des Kalifen Harun al Raschid dem fränkischen Kaiser Karl überbrachte. Wie die Welt geworden war, stand der Orient wieder an der Spitze.

Welches waren die Voraussetzungen für diese Verschiedenheit der Entwickelung, und in welchen einzelnen Kulturäußerungen trat sie namentlich zu tage?

Es war vor allem das höchst verschiedene Verhalten von Germanentum und Arabertum beim Betreten des alten römischen Landes, das diese Differenz in der Entwickelung bewirkte. Das politische Ideal der Germanen war und blieb lediglich der römische „Orbis terrarum" mit dem Imperator an der Spitze. Um dieses Ziel zu erreichen, traten sie in eine geradezu schülermäßige Abhängigkeit von der römischen Kultur. In allem staatlichen und gesellschaftlichen Zusammenleben, übernahmen sie einfach die Kulturfunktionen, die sie vorfanden. Es machte sich eben von der ersten Stunde an, da romanisches und germanisches Wesen in nähere Beziehungen traten, die nahe Verwandtschaft der beiden aufs klarste geltend, eine Verwandtschaft, die vor dem allgemeinen geschichtlichen Urteil in jeder Zeit bestehen geblieben ist und die gewiß einen weiteren Zusammenschluß von Romanen und Germanen in späterer Zukunft bewirken wird. Erst allmählich vermochte sich aus der einheitlichen Grundlage eine germanische Sonderart zu entwickeln; nur sehr langsam gedieh selbständige germanische Kulturentwickelung.

Ganz anders die arabischen Staatsgründungen. Sie waren von vornherein ganz original selbständig. Gegen den Arier trat der Semit, der Gegensatz zwischen den beiden Rassen mußte sofort offenbar werden. Der Araber lehnte es ab, die vorhandenen Kultursitze in Gebrauch zu nehmen und ihnen den Stempel seiner Rasse aufzudrücken. Die vorhandenen Städte wurden zerstört oder gingen zu Grunde. Die neue Stadt erwuchs aus dem arabischen Heerlager, und die militärischen Bedürfnisse bestimmten Lage, Verfassung und Verwaltung. So wuchsen die Städte Kufa, Basra und Bagdad aus dem Nichts empor, so später Kairuan und Kairo; nur Damaskus wurde wegen der militärischen und kommerziellen Bedeutung als vorhandene Stadt besetzt.

Den Ausschlag aber gab die völlige Verschiedenheit der Religion der Araber von der des römischen Imperiums. Trotz einer gewissen römisch-griechischen Einwirkung war und blieb die mohammedanische Religion eine eigene nationale Äußerung. Während im Abendlande die lateinische Bibel auch die Sieger romanisierte, verbreitete der Koran die arabische Sprache über die unterworfenen Länder. Ganz besonders bezeichnend dafür ist die Wirkung der Besetzung Nordafrikas; die Araber haben dort etwas geschaffen, was bis auf den heutigen Tag fast unverändert Geltung behalten hat. Auch hier ist die religiös-kulturelle Umgestaltung das Bedeutungsvollste. Die römisch-griechische Kultur wurde mit Stumpf und Stiel ausgerottet und die arabische an ihre Stelle gesetzt. Die Einwanderung selbst war dagegen weniger bedeutend; zunächst nahmen nur kleinere Heereshaufen von dem Lande Besitz. Erst um die Mitte des elften Jahrhunderts erfolgte eine entschiedenere Zurückdrängung der eingeborenen Berbern durch die Einwanderung mittelarabischer Stämme, obschon auch damals die in Massen zusammenwohnenden und Ackerbau treibenden Urbewohner hinsichtlich der Rassenmischung ziemlich unberührt blieben. Überall jedoch siegten arabische Sprache und Kultur; das hat bis in die jüngere Zeit hinein eine starke Täuschung über die Zusammensetzung der nordafrikanischen Bevölkerung hervorgerufen.

Wie aber stand es mit den Kulturverhältnissen während dieser Jahrhunderte?

Die kulturelle Übermacht lag völlig in den Händen der islamitischen Völker. Trotz der fanatischen Zerstörung der vorgefundenen römischen Kultur entwickelte das semitische Großreich einen im Verhältnis zur abendländischen hohen Stand der Kultur. Diese Kultur war freilich echt semitisch und entsprach in keiner Weise dem arisch-europäischen Wesen. Sie beruhte auf ganz eigenartigen Voraussetzungen und äußerte sich in einer eigenartigen Verbindung hoher Kulturerrungenschaften mit merkwürdig primitiven Erscheinungen.

Ihren höchsten Ausdruck fand diese Kultur neben der Kunst und Wissenschaft im Handel. Das arabische Reich wurde zu einem einheitlichen Handelsorganismus ausgestaltet. Das Universale seiner religiösen Bestrebungen äußerte sich auch in der wirtschaftlichen Betätigung seiner Kaufleute. Der arabische Kaufmann wurde zu einem der wichtigsten Mittler zwischen dem Orient und Okzident. Von den Urproduktionsländern Indien und China führte er die Waren durch das arabische Kulturzentrum hindurch in das Gebiet des byzantinischen Reiches. Hier übernahm sie der griechische Kaufmann, der sie nach den westlichen Mittelmeerländern, nach Italien, Spanien und Südfrankreich hin weitergab; von da gelangten sie in den abendländischen Norden, wo sich in Flandern ein hoch aufblühendes Absatzgebiet entwickelte, das dann in früher mittelalterlicher Zeit der Sitz einer selbständigen europäischen Kultur wurde. Die Waren, die in diesem mittelalterlichen Handel in Verkehr gesetzt wurden, waren nicht solche, wie wir sie kennen, sondern ganz vorwiegend Luxusartikel im abendländischen Sinne; die natürlichen Bedürfnisse wurden durch die lokale Wirtschaftstätigkeit hinreichend befriedigt.

Für diesen Verkehr war die politische Einheit der arabischen Staatengruppen von größtem Werte. Da sich alles mohammedanische Leben nach Mekka richtete, da dieses auch später in der Zeit politischer Trennung stets der unbedingte religiöse Mittelpunkt der islamitischen Völker blieb, entstand und erhielt sich eine Fülle guter Straßen, die auch für die Handelsbeziehungen von großer Bedeutung waren. Bagdad wurde das Zentrum dieser Handelsverbindung vom asiatischen Osten zum Mittelmeergebiet; von ihm aus flossen die Verkehrsströme, von Indien und China kommend, nach Arabien, Nordafrika, Syrien und Kleinasien. Ja, der arabische Kaufmann hat durch die Landgebiete des heutigen Rußlands hindurch auch die Ostsee aufgesucht und ist hier, in dem noch überhaupt nicht in den geschichtlichen Bereich hineinbezogenen Gebiete, Missionar seiner Kultur geworden.

Der geschlossenen islamitischen Kultur gegenüber stand die christlich-europäische in eine oströmische und weströmische geschieden. Trotz der politischen Trennung und der wachsenden kulturellen Entfremdung bestand noch viel Gemeinsames zwischen dem europäischen Osten und Westen. Noch war die religiöse Einheit nicht ganz verloren gegangen, obschon sie lockerer und lockerer wurde. Vor allem erhielt sich im Westen eine Hochachtung vor dem als eigentlichen Erben der alten Kultur verehrten byzantinischen Reiche, die diesem eine starke Überlegenheit sicherte. So wie sich die Regenten der abendländischen Völker geschmeichelt fühlten, wenn sie sich eine byzantinische Prinzessin erringen konnten, so fühlte man sich im ganzen den Byzantinern unterlegen. Die Verwaltungsorganisation, das ausgezeichnete Finanzwesen, die geordneten Rechtsverhältnisse, die Überlegenheit in Kunst und Wissenschaft: das alles schenkte den Angehörigen des oströmischen Reiches noch eine unbedingte Herrscherstellung in wirtschaftlicher, kommerzieller und auch geistiger Beziehung. Auch der islamitischen war die byzantinische Kultur noch durchaus überlegen, und selbst auf dem eigensten Gebiete der semitischen Rasse, im Konkurrenzkampfe des Handels machte sich diese Überlegenheit geltend. Während die byzantinischen Kaiser die Handelstätigkeit des gesamten Ostens in Konstantinopel konzentrierten, umspannte der griechische Kaufmann die Küstengebiete Südeuropas mit seiner Handelstätigkeit. Bis in das elfte Jahrhundert hinein herrschte — soweit das möglich war — der Grieche auch auf dem westlichen Mittelmeere. Die griechischen Besitzungen in Unteritalien, besonders die Häfen von Ancona, Bari und Amalfi wurden die Basis dieses Handels, während das in der Zeit Justinians blühende Ravenna früh in Verfall geriet.

Freilich war diese hellenistische Kultur längst nicht mehr Eigentum der gesamten Bevölkerung des byzantinischen Reiches. Die durch die Völkerbewegung verursachten Veränderungen im

Reichsinnern bewirkten eine immer wachsende Verkleinerung und Verflachung der Kultur auch im christlichen Osten. Auch die noch bestehende Handelstätigkeit konnte sich in Bezug auf Intensität mit der einst in der Zeit des römischen Imperiums in keiner Weise mehr messen. Namentlich sorgten die eifersüchtig über ihre Überlegenheit wachenden Sarazenen, wie die Araber bei den Christen dieser Jahrhunderte hießen, daß dieser friedliche Austausch unterbunden wurde. Mit ihren schnellen Schiffen suchten sie die Küstenländer der Christen heim, und vor ihrer organisierten Piraterie erstarb allmählich die gesamte wirtschaftliche Betätigung. Schließlich gesellten sich zu den Sarazenen noch die dalmatinischen Slawen, um den Verfall zu besiegeln.

Zunächst gestatteten die Verhältnisse des Abendlandes keine Veränderung dieses Zustandes. Man mußte sich die Vormundschaft gefallen lassen, weil die eigene Entwickelung eine Entfaltung im wirtschaftlichen Sinne vorerst ausschloß. Denn obwohl das Kaisertum Karls des Großen die Einheit der germanisch-romanischen Welt geschaffen zu haben schien, lag gerade in der Entwickelung, die das deutsche Kaisertum nahm, die Unmöglichkeit einer dauernden Lösung. Die Gründung konnte nicht von Bestand sein. Karl der Große, der Priesterkönig im biblischen Sinne, der Herr von Staat und Kirche zugleich, konnte wohl mit seinem Genius dieses Universalreich beherrschen; unter seinen Erben mußte es zerfallen. Es war einmal eine Unmöglichkeit, daß die in dem Reiche vereinigten Völker, die auf so verschiedenen Kulturstufen standen, längere Zeit zusammen blieben; sie mußten sich politisch sondern. Vor allem aber mußte die universale Kirche gegen diese Reichsauffassung protestieren, wie sie allmählich aus der Tatsache der Staatsgründung sich entwickelte. Das Papsttum mußte den Kampf wiederholen, den es mit Byzanz in den Jahrhunderten zuvor geführt hatte. Es mußte sich von der Herrschaft des Staates lösen, es mußte dieses neuen Gegners kirchlicher Obergewalt um jeden Preis Herr zu werden suchen. Indem wir diese Entwickelung betrachten, gedenken wir einer merkwürdigen Parallele, die zwischen der Entwickelung der katholischen Kirche der früheren Zeit und der neueren besteht. Das Papsttum blieb in dem Kampfe um seine Suprematie damals vom vierten bis achten Jahrhundert Sieger, aber es mußte den Verlust des gesamten Ostens damit in den Kauf nehmen. Es wird auch in dem neuen Kampfe triumphieren, aber auch der Preis dieses Sieges wird ein großer Verlust sein. Die Ablösung des germanischen Nordens in der Bewegung des Protestantismus ist mit der Ablösung der griechischen Kirche zu vergleichen, im Preise wie im Opfer.

Kapitel IV.

Die Kreuzzüge und die Versuche der Wiedervereinigung des christlichen Abend- und Morgenlandes.

Die beginnende Auseinandersetzung zwischen Staat und Kirche und die beginnende Ausgestaltung staatlich-politischer Sonderheiten, die sich aus dem Universalreiche Karls des Großen entwickelten, ließen das Abendland während des neunten und zehnten Jahrhunderts aus den allgemeinen Gegensätzen des Mittelmeergebietes beinahe ganz herausfallen. Es kam hinzu, daß das römische Kaiserreich deutscher Nation kein völliger Mittelmeerstaat war, sondern seinen Schwerpunkt bereits auf dem europäischen Festlande hatte, daß es daher niemals tatsächlicher Erbe des alten Imperiums sein konnte. Der Islam herrschte im Osten wie im Westen; kaum daß die Griechen, die sich in gewissem Grade mit den Ungläubigen zu verständigen wußten, ihrer Handelstätigkeit nachgehen konnten. Dazu wurde der Zusammenhalt zwischen dem europäischen Abend- und Morgenland immer lockerer. Je nach Lage der Dinge machte sich die Autorität des Papstes über die griechische Kirche mehr oder weniger noch geltend; in großen Schwankungen, aber doch zunehmend vergrößerte sich der Riß. Die neue Erstarkung der kaiserlichen Idee unter den Ottonen der sächsischen Dynastie führte diese Entwickelung zur Entscheidung. Die gewaltigen Sachsenkaiser zwangen das tief gesunkene Papsttum in Abhängigkeit, und unter dem Drucke Ottos des Großen vollzog Johann XIII. und dann ergänzend und vollendend Benedikt VIII. die politische und religiöse Trennung von Byzanz. Umgekehrt tilgte Kaiser Sergius I. den Namen des Papstes als des höchsten Bischofs der Kirche aus den Gebetsverzeichnissen der byzantinischen Reichskirche.

Zum Glück vermochte diese Schwäche der christlichen Mittelmeermächte auf islamitischer Seite nicht ausgenutzt zu werden. Denn wie im europäischen Lager die Zerrissenheit unaufhaltsam zunahm, ging auch das Kalifenreich mehr und mehr seinem Zerfall entgegen. Noch in der Mitte des achten Jahrhunderts hatte der Sturz der Omajjaden durch die Abbasiden eine erste Spaltung hervorgerufen, indem es dem Omajjaden Abd ar-Rahman gelang, sich in Spanien selbständig zu machen. Der mohammedanische Weststaat löste sich als unabhängiges Kalifat von Cordova von dem abbasidischen Reiche ab, das, der Verschiebung der Gesamtinteressen folgend, sich mehr und mehr aus dem Mittelmeerraum hinaus nach dem Osten konzentrierte und in Bagdad Residenz und Hauptstützpunkt hatte. Seit dem neunten Jahrhundert schieden allmählich auch die afrikanischen und asiatischen Statthaltereien als einzelne Staaten aus dem Reichsverbande aus. Im Bereiche des Mittelmeeres errangen die Gebiete von Marokko, Algier, Kairuan, Barka und Ägypten ihre politische Selbständigkeit, um sich selbst in immer kleinere Gebiete zu spalten. Im Osten Asiens aber erhob sich drohend die Vormacht der mohammedanisch-türkischen Rasse, die kulturlose und kulturfeindliche Horde der Seldschuken, die bald das Erbe der Araber antreten werden.

Noch war allerdings die Offensivkraft des Islam nicht gebrochen. Eben in der Zeit, da der politische Verfall eintrat, erfolgte noch ein bedeutsamer Vorstoß der Sarazenen in den Bereich der christlichen Völker. Auf der natürlichen Brücke, an der durch die Straße von Pantellaria bezeichneten Einschnürung, überschritten sie von Nordafrika her das Mittelmeer und setzten sich seit 827 auf der Insel Sizilien fest. Nachdem frühere Eroberungsversuche keinen dauernden Erfolg erzielt hatten, gelang es den semitischen Eroberern jetzt, sich das kostbare Eiland zu unterwerfen und die Byzantiner nach dem äußersten Nordosten und schließlich auf das Festland hinüber zu drängen. Und auch auf diesem europäischen Boden begannen sie wie in Spanien ihre Kulturarbeit, die für die christlichen Völker von großer Bedeutung werden sollte. Neben Cordova wurde Palermo Hauptsitz der arabischen Kultur.

Dieselbe Zeit jedoch, die diese Vorgänge sah, wurde auch Zeuge der ersten Versuche eines christlichen Vorstoßes gegen den Feind abendländischen Glaubens und abendländischer Kultur.

Schon begannen die christlichen Völker die Kraft in sich zu fühlen, die alten Teile des christlich-römischen Weltreiches dem Islam zu entreißen; die feindliche Berührung, in die man mit den Sarazenen Süditaliens trat, gab den unmittelbaren Anlaß. Der phantastische, ganz in dem Gedanken des christlichen Universalreiches aufgehende Kaiser Otto III. faßte in Verbindung mit seinem väterlichen Freunde, dem Papst Sylvester II., den gewaltigen Plan, Afrika zu erobern und von da aus auch Syrien zurück zu gewinnen. Die Ausführung scheiterte allerdings an dem frühen Ende Ottos.

Das aber war die wichtigste Folge dieses Nieberganges der islamitischen Völker und des politischen Aufstiegs der christlichen Welt: daß das Abendland langsam begann, sich von der wirtschaftlichen Vormundschaft der Araber und Griechen los zu machen. Diese Befreiungsbewegung nahm ihren Ausgang von den Gebieten, die Hauptsitz des griechischen Handels gewesen waren, von Süditalien, vor allem von Städten wie Amalfi, Salerno, Brindisi, Otranto und Bari. Ganz allmählich traten die Bewohner dieser aufstrebenden Stadtstaaten an Stelle der zu ihnen kommenden Kaufleute, um die Tätigkeit, die diese ausübten, selbst zu übernehmen. Es war die im historischen Sinne notwendige Entwickelung. Der abendländische Geist begann seinen Flug über die Welt zu nehmen; er mußte sich in kleinen Verhältnissen entfalten. Die Zertrümmerung des Weltgebäudes in kleinste Splitter machte es notwendig, daß die neue Entwickelung eben von diesen Splittern ihren Ausgang nahm. Die Stadt, als der kleinste politische Raum, mußte Träger des neuen kulturellen Aufstiegs werden. So sehen wir damals im zehnten Jahrhundert die Kaufleute dieser kleinen, bald herzlich unbedeutenden Städte, deren Rolle uns heute fast unmöglich dünkt, wenn wir die Hafenverhältnisse und sonstigen geographischen Voraussetzungen betrachten, an allen Küsten des Mittelmeeres tätig; so nach Afrika, nach Syrien und besonders nach Konstantinopel hin. Sie haben die Entwickelung, die sich zunächst in sehr kleinen Verhältnissen äußerte, begonnen; etwas Gewaltiges, den gesamten Erdball Umspannendes ist aus diesen unscheinbaren Anfängen emporgewachsen.

Schon aber trat diesen süditalienischen Städten Venedig zur Seite, der eigentliche Träger der großen wirtschaftlichen und kolonialen Entwickelung, die die mittelalterliche Geschichte des

Mittelmeeres bezeichnet. Es kann hier nicht von der Entstehungsgeschichte der Lagunenstadt gesprochen werden, so interessant sie ist. Genug, Venedigs Entstehung stellt einen langdauernden Prozeß dar, kein einmaliger Gründungsakt ist ihr Ausgang; die Zerstörung Aquilejas hat nur einen Anteil, ist durchaus nicht Ursache. Die steten kriegerischen Bedrückungen, denen die venezianisch-friaulischen Lande ausgesetzt waren, veranlaßten die Bewohner zur Ausübung friedlicher Berufe die der Küste vorgelagerten Inseln aufzusuchen. So wuchs aus den Lagunengemeinden Grado, Torcello, Murano, Rialto und anderen die Handelsrepublik Venedig heraus. Seit der Mitte des neunten Jahrhunderts machte sie sich von der byzantinischen Oberhoheit, die von Illyrien herüberreichte, frei, ohne aber ausdrücklich aus dem oströmischen Reichsverbande auszuscheiden. In ganz allmählichem Übergange stieg der Dux, der Doge, der als Reichsbeamter anfangs in dem festländischen Heraklia saß, zum selbständigen Haupt der Republik empor, anfangs beinahe ein durch Erblichkeit regierender Monarch, dann das durch Wahl erhobene Oberhaupt einer Handelsaristokratie. Trotz der großen Schwierigkeiten, die namentlich die slawischen Küstenanwohner der Adria mit ihrem Seeraub dem Handel bereiteten, entfaltete sich Venedig unaufhaltsam, in systematischer Ausbreitung nahm es von den anliegenden Gebieten und den Gegengestaden des Meerbusens Besitz.

In diese sich langsam ausreifende Entwickelung lenkte, gleichsam eine letzte Flut der großen Völkerwanderung, noch einmal ein germanischer Volksstamm, der mehr als alle früheren germanischen Eindringlinge die Entwickelung des Mittelmeergebiets beeinflussen sollte, einen neuen Strom gewaltsamer Umbildung: die Normannen. Man weiß, wie diese Germanen aus dem Norden kamen, wie sie mit ihren kleinen Schiffen als Wikinger von Skandinavien aus die Nordküsten Europas zunächst als Seeräuber beutegierig heimsuchten, wie sie in abenteuerlichem Wagemute jeden Raum überwanden, wie sie von Island her als erste Europäer den amerikanischen Kontinent betraten. Sie fanden bald Gefallen an den von ihnen besuchten Ländern und machten sich dort seßhaft. Ihre hervorragende Begabung im staatsbildenden Sinne und ihre große Anpassungsfähigkeit erteilten ihnen sozusagen die Rolle des Sauerteigs unter den europäischen Völkern, denn von Skandinavien um die Küsten Europas herum bis nach Syrien breiteten sie sich aus und mischten sie sich mit den einheimischen Völkern. Sie gründeten den Normannenstaat in Nordfrankreich, sie eroberten von dort aus England und nahmen auch Besitz von Unteritalien.

Der englische Historiker Edward A. Freeman hat Sizilien und Unteritalien einmal als den Schauplatz der Lösung der „ewigen Frage" bezeichnet, unter der er die Auseinandersetzung zwischen der arisch-europäischen Kultur und der semitisch-asiatischen versteht. Das Wort charakterisiert sehr glücklich die eigenartige und wichtige Rolle, die jenes Land- und Meergebiet an der Straße von Pantellaria in der Geschichte des Mittelmeeres spielt. Es war, wie wenn eine geheime Kraft jetzt jene wagemutigen Nordländer aus dem entlegensten Europa hierher an den besonders gefährdeten Posten im Süden gewiesen habe, wo dank ihrer erfolgreichen Kulturarbeit die Araber seit dem neunten Jahrhundert ständig mehr Boden gewannen und die Griechen und, hinter diesen stehend, die Italiener verdrängten. Indem die Normannen sich in Süditalien seßhaft machten, nahmen sie die gewaltige Aufgabe in Angriff, den Indogermanen das europäische Festland zu erhalten und zugleich ihnen die Errungenschaften der überlegenen semitischen Kultur zu übermitteln. Und es ist das Entscheidende, daß sie diese Aufgabe im Bunde mit dem Papsttum erfüllten.

Eben in der Zeit, da die normannische Staatsgründung vor sich ging, hatte sich der Gegensatz von Papsttum und Kaisertum zu dem entscheidenden Kampfe zugespitzt, den wir den Investiturstreit nennen. Die Normannen wurden jetzt das geeignete und bereitwillige Werkzeug Roms zum Kampfe gegen den Kaiser. Indem der Historiker die Verbindung der beiden Mächte betrachtet, bemerkt er eine eigenartige Verwandtschaft zwischen den Bundesgenossen. Die Universalität der Kirche und der abenteuerliche Drang des normannischen Volkstums nach Ausbreitung, sie wiesen auf Zusammenschluß; und so wuchs von Papstes Gnaden dieser südeuropäische Großstaat überraschend schnell empor. Die staatsbildenden Gaben des germanischen Volkes, die Fähigkeit für Seefahrt und Seebeherrschung, die Gabe für Übernahme fremder Kulturerrungenschaften und Vervollkommnung in abendländischem Sinne: das alles schenkte den Normannen einen leichten Triumph. Sie besetzten ganz Unteritalien, sie eroberten Sizilien und drängten hinüber nach Afrika, dessen damaligen Haupthafen Mahedia sie in Besitz nahmen, während die umwohnenden arabisch-berberischen Einzelstaaten sich ihnen freiwillig unterwarfen. So gestaltete sich seit der zweiten Hälfte des elften Jahrhunderts von Herzog Robert Guiscard bis zu König Roger II. dieser Staat, der Christen der römisch-katholischen wie griechisch-katholischen Kirche wie auch Ungläubige umschloß, zu einer Vollkommenheit des Organismus aus, die ihm als ersten den Namen eines modernen Staates sichert.

Die weitere Bedeutung dieses Normannenstaates aber besteht darin, daß er für Italien neben der Herrschaft des Arabertums auch die des Griechentums für alle Zeiten gebrochen hat. Indem er sich mit dem Papsttum verbündete, lieferte er seine Länder trotz aller Toleranz der römisch-katholischen Kirche und der westeuropäischen Kultur aus, und ein immer wachsender politischer Gegensatz zu Byzanz führte zu weiteren nicht weniger bedeutungsvollen Folgen. Das Ziel der Normannen Süditaliens war zuletzt nicht mehr und nicht weniger, als das oströmische Reich zu zertrümmern und ein neues Universalmittelmeerreich aufzurichten; auch sie entrichteten ihren Tribut an den den Meeresraum erfüllenden Geist. Noch Robert Guiscard begann die Verwirklichung des Planes, er bereits faßte im nördlichen Griechenland festen Fuß. Roger versuchte die Aufgabe zu vollenden; sein Versuch mündete ein in die große Bewegung der Kreuzzüge, die in dieser selben Zeit die gesamte christliche Welt beherrschte.

Schon längst war der Kampf der christlichen Völker gegen den Islam auf der gesamten Linie entbrannt. Als erste drangen auf der spanischen Halbinsel die christlichen Stämme, die vor den Arabern in den Gebirgen Unterschlupf gefunden hatten, gegen die im Kalifat von Cordova zusammengeschlossenen mohammedanischen Gebiete vor. Es entstanden in zähem und unaufhörlichem Kampfe die neuen christlichen Grenzstaaten; zuerst das Herzogtum Barcelona, aus dem das größere Aragon hervorging, dann das Herzogtum Kastilien und das Königreich Portugal. Ein gewaltiger Befreiungskampf erfüllte die Halbinsel, ein Glaubenskampf, dessen Erinnerung in der sagenumwobenen Gestalt des christlichen Nationalhelden Cid bis in unsere Tage fortlebt. Seit dem elften Jahrhundert gingen, wie wir sahen, auch in Italien die Christen von der Defensive zur Offensive über.

Um die christlichen Vorstöße zu einer einheitlichen Bewegung zu machen, bedurfte es einer alles umfassenden Idee. Sie fand ihren Ausdruck in den Kreuzzügen.

Es kann hier nicht Aufgabe sein, die Entstehung dieser gewaltigen Erscheinung im einzelnen klarzulegen. Es war ganz überwiegend doch eine geistige und geistliche Bewegung, die sich damals in der zweiten Hälfte des elften Jahrhunderts Bahn brach. Die durch das gemeinsame Band der katholischen Kirche umschlossene Christenheit wurde erschüttert durch den Hilferuf, den das durch die eindringenden Seldschuken bedrohte Byzanz über das Abendland hin erschallen ließ. Am eindrucksvollsten war zwar die Tatsache, daß Jerusalem mit den heiligen Stätten in die Hände des asiatischen Steppenvolkes gefallen war, das nicht, wie die bisherigen arabischen Herren, den christlichen Pilger zuließ. Zugleich aber kam die Gemeinsamkeit des christlichen Glaubens, die erst eben durch das 1054 sanktionierte Schisma äußerlich ganz zerrissen worden war, neuerdings gewaltig zu Worte: in glühender Begeisterung nahmen die Völker das Kreuz. Der Papst stellte sich an die Spitze der Bewegung, nicht der Kaiser. Keine weltlich-politischen Ziele sprachen zunächst mit. Man dachte nicht an die Wiedereroberung des alten Imperiums. Nur die Wiedergewinnung des heiligen Grabes war die treibende Sehnsucht der Männer, die nun als Kriegsmannen Christi hinauszogen, um die Ungläubigen zu bekämpfen. Den bezeichnendsten Ausdruck dieses Wollens und Strebens stellen die geistlichen Ritterorden dar, die auf dem heiligen Boden entstanden und sich den ewigen Kampf gegen die Ungläubigen zur Aufgabe machten. Im Mittelmeerraum haben namentlich die Johanniter bis weit in die neuere Zeit hinein treu ihrer Regel den Glaubenskampf geführt und an besonders bedrohten Punkten die Wacht der Christenheit gehalten.

Trotzdem mischten sich in diese ursprünglichen Ziele der Kreuzzugsbewegung bald andere. Obschon in ihrem unmittelbaren Ausdruck eine geistige, waren doch von vornherein und stets wachsend wirtschaftliche Gesichtspunkte in ihr beschlossen. Neben einfacher Abenteuerlust ließ Viele der instinktive oder in den heimischen Verhältnissen begründete Drang, neuen Raum sich zu schaffen, das Glück im heiligen Lande suchen. Die Kreuzzugsbewegung wurde schließlich eine Kolonialbewegung, ganz ähnlich derjenigen, die damals in Deutschland zur Eroberung der slawischen

Gebiete östlich der Saale und Elbe führte. So betrachtet aber gewinnt diese Zeit eine gesteigerte Bedeutung für die Geschichte des Mittelmeerraumes.

Eine Schwierigkeit stellte sich bei der Kreuzzugsunternehmung von vornherein heraus: wie sich dieser Vorstoß der lateinischen Völker abfinden würde mit dem Griechentum. Denn es war gewiß, daß in dem Augenblick, da wirkliche Eroberungen gemacht wurden, da die drohende Gefahr eines türkischen Einbruchs abgewandt war, sich die Gegensätze zwischen Abendland und Levante nur um so stärker äußern würden. Das ist der Kern der mittelalterlichen orientalischen Frage, wie sie durch die Kreuzzüge und die Türkengefahr entstanden ist: wie sich die Gemeinsamkeit des Gegensatzes des christlichen Ost- und Westeuropa gegen den Islam und seine Träger vertrug mit der inneren Verschiedenheit der lateinischen und griechischen Völker.

Der wirtschaftliche Gesichtspunkt machte sich in der gleichen Richtung geltend. Denn auch die Notwendigkeit, zwischen den neuen Kolonien des Orients und dem Mutterlande eine Verbindung herzustellen, stärkte den Gegensatz gegen das Griechentum, das sich hindernd zwischen die beiden fernen Räume schob. Daraus vor allem erklärt sich der Griechenhaß, der während der Kreuzzüge wachsend das Abendland erfüllte. Sehr bald bemerkten die Kreuzfahrer, daß sie mit ihrem fränkischen Schwert eine ihnen fremde Kultur und Religion vor den Ungläubigen schützten. Sehr bald wurde deshalb aus einem Zusammengehen von Griechen und Lateinern eine Feindschaft, die die Kreuzzugsbewegung schließlich in ganz andere Bahnen lenkte.

Schon im ersten Kreuzzuge (1096 bis 1099), der noch mit reinsten religiösen Zielen begonnen wurde, und der nach Überwindung unsagbarer Mühen zur Eroberung Akkons und Jerusalems führte, äußerte sich dieser Zwiespalt. Vor allem die Begründung der lateinischen Reiche und Staaten dort im Orient bewirkte den ersten Versuch, das lateinische Abendland auch gegen Byzanz zu richten.

Sie knüpfen sich an die interessante Gestalt Bohemunds von Tarent, des Normannenfürsten, der sich zum Fürsten von Antiochia machte und in den ausbrechenden Konflikten das Ziel verfolgte, zugleich von Osten und Westen her dem byzantinischen Reiche den Garaus zu machen. Aber noch war das Papsttum, das bei der Gesamtlage des europäischen Westens der unbedingte

Führer des gewaltigen Unternehmens blieb, nicht geneigt, zu diesem Vorhaben die Hand zu bieten, war es doch gerade damals ganz durch den Kampf, den es mit dem staatlichen Nebenbuhler, dem deutschen Kaiser, auszukämpfen hatte, in Anspruch genommen. Zudem war ein Papst wie Urban II. allzu erfüllt von reinen und selbstlosen Wünschen, als daß er sich zu den Projekten eines skrupellosen Machtpolitikers, wie es Bohemund war, freundlich stellen konnte.

Indessen waren die Dinge schon so weit gediehen, daß sich die Normannen, die sich unter König Roger II. an dem zweiten Kreuzzuge beteiligten (1147 bis 1149), lediglich gegen Byzanz wandten. Dalmatien, Epirus und Griechenland wurden verwüstet, und die Inseln Korfu und Zante besetzt. Ostrom trug allein den Schaden dieser Unternehmung, während das Hauptheer der Kreuzfahrer, das die Ungläubigen bekämpfte, nur wenig ausrichtete.

Die Folge dieser ersten Kreuzzüge war, daß zwar allerhand lateinische Staaten im Orient entstanden: ein Königreich Jerusalem und von diesem in Lehensverhältnis abhängig ein Fürstentum Edessa, ein Fürstentum Akkon, ein Fürstentum Antiochia und verschiedene andere. Aber den eigentlichen Vorteil von den christlichen Siegen hatte Byzanz. Das Griechentum nahm einen neuen Aufstieg. Es war ein eigentümlicher Verlauf der Ereignisse, daß zum Dank für die Befreiung Ostrom zu einem Schlage gegen Westeuropa ausholte. Nicht ohne großzügige Kraft versuchte Kaiser Manuel I., der bedeutendste Herrscher aus dem Hause der Komnenen (1143 bis 1180), eben die Politik gegenüber dem Abendlande zu führen, die dieses gegen ihn selbst anwandte. Ziel und Methode Kaiser Justinians wieder aufnehmend plante er die Wiederherstellung des römischen Mittelmeerreiches, und zwar auf dem Wege der Anpassung des griechischen an das abendländische Wesen. Im Bunde mit dem Papste, dem er später sich und sein Reich wieder unterstellen wollte, gedachte er den Hohenstaufen die römische Kaiserkrone zu entreißen und die gefährlichen Nebenbuhler in Nord- und Süditalien zu beseitigen. So stieß er seinerseits in den Westen vor, und wieder war Süditalien der Schauplatz weltgeschichtlicher Entscheidung. Manuel besetzte Ancona, um von dort aus zugleich gegen den deutschen Kaiser vorzugehen, die Normannenherrschaft zu vernichten und die bedrohlich wachsende Seeherrschaft der Venezianer zu zerstören.

Jedoch nur kurze Zeit hielt diese gefährliche Kombination an. Der byzantinische Kaiser scheiterte mit seinem gewaltigen Projekt, und wie sechshundert Jahre vorher schlugen die Anstrengungen der staatlichen Kräfte nach dem Westen hin nur wieder zum Schaden Ostroms aus.

In der gleichen Zeit erlitt indessen auch die abendländische Welt im Orient einen schweren Verlust, das heilige Grab fiel wieder in die Hände der Ungläubigen. Gegen die türkischen und arabischen Teilstaaten vermochten sich die christlichen Fürstentümer zu behaupten. In dem Augenblick jedoch, wo sich die mohammedanische Macht zusammenschloß, war es um sie geschehen; und eben das geschah in dem Großreiche des Sultans Saladin, der die Gebiete von Ägypten und Syrien vereinigte und dessen Vorstoß 1187 das Königreich Jerusalem unterlag. Der mohammedanische Herrscher hätte die christliche Machtstellung im östlichen Mittelmeere mit Stumpf und Stiel ausrotten können, wenn er es nicht versehen hätte, sein Augenmerk dem Meere zuzuwenden. So konnten die christlichen Seemächte ungestört ihre Handelstätigkeit weiter ausüben, ja sogar um ein Bedeutendes steigern.

Die Voraussetzungen für den dritten Kreuzzug (1189 bis 1192), der von dem ehrwürdigen Kaiser Friedrich Barbarossa zu Lande und dem englischen König Richard Löwenherz und dem französischen König Philipp II. August zu Wasser unternommen wurde, waren demnach nicht ungünstig. Indessen auch diese neue christliche Unternehmung scheiterte an der Uneinigkeit der abendländischen Fürsten und an den aus dem Verhältnis zu Byzanz sich ergebenden Schwierigkeiten. So wurde aus dem erwarteten Siege beinahe eine Niederlage, und auch jetzt drohte die eigentliche Richtung des Angriffs sich weniger gegen die Ungläubigen als gegen die Griechen zu wenden.

Wenige Jahre später jedoch schienen sich die abendländischen Hoffnungen der Erfüllung zu nähern. Das neu erstarkte deutsche Kaisertum, das seit der Heirat Heinrichs VI. mit der normannischen Erbtochter Konstanze auch von dem normannischen Reiche Besitz genommen hatte, suchte, befruchtet durch die normannische Staatsidee und jetzt mehr denn früher in den Mittelmeerraum hineinwachsend, die Idee einer Universalherrschaft über das Meer nach dem Morgenlande hin zu verwirklichen. Der glänzende Hohenstaufe, der ein letztes Mal als der Erbe römischer Weltherrschaft mit mächtigem Wollen und genialem Können weltumspannende Ansprüche geltend machte, der das mittelalterliche Weltreich Karls des Großen seiner Vollendung außerordentlich nahebrachte, schien zum Vollstrecker der universalen Mittelmeerherrschaft bestimmt. Schon triumphierte er über die Völker der christlichen Welt, schon gaben ihm die arabischen Fürsten Nordafrikas Tribut, schon erklärten sich die erhalten gebliebenen lateinischen Orientstaaten zu Vasallen. Ein allgemeiner Kreuzzug der Christenheit sollte nunmehr den gesamten Orient unterwerfen, und von Westen und Osten her sollte dann das byzantinische Reich erobert werden. Indessen auch diese gewaltige Unternehmung blieb Projekt. Man kennt den tragischen Ausgang des großen Kaisers: Mitten in den Zurüstungen ist er jäh aus dem Leben geschieden.

In einem merkwürdigen Vorgang fand dann aber das Ziel der Wiederherstellung der christlichen Kultureinheit durch Errichtung der abendländischen Herrschaft im Osten doch seine Verwirklichung: im lateinischen Kaiserreich des vierten Kreuzzuges.

Der neue Kreuzzug war ursprünglich gegen Ägypten gerichtet. Die skrupellosen und einseitigen geschäftspolitischen Bemühungen des venezianischen Dogen Andrea Dandolo lenkten die Unternehmung jedoch auf Konstantinopel ab. In dem dort ausgebrochenen Thronfolgewirrwarr nahmen die Kreuzfahrer Besitz von der Hauptstadt und dem gesamten byzantinischen Gebiete, um statt dessen lateinische Herrschaften einzurichten. Alle diese Gründungen geschahen ganz im Sinne der Handelsstellung Venedigs. Der neue Hauptstaat am goldenen Horn, das lateinische Kaiserreich Romanien, sollte vor allem schwach sein, denn es sollte die andere große staatliche Gründung ermöglichen, das venezianische Kolonialreich in der Levante. Das galt noch mehr für die übrigen lateinischen Staaten, das Königreich Thessalonich, die Herzogtümer Athen, Salona, Morea und andere.

Vor diesen politischen Bestrebungen trat das eigentliche Ziel des Kreuzzugs völlig zurück. Vergebens verwandte sich Innocenz III., der gewaltige Verkörperer der päpstlichen Machtfülle in mittelalterlicher Vollendung, für die Erfüllung der ursprünglichen Aufgabe. Weder mit Hilfe des lateinischen Kaiserreichs noch auf Grund eines erneuten Appells an die abendländischen Völker gelang es ihm das Unternehmen der Befreiung des heiligen Landes zur Ausführung zu bringen. Auch der 1228 von Papst Gregor IX. bei Kaiser Friedrich II. durchgesetzte Kreuzzug, der mehr eine politischen Zwecken dienende Handlung, denn eine von religiöser Begeisterung getragene Unternehmung darstellt, hatte nur ein durchaus unzulängliches Ergebnis. Andererseits war bei den politischen Plänen des Abendlandes auch an die dauernde Zukunft eines lateinischen Ostreiches nicht zu denken. Man muß es aussprechen, daß durch die Vernichtung des griechischen Bollwerks Byzanz den Türken vielmehr geradezu Tür und Tor geöffnet wurde. Man muß sich freilich auch hüten, deswegen die Völker Westeuropas zu schmähen. Deren Stärke war für die von uns betrachteten Dinge ihre Schwäche. Indem sich das europäische Abendland langsam und mühevoll zu gesonderten Nationen mit starken politischen Sonderinteressen entwickelte, hatte es keine Möglichkeit, in gemeinsamer und uneigennütziger Wacht dort an der Ostgrenze ihrer Kultur Hüter zu sein.

Schnell gingen deshalb diese lockeren Staatsgebilde wieder zu Grunde. Von Nizäa aus eroberten die neuen Herren des Griechentums, die Paläologen, die alten Gebiete von Byzanz zurück. Schließlich fiel ihnen 1261 auch Konstantinopel selbst wieder zu. Nur auf griechischem Boden bestanden kleine lateinische Reiche noch bis in die türkische Zeit hin fort.

Längst schon hatte sich jedoch bei diesen Vorgängen ein neuer Gesichtspunkt geltend gemacht: das Bestreben, Ost- und Westeuropa in friedlicher Verständigung zusammenzuschließen und darüber hinaus die Gemeinschaft der christlichen Grundlage wieder herzustellen. Die gewaltsame Latinisierung des Ostens als Voraussetzung für die Wiedervereinigung der griechisch- und römisch-katholischen Kirche war gescheitert; man beschritt nunmehr den Weg, unter Bestehenlassen der byzantinischen Selbständigkeit und auf der Basis freiwilliger Annäherung des Ostens an den Westen den Zusammenschluß zu bewirken. Schon bei dem Projekte des Kaisers Manuel I. Komnenos hatte dieses Streben eine große Rolle gespielt, doch war darin politischen Wünschen und bewaffnetem Vorgehen noch ein zu großer Platz eingeräumt. Auf Seiten des Papsttums blieb die Katholisierung Byzanz' zunächst das letzte Ziel, und noch hatte Innocenz IV. die Hoffnung, einem römisch-katholischen Paläologen ein römisch-katholisches Konstantinopel anbieten zu können, doch mußte man es dulden, daß Kaiser Michael VIII. wieder als Schismatiker von der Stadt Besitz nahm. Der Fall des lateinischen Kaiserreiches und seine politischen Folgen erst schufen die Voraussetzung für die neuen Versuche, die Unierung des christlichen Abendlandes und Morgenlandes auf friedlichem Wege zu erreichen.

So schien als eine wertvolle Frucht der Kreuzzüge aus diesen jahrzehntelangen blutigen Kämpfen im Orient wenigstens eine einheitliche Christenheit wieder erwachsen zu sollen. Religiöse Hoffnungen blieben das Treibende für die Unionsbestrebungen, doch sprachen daneben politische Rücksichten sehr stark mit. Der Gegensatz gegen die letzten Hohenstaufen, namentlich gegen den energisch vorstoßenden und in Fortsetzung der alten normannischen Politik auch Byzanz in den Bereich seiner Offensive ziehenden König Manfred, veranlaßte die Päpste, die Bestrebungen nach Zurückgewinnung des christlichen Ostens durch einfache Rekatholisierung endgültig aufzugeben. In der Zeit, da Karl von Anjou unter päpstlichem Schutz auf den Trümmern der hohenstaufischen Macht sein süditalienisches Königreich aufrichtete, trat Urban IV. in die entscheidenden Verhandlungen mit Kaiser Michael zur Durchführung der kirchlichen Union. In demselben Verhältnis aber, wie der Schützling Roms zu dessen weltlichem Vormund zu werden drohte, suchte der neue Papst Klemens IV. den Abschluß der Unionsverhandlungen zu beschleunigen. Eben noch erneuerte Karl von Anjou, auch seinerseits in die Fußtapfen der Vorgänger in der Herrschaft Süditaliens tretend, das Königreich Epirus auf Kosten Byzanz', da kam unter Gregor X. 1274 auf der Synode von Lyon die Union zustande.

Die Union von Lyon bezeichnet die größte Höhe, die das mittelalterliche Papsttum erstiegen hat. Ein Gebiet, das die gesamte christliche Welt umspannte und das die christlichen Länder des Mittelmeeres zu einer neuen Einheit zusammenschloß, war ihm damit untertan gemacht. War doch vermieden worden, was bereits unvermeidlich schien? War die Universalherrschaft der Kirche verwirklicht, ohne daß der Verlust des Griechentums in Kauf genommen werden mußte? Zweifellos bedeutet die Vereinigung von Lyon den höchsten je erreichten Ausdruck christlicher Gemeinschaft und die umfassendste theoretische Verwirklichung aller der in der christlichen Lehre ruhenden universalen Ideen. Aber die damit erstiegene Höhe war trügerisch. Dem Historiker ist es selbstverständlich, daß dieses Ergebnis jahrzehntelanger Bestrebungen gegenüber den bestehenden Verhältnissen ohne Bedeutung blieb. Theoretisches Streben unterlag den lebendigen Kräften der Völker, die nur den wirklichen Lebensinteressen gehorchen. Das griechische Volk weigerte sich, der Politik seines Kaisers zu folgen, und versagte der Union seine Anerkennung; vermutlich hat Michael die Verhandlungen nie ganz ernst gemeint und nur im politischen Sinne ausgenutzt. Andererseits beweist das erneute Vorgehen Karls von Anjou in Griechenland 1280, daß auch auf christlicher Seite die neue Vereinigung von Ost- und Westeuropa keine Geltung hatte, und 1281 kündigte Martin IV., der als Werkzeug des Anjou auf den päpstlichen Stuhl erhoben wurde, ausdrücklich die Union wieder auf.

Auch die religiöse Stimmung der Kreuzzüge verrauchte in dieser Zeit. Zwar folgten dem Kreuzzuge, der zur Errichtung des lateinischen Kaiserreiches geführt hatte, noch eine Reihe von Unternehmungen, aber die neuen Eroberungsversuche hatten einen wesentlich anderen Charakter als die früheren. In stets wachsendem Maße äußerte sich bei ihnen das politische Sonderinteresse der Völker und Fürsten. Ein durchaus neuer, politisch-staatlicher Gesichtspunkt wurde bestimmend für diese letzten Kreuzzüge. So richteten sich die Züge Ludwigs des Heiligen nicht mehr gegen den Orient, sondern, dem französischen Interesse folgend, gegen Ägypten, in dem seit dem dreizehnten Jahrhundert die Mamluken die Herrschaft erlangt hatten, und gegen Tunis, das, Kairuan überflügelnd, der Hauptsitz staatlicher Macht in Nordafrika geworden war. Trotz aller Bemühungen ging Platz um Platz in Asien verloren, 1291 fiel als letztes Bollwerk abendländischer Herrschaft im heiligen Lande Akkon. Der Johanniterorden, der den Glaubenskampf fortsetzte, zog sich nach Cypern zurück, wo ihm die Stadt Limisso eingeräumt wurde, bis er sich 1310 in der Insel Rhodos eine neue Heimstätte eroberte.

Viel Ruhm hatte sich das fränkische Schwert dort im Osten erkämpft, und ein großer geistiger Gewinn blieb für Europas Völker dauernde Frucht dieser Unternehmungen. Jedoch an materiellen Erfolgen brachten diese gewaltigen opferreichen Kämpfe den Trägern der Bewegung nichts. Der Kreuzzugsbesitz war für immer dahin. An seiner Stelle aber erhob sich nun ein anderer, nicht weniger bedeutender Besitz: die Kolonialreiche der italienischen Stadtstaaten.

Kapitel V.

Die Renaissance und die Anfänge der osmanischen Bewegung.

Die Kreuzzüge, die zugleich die höchste Entfaltung des Papsttums bezeichnen, hatten zwei Jahrhunderte lang die europäische Entwickelung bestimmt. In einem merkwürdigen Werdegang hatten sich auch vorübergehend die beiden Bekenntnisse des Christentums noch einmal zusammengefunden, die einst im römischen Imperium eine Einheit gebildet hatten. Das Ende des dreizehnten Jahrhunderts stellt den Höhepunkt dieses Zeitalters dar, es ist der Höhepunkt der mittelalterlichen Geschichte überhaupt.

Das war das Kennzeichen dieser Jahrhunderte abendländischer Geschichte: Staat, Gesellschaft und Individuum verzichteten auf ihre Selbständigkeit und fühlten sich allein als Glieder der großen geistlichen Gemeinschaft, die sie ohne Unterschied von Volk und Stand umschloß. Dieser Zustand war die Voraussetzung für die Erfüllung der gewaltigen Aufgabe, die der katholischen Kirche gestellt war. Jetzt jedoch war dieses große Werk der Erziehung der europäischen Völker im Geiste der römischen Kultur erfüllt. Die einstigen Barbaren waren zu der geistigen Reife emporgewachsen, um die Lehrmeisterin entbehren zu können, und in dem Verlangen nach eigener bodenständiger Fortentwickelung begannen sie den unbequemen Vormund abzuschütteln. Der Einzelne und die Gesamtheit fingen an, sich von der Fessel der geistlichen Weltanschauung und ihrer Trägerin zu befreien. Noch wurde diese Entwickelung im Bereiche des Mittelmeeres kein Umschwung, der für die menschliche Entwickelung schlechthin Geltung hatte. Aber doch lag auch in der Wandlung bei den romanischen Völkern etwas Neues begründet, das sich im letzten Ende als Rückschlag der Sonderung auf den Zusammenschluß geltend machte.

Wie äußerte sich diese Entwickelung?

Es ist ausgeführt worden, wie seit dem elften Jahrhundert die abendländische Christenheit begonnen hatte, sich von der wirtschaftlichen Herrschaft der byzantinischen und islamitischen Kultur loszumachen, wie sich, in Süditalien anfangend, die kleinen, zu eigenartiger Selbständigkeit emporwachsenden Stadtstaaten erhoben, wie sie es verstanden, ihrerseits die kulturelle Vormacht an sich zu reißen. Die altgriechische Welt schien in diesem mittelalterlichen Italien wieder erstanden. Langsam, aber unaufhaltsam verdrängten die Kaufleute dieser kleinen Stadtgebilde die einst mächtigen Herren. In demselben Maße, wie die Reiche des byzantinischen Kaisers und des Kalifen an politischer Macht einbüßten, stiegen diese Städte empor, die zunächst auf kleinem Raum, aber in unendlich feiner Durchbildung der zusammenwirkenden Kräfte einen wirtschaftlich einheitlichen Organismus schufen. Es ist schließlich Venedigs als des vornehmsten Trägers dieser Entwickelung eingehend gedacht worden. Nach zwei Richtungen entfaltete sich diese kommerzielle Betätigung. Einmal setzte ein lebhafter Verkehr zwischen den abendländischen Völkern des Mittelmeeres selbst ein. Von Süditalien herauf bis nach Flandern und England erstreckte sich dieser Austausch, der die abendländischen Nationen wie mit einem geistigen, so jetzt auch mit einem materiellen Band umschlang. Dazu aber wurde das östliche Mittelmeergebiet, die Levante im italienischen Sinne, also vornehmlich das Gebiet des alten byzantinischen Reiches, der eigentliche Schauplatz der gewaltigen Handelstätigkeit der Markusrepublik und ihrer Rivalen.

Seit dem elften Jahrhundert traten neben Venedig zwei andere Stadtstaaten hervor: Pisa und Genua; naturgemäß zunächst mit Beschränkung ihrer kommerziellen Tätigkeit auf das westliche Mittelmeerbecken. Während eben noch die sarazenischen Seeräuber die Küsten der christlichen Länder heimsuchten, stießen jetzt ihrerseits christliche Mächte tief in das Herz der islamitischen Völker vor. In erfolgreichen Streifzügen nach der nordafrikanischen Küste hin begannen die Genuesen und Pisaner gemeinsam ihre Überlegenheit geltend zu machen und leiteten so die friedlichen Handelsbeziehungen ein, die mehr als dreihundert Jahre den afrikanischen Kontinent mit den europäischen Gegengestaden verbanden. Die Insel Korsika, die Pisa in Besitz nahm, um sie später mit der Handelsüberlegenheit überhaupt an Genua abzutreten, wurde die Trutzburg gegen die Sarazenen im westlichen Mittelmeer; auch Sardinien war dem Pisaner Handelsstaat eine Zeitlang untertan. Um dieselbe Zeit erwarb Venedig von Byzanz das entscheidende Privileg, das sogenannte Chrysobullon von 1082, das ihm das kommerzielle Übergewicht im östlichen Mittelmeere sicherte. Im Zeitraum weniger Generationen sanken die Länder lebhaftesten Aktivhandels zu Schauplätzen eines bloßen Passivhandels herab, in verhältnismäßig kurzer Frist verdrängten die abendländischen Kaufleute die griechischen und arabischen Händler. In einer langen Kette bedeckten bereits christlich-europäische Handelsfaktoreien die afrikanischen und asiatischen Küstengebiete des Mittelmeeres von der Straße von Gibraltar bis hinauf zum Schwarzen Meere, da führten die Kreuzzüge diese Entwickelung zu einer ungeahnten Höhe.

Es kann hier nicht im einzelnen davon gesprochen werden, in welchem Maße und unter welchen Umständen diese emporblühenden Handelsstaaten an der christlichen Bewegung der Kreuzzüge beteiligt waren. Sie haben unzweifelhaft einen großen Anteil an den Erfolgen gehabt; sie haben vor allem den verhältnismäßig langen Bestand der christlichen Reiche im Orient und auf der Balkanhalbinsel ermöglicht. Daß sie selbst dabei, ihre Überlegenheit an politischer Erfahrung und Weltkunde über die Kreuzfahrer benutzend, vorwiegend selbstsüchtige Ziele verfolgten, kann gleichwohl nicht bestritten werden. So waren erbitterte Kämpfe zwischen den christlichen Handelsrivalen die bedauerliche Begleiterscheinung schon der ersten Kreuzzüge; so dienten bereits bei diesen einzelne Unternehmungen lediglich dem Sonderinteresse der Handelsrepubliken. Am wenigsten war der gewaltige Doge Andrea Dandolo, der die Unternehmung des vierten Kreuzzuges gegen Konstantinopel leitete, ein Glaubensheld, wohl aber ein klar berechnender genialer Geschäftsmann, der mit kriegerischen Mitteln das gewaltige Ringen zwischen venezianischer Seemacht und byzantinischem Kaisertum zu Gunsten seines Staates zu Ende führte. So beteiligte sich später Genua an den Kreuzzügen Ludwigs des Heiligen ausdrücklich unter dem Gesichtspunkte zu erwartender handelspolitischer Vorteile.

Venedig hatte anfangs weniger Anteil an der Bewegung genommen als seine westlichen Rivalen, weil es damals die entscheidenden Kämpfe zur Befestigung seiner Herrschaft im Adriatischen Meere mit den ungarischen Herrschern führte, die

die dalmatinischen Küstenstreifen besaßen. Erst als Pisa und Genua dank den einträglichen Transportunternehmungen für die französischen und englischen Kreuzfahrer im Orient eine gefährliche Konkurrenz auszuüben begannen, drang die Markusrepublik mächtiger vor. Zumal seit der Errichtung des auf den Trümmern des byzantinischen Reiches aufgebauten venezianischen Kolonialreiches und der politischen Beherrschung des lateinischen Kaiserreiches nahm sie den Kampf mit den Handelsnebenbuhlern auf. In dem Augenblick, als die wirtschaftliche Übermacht der christlichen Stadtstaaten besiegelt war, brach das zweite Stadium dieser Entwickelung an, der Kampf zwischen den Konkurrenten um die Vormachtstellung.

Das war die schönste Frucht der Kreuzzüge: die Begründung der Kolonialreiche dieser Städte. Man war nicht mehr zufrieden mit der Anlage von Faktoreien, Kontoren und Handelsansiedelungen. Man nahm selbst Besitz von den herrenlos gewordenen Küstengebieten und Inseln und übte, statt die Produkte orientalischen Gewerbefleißes im kaufmännischen Vertrieb zu verhandeln, selbst die Industrie aus. Auch da, wo man das nicht konnte, entwickelten sich die Faktoreien zu besonderen Kommunen unter nationalen Beamten, mit eigenem Gericht, eigener Kirche usw., häufig in ummauerten Quartieren. So herrschte Venedig in Ägypten, in Syrien, Kleinasien und auf der Balkanhalbinsel; so herrschte Genua besonders in den Ländern des Schwarzen Meeres. Während hier namentlich Getreide den Hauptgegenstand des Handels darstellte, setzten sich die Waren dort vornehmlich aus den Natur- und Gewerbeerzeugnissen des näheren und ferneren Orients und Indiens zusammen.

Ein gewaltiger Aufschwung der gesamten kaufmännischen Tätigkeit war die Folge dieses Schrittes in die Weite. Die kaufmännische Technik erhielt damals auf abendländischem Boden ihre erste Vervollkommnung. In Genua wurde die erste große Bank gegründet, die Bank von S. Giorgio, deren gewaltige Archivbestände noch heute den größten Schatz des genuesischen Staatsarchivs ausmachen. Der Geldhandel trat neben den Warenhandel und vervollkommnete den Handelsverkehr zu ganz modernen Formen. Schon entstanden die ersten Aktiengesellschaften zur Ausbeutung der Kolonien; auch da ging Genua mit seinen „Maonen" voran, die besonders für Ceuta und

Chios Bedeutung erlangten. Zugleich machte sich eine Regelung der Verkehrsverhältnisse zwischen den Handeltreibenden notwendig. Bevor sich für das politische Zusammenleben die völkerrechtlichen Institutionen der Diplomatie gebildet hatten, entstand auf dem Gebiete des Handels die Einrichtung der Konsulate. Zuerst schufen die Stadtrepubliken auf diese Weise ihren Kaufleuten Schutz und Vertretung im Ausland. In den Handelsstädten der Levante wirkten nebeneinander venezianische, genuesische und pisanische Konsuln, die schließlich bei der Steigerung des Levantehandels Generalkonsuln unterstellt wurden. Auch Kaiser Friedrich II. übernahm als Herrscher des süditalienischen Normannenstaates die Einrichtung.

Den sichtbarsten Ausdruck jedoch fand diese Entfaltung wirtschaftlicher Überlegenheit in der Verschiebung der Handelszentren vom Orient zum Okzident. Die norditalienischen Städte wurden jetzt die Stapelplätze der Waren, und zu den italienischen Kaufleuten traten seit dem zwölften Jahrhundert die rührigen Katalanen und die diesen stammverwandten Provenzalen, wennschon sie ihre Handelstätigkeit nicht in politischer Selbständigkeit im Charakter des Stadtstaates, sondern als Angehörige eines Territorialstaates ausübten. Von den Küstengebieten Kleinasiens und Syriens und von den Ländern Nordafrikas her holten diese kolonialen Unternehmer und Kaufleute die orientalischen Produkte oder nahmen sie aus den Händen arabischer Zwischenhändler in Empfang. Ihre Kauffahrteischiffe durchquerten das Mittelmeer und wagten sich hinauf bis in die nordischen Gewässer. Und die nordischen Kaufleute selbst kamen in diese Stapelplätze am Mittelmeere herunter, um die wertvollen Erzeugnisse orientalischer Natur und orientalischen Gewerbefleißes in die Heimat zu führen und dort abzusetzen. Neben den romanischen Städten des Westens, den eigentlichen Trägern dieses Welthandels, spielte eine eigenartige selbständige Rolle im Osten an der dalmatinischen Küste die kleine Republik Ragusa, die anfangs unter venezianischer und seit dem vierzehnten Jahrhundert unter ungarischer Oberhoheit einen ansehnlichen Anteil an dem Handelsverkehr der Levante nahm.

Mehr und mehr spitzte sich dabei die Handelskonkurrenz zwischen den eigentlichen Rivalen zu. Je mehr es Genua und Pisa gelang, auch im östlichen Mittelmeerbecken, dem eigentlichen Machtbereich Venedigs, festen Fuß zu fassen, wuchs die feindschaft. Seit dem dreizehnten Jahrhundert entlud sich das Ringen in erbitterten Kämpfen. Eine Zeitlang hatte Genua, das selbst Pisas Herr geworden war, und das die bestehenden Gegensätze skrupellos und auf Kosten des Gemeinsamkeitsgefühls Westeuropas gegenüber den Griechen ausnutzte, die Obermacht. Der Sieg bei Curzola vom Jahre 1298 schien ihm die Seeherrschaft im Mittelmeer überhaupt zu schenken. Aber das Kolonialreich der Venezianer, das von der Adria um Griechenland herum über die syrischen Küstenstriche und die ägäische Inselwelt bis in den Bereich des Schwarzen Meeres ein zusammenhängendes Gebiet darstellte, zeigte sich dem zerstreuten Besitz der ligurischen Republik, die diesen Gebieten allzu fern war, auf die Dauer überlegen. Seit der Mitte des vierzehnten Jahrhunderts war der Kampf zu Gunsten Venedigs entschieden. Der Markusstaat, die Königin der Adria, wurde für ein Jahrhundert die herrschende Seemacht im Mittelmeere; Pisas Erbe, Florenz, konnte als Seemacht nicht konkurrieren. Im Sinne eines Handelsstaates übte Venedig seine Herrschaft aus und machte es seinen Besitz nutzbar; wie einst die Phönizier und Karthager verfuhren jetzt die Venezianer. Ihre Handels- und Kolonialpolitik war — um mit dem Historiker Venedigs Thomas zu reden — eine Politik des Erwerbs mit Gewähr der Zukunft; nicht die einmalige Größe des Gewinnes, sondern seine Dauerhaftigkeit war das Entscheidende. Auf Grund dieser vorsichtigen, das echte Handelsvolk verratenden Berechnung zogen die hohen Väter der Lagunenstadt unerhörte Reichtümer aus den Erträgnissen ihres Kolonialreiches. Auf der Ausgestaltung des Seewesens und der Seeschiffahrt und auf der straffen politischen Leitung vom Mutterlande aus wurde und blieb dabei allein die Sicherung des Besitzes begründet. Die Herrschaft über das Meer selbst blieb die Voraussetzung für die politische und wirtschaftliche Macht der Handelsaristokratie. Die tiefe und ernste Auffassung, die die Venezianer von ihrem Verhältnis zum Meere hatten, spiegelt sich in der merkwürdigen Zeremonie, daß der neugewählte Doge auf dem Staatsschiff, dem Bucintoro, auf die Adria hinausfuhr und sich dort durch Hineinwerfen eines Ringes dem Meere vermählte.

  Vollends aus dieser weltumspannenden Handelstätigkeit und diesem wirtschaftlichen Aufstiege Südeuropas ist die Be-

Die Renaissance und die Anfänge der osmanischen Bewegung. 69

wegung der Renaissance herausgewachsen, die die mittelalterliche Geschichte zugleich vollendet und überwunden hat. Auch in dieser Entwickelung schien Altgriechenland eine lebendige Wiederholung finden zu sollen. Man war soweit emporgestiegen, daß man die Kulturerrungenschaften des Altertums wieder aufnehmen und bewußt weiter gestalten konnte, und die Eigenart der europäischen Völker hatte sich soweit heraus entwickelt, daß sie auf der ihnen durch die katholische Kirche vermittelten gemeinsamen Kulturgrundlage selbständig weiterbauen konnten. Aus dem Mittelmeerraum und der Mittelmeerkultur wuchs das Neue empor, aber es entfaltete sich in völlig europäischem Sinne, in festländischem Geiste, der nicht mehr den universalen Charakter des Mittelmeeres trägt. Die selbständige Entwickelung der europäischen Völker in kulturgeschichtlichem Sinne begann sich durchzusetzen, und in Literatur, Kunst und Wissenschaft brach sich die nationale Eigenart Bahn.

Diesem Umwandlungsprozeß entsprach ein anderer. Auch auf dem staatlichen Gebiete kam es zu den Äußerungen nationaler Selbständigkeit, auch hier verlangte der Drang nach Sonderung sein Recht. Eben im Bereiche des Mittelmeeres bildeten sich zuerst die nationalen Staaten, die seitdem die europäischen Geschicke bestimmt haben. Unter Aufsaugung der zugewanderten germanischen Stämme, die trotz ihrer geringen Zahl für die romanische Bevölkerung eine wertvolle Zufuhr frischen Blutes bedeuteten, entstanden in diesen Jahrhunderten die französischen, spanischen und portugiesischen Nationen, die in einem sich einheitlich ausgestaltenden Staate ihre Verkörperung fanden. Auch das Volk der Italiener verdankt dieser Zeit seinen Ursprung, ohne daß es ihm freilich gelang, sich politisch zusammenzuschließen. Es ist, wie wenn die jahrhundertelange Führung in dem universalen Staatsgebilde des römischen Reiches die politischen Kräfte des Italienertums aufgezehrt und in notwendigem Rückschlag der Kleinstaaterei und schließlich der Fremdherrschaft ausgeliefert hätte.

Die unvermeidliche Folge dieser Entwickelung war, daß sich der neue nationale Staat mit seinen Sonderinteressen erhob gegen die universale Kirche mit ihren weltumspannenden Ansprüchen. In einem ersten gewaltigen Austrag entlud sich um die Wende des dreizehnten und vierzehnten Jahrhunderts dieser ewige Kampf zwischen den beiden Gewalten.

Papst Bonifaz VIII. unterlag dem französischen König Philipp dem Schönen, und in unermüdlichem Ringen suchte nun das staatliche Prinzip der kirchlichen Universalidee Herr zu werden. Das kirchliche Oberhaupt selbst begab sich, seinerseits dem neuen weltlichen Prinzip seinen Tribut zollend, seiner hohen geistlichen Würde und sah sein Ziel allein in dem Wirken als weltlicher Herr des Kirchenstaates.

So schien es, als sollte in der gesonderten Entwickelung der dem Mittelmeer anwohnenden europäischen Nationen sich das weitere geschichtliche Werden des Mittelmeergebietes vollziehen. Da führte eine neue gewaltige Völkerbewegung des asiatischen Kontinents einen neuen Strom in die Entwickelung. Der Tendenz der Spaltung und Sonderung trat wieder, gegen sie ankämpfend und sie neuerdings zeitweilig zurückdrängend, die des Zusammenschlusses gegenüber, eine eigenste neue Äußerung des Meeresraumes.

In der ersten Hälfte des dreizehnten Jahrhunderts erfolgte der bekannte große Einbruch der Mongolen Dschinggis-Chans und seiner Söhne, die mit elementarer Kraft aus dem Osten Asiens gegen Westen vorstießen. Was sich den Völkermassen entgegenstellte, wurde in die gewaltige Bewegung hineingerissen; bis in das Herz Europas wagten sie sich vor. Noch zog die Mongolengefahr vorüber, aber die Bewegung wurde Anlaß für das erneute Vordringen frischer unverbrauchter Volksstämme aus dem Innern Asiens. Um die Wende des dreizehnten und vierzehnten Jahrhunderts betraten die Türken den Boden des byzantinischen Reiches. Die Schwäche der Paläologen machte ihnen den Sieg leicht genug, und mit der überschäumenden Kraft der Unkultur stießen sie vor, durch Volksgenossen aus dem Innern Asiens stets neu ergänzt. Die Vormauern, die die abendländische Kultur mit ihrem fränkischen Schwert errichtet hatte, waren umgestürzt. Ungehindert breiteten sich die Horden Osmans und Orchans über die Gebiete Kleinasiens aus, sie fegten dahin über die Steppen am Schwarzen Meer und brachen ein in den geheiligten Besitzstand der europäischen Völker. Drohend erhob sich die Gefahr, daß Byzanz, das Bollwerk des Abendlandes, von neuem erlag, aber nicht den Waffen des christlichen Europas, sondern denen eines kulturlosen asiatischen Kriegsvolkes, das die Christenheit und die christliche Kultur ohne Unterschied gefährdete.

Von neuem erscholl der Ruf Byzanz' um Hilfe bei dem Abendlande. Wird eine neue Kreuzzugsbewegung sich Bahn brechen? Wird die Christenheit von neuem unter ihrem geistlichen Oberhaupte zur Rettung der Glaubensbrüder ausziehen? Es war klar, daß sich die neuen Verhältnisse in neuer Form äußerten. Niemand mehr dachte daran, für den bedrohten christlichen Glauben das Schwert zu ziehen. Die Erscheinungen, die die Kreuzzugsbewegung schließlich ergebnislos gemacht hatten, verhinderten jetzt, daß es überhaupt zu solchen Unternehmungen kam. Was man jetzt tat, hatte einen ganz anderen Charakter. Wohl verbanden sich Lateiner und Griechen zum Kampfe gegen den furchtbaren Feind, aber die Vereinigung war ausschließlich durch politische Gesichtspunkte bestimmt. Es war mehr eine einfache militärische Verbindung, die abendländische Mächte mit Byzanz eingingen; denn nicht nur griechische Staaten waren bedroht, sondern die ganzen wertvollen Kolonialbesitzungen, die das Abendland dort auf dem Balkan und in der Levante besaß. Aus dem Kreuzzug wurde die Liga. Eine erste kam bereits 1332 zwischen Venedig, dem Johanniterorden auf Rhodos und Byzanz zustande; durch das vierzehnte, fünfzehnte und sechzehnte Jahrhundert folgt ihr eine ganze Reihe ähnlicher gemeinsamer Unternehmungen.

Ein anderer Gesichtspunkt freilich war doch in diese Verbindungen stets eingeflochten, ein Gesichtspunkt, der trotz seines unpolitischen Charakters sich unter den neuen Verhältnissen jedoch beinahe allein noch politisch äußerte: das Wiederaufleben von Unionsbestrebungen zwischen der römisch- und griechisch-katholischen Kirche. Der byzantinische Kaiser erkannte, daß es notwendig war, sich wieder solchen Projekten geneigt zu zeigen, und das Papsttum hatte stets von neuem das begreifliche Streben, die Forderung der Union als Vorbedingung für eine Unterstützung zu erheben. Aber die Verhandlungen gingen hin und her, ohne daß man zum Ziele kam. Offenbar hatte man in Konstantinopel die Sorge, daß der Lohn nicht dem Opfer entsprach, und die Entwickelung gab solchen Befürchtungen nur recht. Die abendländische Hilfeleistung ließ sehr zu wünschen übrig; selbst die bedeutendste Unternehmung, die Westeuropa in diesen Jahrzehnten zur Unterstützung Byzanz' in die Wege leitete, die von 1396, scheiterte kläglich vor Nikopolis. Schließlich kam die neue Union auf dem Konzil von Florenz 1439 zwar zustande, aber ebensowenig wie sie bei der weiter bestehenden Abneigung des griechischen Volkes gegen eine Verbindung mit dem Westen zu einer wirklichen Geltung gelangte, bewirkte sie eine Steigerung der Bereitschaft des Abendlandes, für die bedrohte Macht im Osten einzutreten.

Und auch politisch steigerte sich die Entfremdung zwischen Griechen und Lateinern unaufhörlich. Die Teilung des Mittelmeeres zwischen Ost und West kam in auffälligem Wachsen unmittelbar zum Ausdruck. Es waren die Staatsgründungen des westlichen Europas, der spanischen Halbinsel insbesondere, die jetzt in die allgemeine Mittelmeergeschichte einwirkten. Längst hatte sich seit dem Untergange des alten deutschen Kaisertums in Italien eine engere politische und kulturelle Gemeinschaft zwischen den beiden südeuropäischen Halbinseln herausgebildet. Die Aragonesen nahmen mit den Katalanen nicht nur teil an dem wirtschaftlichen Aufschwunge der italienischen Stadtstaaten, sondern wurden neben diesen auch Träger der geistigen Bewegung der Renaissance. Die große politische Überlegenheit schien ihnen aber die Herrschaft über die romanischen Gebiete überhaupt schenken zu sollen; es schien, als sollte wenigstens ein voller politischer Zusammenschluß des westlichen Mittelmeergebietes eine zeitlang verwirklicht werden. Das aragonesisch-katalonische Königtum war Nachfolger der Hohenstaufen in Sizilien geworden, hatte sich auf den Balearen und in Sardinien, den natürlichen Bindegliedern zwischen Italien und Spanien, festgesetzt und versuchte nun in immer neuen Bemühungen auch den Besitz Neapels den Anjous streitig zu machen. Tatsächlich errang es 1443 zu seinem sizilianischen Kronlande das Königreich Neapel. Eine erste Phase war erreicht; bald wird dieser neue spanische Staat seine größere weltgeschichtliche Aufgabe in Angriff nehmen.

So mußten die Dinge im Osten ihren Lauf nehmen. Dem türkischen Vordringen preisgegeben mußte Byzanz unterliegen. Schon füllten die Osmanen das Gesamtgebiet des ehemaligen oströmischen Reiches aus, da fiel im Jahre 1453 der letzte Stützpunkt Konstantinopel.

Die Geschichte des Mittelmeerraumes war in eine ganz neue Phase getreten. Das jahrhundertelang in zähem Widerstand Wacht stehende byzantinische Reich war nicht mehr. In doppelter Hinsicht war das von größter Tragweite. Mit Byzanz ging die durch das oströmische Reich verkörperte Kultur zwar im Osten zu Grunde. Aber die vor den Türken nach dem Westen flüchtende hellenistische Bildung fand eine neue Heimstätte im romanisch-germanischen Okzident, und eben die Lehrerschaft, die sie dort ausübte, gab ein zweitesmal den Anstoß zu einer früchtetragenden Weiterentwickelung. Die hellenistische Kultur starb somit nicht dahin, sondern sie erlebte ihre Wiederauferstehung und Weiterbildung in den zu gewaltigem Aufstieg sich entfaltenden Völkern des Abendlandes. Das der Menschheit in die Wiege gelegte Pfund wucherte weiter. Nach einer anderen Seite jedoch war mit dem Verluste Konstantinopels nichts Versöhnliches verbunden. Fortgefallen war damit jede Zwischenmacht zwischen den eindringenden Missionaren einer Unkultur und den Völkern abendländischer römisch-christlicher Kultur. Und schon strebten die Osmanen weiter gen Westen. Noch einmal ward der Geist Mohammeds lebendig, der ja seinen Anhängern die Ausbreitung der Lehre mit Feuer und Schwert zur Vorschrift gemacht hatte. Noch einmal wurden aus dem Orient heraus die universalen Tendenzen geltend, die einst so gewaltig gewirkt hatten. Würde es dieser kriegerischsten aller Nationen gelingen, ein neues Mittelmeerreich aufzurichten? Würde es ihr möglich sein, ein neues Römerreich zu schaffen, nur angefüllt mit den Ideen eines lediglich auf kriegerische Unterwerfung bedachten kulturlosen Volkes?

Furchtbar war der Eindruck des Falles Konstantinopels bei den europäischen Völkern; unmittelbarer noch als im Norden äußerte er sich im Mittelmeergebiete, wo man den weiteren osmanischen Vorstößen besonders ausgesetzt war. Italien war erfüllt mit den Schilderungen der Flüchtlinge vom goldenen Horn, und die alten christlichen Anschauungen von der Ausschließung der Ungläubigen aus der christlichen Staatengesellschaft und von der Gemeinschaft der christlichen Völker, wurden wieder mit Begeisterung vertreten. Es wurde gefordert, daß die Politik der Staaten danach Stellung nehme.

Schon aber hatte der Geist der Renaissance seinen Siegeszug durch die Welt angetreten. Schon war die neue Anschauung zur Herrschaft gelangt, die in der Durchsetzung des Staatsinteresses alleiniges Ziel der Politik, in der Durchsetzung des Einzelinteresses alleinige Richtschnur für das Handeln des Einzelnen sah.

In der Tat drängte die Notwendigkeit zu Vergleichen. Nacheinander sahen sich die italienischen Handelsrepubliken genötigt, eine Verständigung mit dem osmanischen Großreiche zu suchen, wollten sie nicht die Grundlage ihres gesamten Wohlstandes gefährden. Die sich so mit den Ungläubigen verglichen, waren die Mächte an der Peripherie, Mächte, deren materielle Kraft für sich nicht ausreichte, um dem Sultan die Wage zu halten. Noch aber verharrten alle anderen Staaten in unbedingter Ablehnung solcher Theorie und Praxis, noch fanden die Kreise Gehör, die zu einem Zusammenschluß aller christlichen Völker zum Kampfe gegen den Mohammedanismus aufriefen. Aber der Wert dieser Bewegungen blieb auch jetzt zunächst gering. Denn Kirche und Papsttum, die ihre natürlichen Führer hätten sein müssen, verwandten sich ohne innere Überzeugung dafür. Nicht eher konnten diesem Streben Früchte erwachsen, als das kirchliche Oberhaupt von dem Irrweg abging, den ihm der unkirchliche Geist der Renaissance gewiesen hatte. Es ist unzweifelhaft, daß in den früheren Versuchen um eine gemeinsame christliche Bekämpfung der Ungläubigen gleichwertig neben dem religiösen Gesichtspunkte der gelehrte entscheidend war. Wie die Sorge um die Erhaltung der christlichen Lehre, so bestimmte auch der Wunsch, Byzanz, den Sitz und die Heimat der gelehrten Bildung im Sinne des italienischen Humanismus, aus der Gewalt der Ungläubigen wieder zu befreien, vornehmlich die päpstliche Kreuzzugspolitik bis in die Zeiten Leos X.

Mehrere gemeinsame Unternehmungen kleinen Maßstabes wurden tatsächlich ausgeführt. Die brutale Verletzung von Recht und Gesetz, die der Türke Andersgläubigen gegenüber zur Schau trug, die beleidigende Nichtachtung, die sich die abendländischen Mächte von dem Haupte des Islam gefallen lassen mußten, nötigte die Betroffenen, wider ihren Willen zum Schwert zu greifen. Aber der Ausgang gab nur stets von neuem der Auffassung von der Unbesiegbarkeit der Türken Recht. Weiter und weiter drang die unwiderstehliche Nation. Insel um Insel im Archipelagos, meist aus dem kostbaren Besitzstande der Republik von San Marco, fiel in ihre Gewalt; 1480 betraten die Türken zum ersten Male italienischen Boden.

Die Renaissance und die Anfänge der osmanischen Bewegung.

Gewaltig waren die Veränderungen, die die Festsetzung der Türken im Orient bewirkte. Noch waren allerdings wertvolle Teile des früheren Kolonialbesitzes Venedigs und Genuas in der Levante erhalten, noch war zu Ausgang des fünfzehnten Jahrhunderts der Markusrepublik die reiche Insel Cypern als Vermächtnis der schönen Catarina Cornaro zugefallen. Aber mehr und mehr machte sich die Diktatur der Osmanen nicht nur den Handelsverkehr erschwerend, sondern völlig unterbindend geltend. Nur unter großen Opfern vermochte man noch dem kaufmännischen Erwerbe nachzugehen, und die ungeheuere Belastung stellte Risiko und Gewinn außer Verhältnis. Schon waren gewisse Verkehrswege völlig unterbrochen. Der ehedem blühende Getreidehandel nach den Ländern des Schwarzen Meeres verschwand bereits im fünfzehnten Jahrhundert bis auf geringe Reste; besonders Genua wurde dadurch betroffen. Auch nach Syrien und Ägypten hin war man schon stark behindert. Vollends fühlbar war die Einbuße, die die Handelsrepubliken durch den Verlust eigensten Kolonialbesitzes erlitten. Schon wirkte diese Schädigung auf ihre sonstige Machtstellung zurück. Eine allgemeine Schwächung war die Folge; sie trug dazu bei, die Verschiedenheit der Machtverhältnisse der alten Seemächte und der neuen Landmächte immer augenfälliger zu machen. Bald sollten diese Verluste eine weitere Steigerung erfahren.

Für das dreizehnte und vierzehnte Jahrhundert waren die engen wirtschaftlichen Beziehungen der vielen staatlichen Einzelgebilde bestimmend gewesen; durch sie war eine gewisse Einheit des Meeresraumes neu hervorgerufen worden. Seit dem fünfzehnten Jahrhundert trat demgegenüber mehr und mehr das Nebeneinander der drei Kulturzentren wieder hervor, die sich nach dem Zusammenbruche des römischen Reiches gebildet hatten. Von neuem stand der Osten für sich, wennschon dort die hellenische Kultur und das byzantinische Reich durch die Unkultur des osmanischen Großstaates ersetzt waren. Die westeuropäischen Kulturstaaten waren dementsprechend in ihren Bereich zurückgetreten. Allerdings machten sich bereits neue, nunmehr feindliche Beziehungen zwischen Abendland und Morgenland geltend, doch herrschte während des fünfzehnten Jahrhunderts im ganzen noch ein Abwarten vor; von einem entscheidenden Austrage kann keine Rede sein. Auch die afrikanischen Länder zogen sich in dieser Zeit ganz auf sich selbst zurück und stellten sich geradezu abseits. Mehr denn je waren sie erfüllt von den Kämpfen der Stämme und Dynastien untereinander und verzichteten auf jede Teilnahme an der Herrschaft im Mittelmeer. Die Handelsbeziehungen zwischen dem Norden Afrikas und seinen europäischen Gegengestaden schliefen ein; um die Wende des fünfzehnten und sechzehnten Jahrhunderts bezeichneten lediglich der Verkehr zwischen den Mauren Spaniens und den Glaubensgenossen Afrikas oder etwa die Korallenfischerei der Genuesen bei Tabarka und La Calle noch eine Verbindung Europas mit jenen Staatengruppen.

Die Zeit, in die wir den Beginn der neueren Geschichte setzen, scheint hinsichtlich der inneren Entwickelung des Mittelmeerraumes keinen besonderen Einschnitt zu bedeuten. Tatsächlich stellen die Kämpfe des fünfzehnten Jahrhunderts lediglich eine allerdings bedeutsame Vorbereitung des großen Völkerringens dar, das das sechzehnte Jahrhundert beherrscht. Und doch war auch für das Mittelmeergebiet die Wende des fünfzehnten und sechzehnten Jahrhunderts eine Zeit von Entscheidungen größter Tragweite: Die Seefahrten der Portugiesen nach Afrika und Indien und die Entdeckung Amerikas gestalteten seinen Charakter von Grund auf um. Vor der geschichtlichen Betrachtung aber ist es das Bemerkenswerteste, daß die Menschen des Mittelmeeres an dieser Umwandlung unmittelbaren Anteil hatten.

Wie einst in griechischer Zeit ging auch in diesen Jahrhunderten neuen Aufstiegs der europäischen Völker Hand in Hand mit der Ausbreitung über das Meer die Ausgestaltung der Theorie und Praxis des Seewesens und der Seeschiffahrt. Die Errungenschaften der antiken geographischen Wissenschaft erlebten ihre Wiederauferstehung und wurden von den neuen Trägern abendländischer Kultur vermehrt. Wieder wuchs man über den Mittelmeerraum hinaus und suchte mit tiefdringendem Forschen die gesamte Welt zu umspannen. Schon im dreizehnten Jahrhundert durchquerte ein Sohn Venedigs, der Kaufmann Marco Polo, als erster Europäer den asiatischen Kontinent und berichtete in unvergänglichen Werken, die seine Volksgenossen anregten und zu ähnlichen Entdeckerfahrten aufforderten, über seine Reisen. Namentlich in den italienischen Seestädten konzentrierte sich das Interesse an der Erschließung der Welt, und als Theoretiker wie Praktiker des Seeschiffahrtswesens wurden die Italiener seit dem vierzehnten Jahrhundert die Lehrmeister sämtlicher dem Atlantischen Ozean anwohnenden Völker. In italienischer Schulung gewannen Portugiesen und Spanier die Kenntnisse, um sich auf die Weite des Weltmeeres hinaus zu wagen, und in fremdem Dienste stehende Italiener waren es, die die wichtigsten Entdeckungen ausführten. Der Florentiner Paolo Toscanelli hat die Entdeckung Amerikas vorbereitet, der Genuese Christoph Columbus hat den neuen Erdteil entdeckt, nach dem Florentiner Amerigo Vespucci ist er genannt, und eine große Reihe anderer Italiener, wie die Cabotto, hat sich an der Erschließung der neuen Welt beteiligt.

Seltsam deutlich spiegelt sich in dieser Tatsache die Bedeutung des Mittelmeerraumes für die weltgeschichtliche Entwickelung. Zugleich aber enthüllt sich in ihr die Wahrheit, daß alle geschichtliche Entwickelung in einem großen Strome zusammenfließt. Die Menschen des Mittelmeeres schufen an dem gewaltigen Werke der Erschließung des Erdballes grundlegend mit, an dem Werke, das mehr als irgend ein anderes ihren Raum der Sonne geschichtlichen Lebens entrückte. Aus dem instinktiven Drange dieser Menschen, die Errungenschaften der großen Entwickelung ihres Meeresraumes überall auf der Erde im Sinne menschlichen Fortschrittes dienstbar zu machen, spricht besonders laut und vernehmlich die der geschichtlichen Entwickelung innewohnende Kraft, die wir wohl in ihrer Wirksamkeit zu erkennen, aber in ihrem Ursprung und Charakter nicht zu ergründen vermögen.

Kapitel VI.
Die osmanische Bewegung und die Gegenreformation.

Am Ausgang des fünfzehnten Jahrhunderts war in den großen Gegensätzen des Mittelmeergebietes der Gesichtspunkt der Zurückhaltung bestimmend gewesen. Die politische Zersplitterung hatte auf europäischem Boden ihren Höhepunkt erreicht, und hatte bewirkt, daß ein jeder nur an sich dachte und daß das Interesse des kleinen Raumes die Entscheidung gab.

Zwei Ursachen wurden nun um die Wende des fünfzehnten und sechzehnten Jahrhunderts Ausgang eines völligen Umschwunges im Bereiche der europäischen Völker und darüber hinaus im gesamten Mittelmeerraum.

Einmal kam der lang vorbereitete Prozeß staatlicher Bildung zu einem Abschluß. Über den kleinstaatlichen Vielheiten erhoben sich seit dem ausgehenden Mittelalter wirkliche Großstaaten auf nationaler Grundlage, und es war die selbstverständliche Folge, daß die durch sie verkörperten Interessen sich um so schroffer aneinander stießen. Es begann jetzt jener Gegensatz zwischen den beiden modernen Großstaaten Frankreich und Spanien wirksam zu werden, der die politische Geschichte des sechzehnten und siebzehnten Jahrhunderts vor allem beherrscht. Neben diese Tendenzen nach nationaler Begrenzung der Völker aber traten gleichzeitig neue Kräfte universalen Charakters, die in dem Gegeneinander der Mittelmeergegensätze neue Gruppierungen und neue Entwickelungsreihen hervorriefen.

Eben in der Zeit, da das Osmanenreich zu seiner gewaltigsten und für die Christenheit bedrohlichsten Entfaltung gelangte, wuchs im Westen derjenige Staat zusammen, an dessen Widerstand vornehmlich die Errichtung eines türkischen Mittelmeerreiches scheitern sollte: Spanien. Man weiß, wie durch die politischste aller Heiraten aus den beiden Königreichen Kastilien und Aragon der moderne spanische Staat entstanden ist. Dieser neue Staat trat jetzt hinaus in die Welt, um sich den Platz zu erkämpfen, den der Ehrgeiz der neuen Gründung beanspruchte. So stieß er nach der einen Seite auf den nationalen Gegner jenseits der Pyrenäen; um den Besitz von Italien entbrannte der erbittertste Streit. Gleichzeitig aber suchte diese Ausbreitung in einer anderen Offensive Betätigung, nicht weniger als die erste die Mittelmeertendenz dartuend.

Der jahrhundertelange Kampf gegen das Maurentum hatte dem spanischen Charakter jenen ritterlichen Schwung und jenen abenteuerlichen Unternehmungsgeist verliehen, der selbst eine neue Welt eroberte. Mit der Eroberung Granadas war auf der Halbinsel der letzte maurische Besitz dem Christentum zurückgewonnen worden. Volk und Herrscher verlangten aber weiter nach diesem heiligen Kriege gegen die Ungläubigen. Die nahe Verbindung der nordafrikanischen Völker mit der maurischen Bevölkerung Spaniens, dazu die stete Belästigung, der die spanischen Küsten und der spanische Handel im Mittelmeer seitens der räuberischen Berber- und Kabylenstämme ausgesetzt waren, lenkten den Blick für neue Unternehmungen ohne weiteres auf die nordafrikanischen Randländer des Mittelmeeres. Zur gleichen Zeit, da spanischer Wagemut vom amerikanischen Kontinent Besitz nahm, setzte dies Volk den Fuß auf den afrikanischen Erdteil. Dem Vorstoße des Mohammedanismus von Osten her entsprach ein solcher des Christentums von Westen: der Kampf um die Vorherrschaft im Mittelmeer trat in eine neue Phase.

Es war ein Ringen um den Besitz von Nordafrika, das jetzt zwischen Kreuz und Halbmond anhub. Dem Streben der Osmanen, die zersplitterten Berberstämme sich untertan zu machen, mußte sich das Bemühen christlicherseits entgegenstellen, diesen Anschluß der nordafrikanischen Kleinstaaten an den islamitischen Großstaat zu verhindern, die Gegensätze zwischen den einzelnen Stämmen zu erhalten und zu versuchen, selbst auf sie Einfluß zu gewinnen.

Seit dem Ausgange des fünfzehnten Jahrhunderts drangen die Spanier so in Nordafrika vor. Mit Überlegenheit schoben sie die Portugiesen bei Seite, die auch in der Besetzung des schwarzen Erdteils die ersten Schritte getan hatten. Unzweifelhaft gab eine unmittelbare Rückwirkung der Entdeckung des amerikanischen Kontinents jetzt die Veranlassung zu zusammenhängenden Unternehmungen. Schon 1497 besetzte man von Malaga aus Melilla und von Sizilien her die Insel Dscherba, und man war entschlossen, diesen Glaubenskrieg fortzusetzen trotz aller Proteste der Portugiesen, die in diesem Vorgehen eine Verletzung jenes Teilungsvertrags sahen, wonach nur die Neuerwerbungen westlich der kanarischen Inseln der spanischen Monarchie zufallen sollten. Bereits Königin Isabella widmete sich mit Feuereifer dem heiligen Krieg; in ihrem Testament ermahnte sie ihre Nachfolger, die Ausrottung der Ungläubigen als ihre erste Herrscherpflicht anzusehen.

Mehr noch lebte dieser Drang nach Betätigung für den katholischen Glauben in dem großen Erben der großen Königin, dem Kardinal Jimenez. Eine völlige Unterwerfung Nordafrikas war sein Ziel, an das er alle Kräfte setzte. So gelang es 1505 dem alten Seehelden Don Pedro Navarro, den Peñon de Velez an der marokkanischen Küste zu nehmen und in dem günstig gelegenen Hafen von Mers el Kebir, nahe dem Haupthafen Oran, die spanische Flagge aufzurichten. Wenige Jahre später begleitete der Kardinal selbst den Feldherrn hinüber auf den afrikanischen Boden. Die Zeit der Kreuzzüge schien neu heraufgekommen. Wie ein neuer Peter von Amiens trug der Fanatiker den Truppen das Kreuz voran. Unter dem Rufe: „Afrika, Afrika für unsern Herrn, den König von Spanien", nahm man Besitz von der wichtigen Stadt Oran.

Ferdinand von Aragonien stand dieser religiösen Betätigung des Kastiliertums kühler gegenüber. Er lehnte es ab, die eroberte Stadt dem Ritterorden von S. Jago zu überlassen und so auch im Westen ein Rhodos zu gründen, das der Schrecken der Ungläubigen werden konnte. Auch die Unternehmungen des folgenden Jahres 1510 geschahen nur mit seinem halben Einverständnis. Trotzdem konnte der König sich der Wirkung nicht entziehen, die die Besetzung von Bougie und Tripolis durch Navarro in den Ländern des Mittelmeeres ausübte. Ein großer Teil Afrikas war bereit, sich dem katholischen König zu unterwerfen; sämtliche Stammeskönigreiche zwischen Tlemsen und Tunis erklärten sich zu Vasallen der spanischen Krone. Algier trat seinen Peñon an Spanien ab, das eine

Besatzung hineinlegte. Tlemsen selbst machte sich tributpflichtig. Schon war Ferdinand im Begriff, von Sizilien aus eine neue Unternehmung gegen Tunis zu versuchen, und schon dachte er daran, selbst das heilige Grab aus der Gewalt der Ungläubigen zu befreien, da ward er genötigt, von neuem die Waffen zum Schutze seiner italienischen Kronländer zu erheben.

Die Geschichte der Mittelmeerländer war in ein ganz neues Stadium getreten. Es schien, als würde die Kultur des Islam auf afrikanischem Boden durch das Christentum verdrängt, als sollten europäische Völker dort wieder heimisch werden, wo einst das römische Imperium bereits mehrere Jahrhunderte geherrscht. Gewaltiges schien geleistet. War dem aber wirklich so?

Vergleicht man die Art der spanischen Expansion auf dem amerikanischen Kontinent mit dem Wollen und Tun, wie es sich in den Unternehmungen gegen die afrikanischen Stämme äußerte, so muß zunächst eine eigenartige Ähnlichkeit festgestellt werden. Hier wie dort war eine koloniale Ausbeutung das sofortige Ziel. Denn tatsächlich haben auch die Urheber der afrikanischen Unternehmungen weitergehende Absichten gehabt als lediglich religiöse Betätigung und militärische Sicherung. Gewiß stellt jene das unmittelbar wirkende Motiv dar. Gewiß war diese durch das Staatsinteresse in hohem Maße geboten. Aber wo man einmal Besitzer jener entfernten Küstenplätze war, mußte man daran denken, anderes damit anzufangen als lediglich sie besetzt zu halten. Mit Bestimmtheit hat so Isabella an die Erwerbung eines zusammenhängenden Gebietes mit weiterem Hinterlande gedacht; sie hat die Eroberung des Königreichs Tlemsen geplant. So hatten auch noch Ferdinand und Karl eine Ausbeutung der Neuerwerbungen in kolonialem Sinn im Auge. Wir hören, daß 1512 Faktoreien in Oran begründet wurden; wir wissen, daß Karl beabsichtigte, diese Stadt zum Stapelplatz für den gesamten Handel Nordafrikas zu machen, daß energische Prohibitivbestimmungen gegen den Handel Venedigs in Spanien damit in Zusammenhang standen. Aber die Verhältnisse und die Entwickelung der Monarchie machten alle diese Bestrebungen illusorisch.

Einmal war ein Handel Spaniens nach dieser Richtung nur in geringem Umfange da. Von den lebhaften Beziehungen der Katalanen nach der Levante war wenig übrig geblieben, seitdem sie der Türke die Wirksamkeit des Kastiliertums im Kampfe gegen die Glaubensgenossen entgelten ließ und aus seinem Gebiet ausschloß. Im übrigen war der Spanier selbst sehr wenig zur Handelstätigkeit geeignet, und auch die planvollen wirtschaftlichen Bestrebungen der staatsmännischen Isabella hatten den spanischen Charakter nicht verändern können. Wohl hatte der jahrhundertelange Kampf mit dem Maurentum den abenteuerlichen Unternehmungsgeist dieses Volkes zu einer beispiellosen Entfaltung gebracht, aber mit ihm war der ruhig schaffende Tätigkeitstrieb, die Freude an produktiver Arbeit und der Sinn für Erfüllung friedlicher Berufspflichten verloren gegangen. Dies alles war auf afrikanischem Boden mehr erforderlich als drüben auf dem amerikanischen Kontinent. Weil er es dort bequemer hatte, richtete sich der Privatunternehmungsgeist fast allein auf den neuen Erdteil.

Handeltreiben jedoch war überhaupt damals Sache der Staaten geworden. Auch den spanischen Herrschern war die Aufgabe zugefallen, durch eine planvolle Handelspolitik die Schwierigkeiten zu beseitigen, die der Charakter des Volkes und die Verhältnisse selbst entgegenstellten. Darin aber versagte die spanische Monarchie vollkommen. Wie schon die Idee, die diese Fürsten beherrschte, friedliche Beziehungen zu den Ungläubigen schlechterdings unmöglich machte, wie das gewerbfleißige und handeltreibende Maurentum in religiösem Fanatismus aus der spanischen Halbinsel vertrieben wurde, so hatte die Monarchie überhaupt keine Fähigkeit, sich zu einer überlegten Handels- und Kolonialpolitik zu sammeln.

Denn eben in der Zeit, da der neue spanische Staat darauf gewiesen wurde, den Raum in friedlicher Arbeit auszufüllen, den ihm eine eigenartige Entwickelung geschenkt hatte, wurde er in die großen und allgemeinen Gegensätze des europäischen Kontinents hineingezogen. In einer leidenschaftlichen Parteinahme suchten Herrscher und Volk das Schicksal ihres Erdteils zu bestimmen, um an diesem Bemühen zu Grunde zu gehen.

Die Wahl des spanischen Königs Karl zum deutschen Kaiser bedeutet die eigentliche Geburtsstunde des staatlichen Gegensatzes der habsburgischen Monarchie gegen das französische Haus Valois. In den Kriegen von anderthalb

Jahrhunderten entlud sich diese Feindschaft. Aber zugleich übernahm der Herrscher Spaniens die Führung in einem anderen Kampfe. Dem deutschen Kaiser fiel die Aufgabe zu, sich mit der Reformation auseinanderzusetzen. Neben den Gegensatz gegen die Ungläubigen trat gleichwertig für Volksempfinden und Staatspolitik der Gegensatz gegen das Ketzertum. Furchtbar waren die Anforderungen, die die Verwaltung und Erhaltung des Riesenreiches an die Kräfte von Herrscher und Volk stellten. Nach allen Seiten war man zugleich in Anspruch genommen, keine Angelegenheit konnte man zu einem befriedigenden Ende führen, weil ein Eingreifen an anderer Stelle bereits wieder nötig war. Bald auch begann das Geld zu fehlen. Die schönsten Gelegenheiten, Erfolge zu erzielen, mußte man dahin gehen lassen, weil die Finanzen nicht erlaubten, sie auszunutzen.

Zu den geschilderten Ursachen bewirkte vor allem diese ein volles Fiasko der afrikanischen Politik. Zu einer heldenhaften Offensive war man ausgezogen, bald jedoch sah man sich zu einer kläglichen Defensive verurteilt. Die Umstände brachten es mit sich, daß überall, wo die Spanier von Landgebiet Besitz nahmen, der Handel verschwand. Noch dachte man auf militärischem Wege in den Besitz eines zusammenhängenden Hinterlandes zu gelangen. Der streitbare und staatsmännische Gouverneur Graf Alcaudete versuchte so noch in den dreißiger und vierziger Jahren, das Königreich Tlemsen von Oran aus zu besetzen. Vergebens. Die feindliche Haltung der Umwohner machte einen Aufenthalt außerhalb der befestigten Plätze auf die Dauer unmöglich, geschweige denn, daß man imstande war, sich dem friedlichen Warentausch zu widmen. Man war in den eroberten Küstenplätzen so gut wie ganz vom Hinterland abgeschnitten und darin beinahe Gefangener. Die Garnisonen waren in einer traurigen Verfassung; häufig fehlte das Notwendigste, da selbst die Nahrungsmittel von der Heimat herbeigeschafft werden mußten. Der Peñon von Algier, der wenige tausend Schritte von der Stadt entfernt lag, erhielt sogar sein Süßwasser von den Balearen.

So war die spanische Eroberung in Afrika schließlich nichts weiter als ein Abenteuer geworden. Die unmittelbare Folge dieses Vordringens aber war, daß die Macht des katholischen Königs direkt auf die des Sultans stieß. Die zwei gewaltigen Offensiven trafen aufeinander und zogen alles in ihre Kreise.

Denn auch das türkische Staatswesen hatte sich inzwischen in den östlichen Randgebieten des Mittelmeeres konsolidiert. Der rücksichtslose Selim I. (1512 bis 1520) wurde der eigentliche Gründer des Reiches, wie es jahrhundertelang bestand; die türkische Staatsraison war sozusagen in ihm verkörpert. Durch die Neuerwerbung des fruchtbaren Hinterlandes Mesopotamien und durch die Niederwerfung des Mamlukenreiches Ägypten, dem auch Syrien zugehörte, gelang es ihm, das gesamte Mittelmeergebiet des Ostens zu einer festen Ländermasse zusammenzufügen. Und schon gewann die türkische Macht selbst in der westlichen Hälfte des Mittelmeeres festen Fuß, wo die christliche Herrschaft bisher noch nicht bedroht war. In einem Übergange, der für Zeit und Menschen charakteristisch ist, nahm auch der Großherr von afrikanischem Boden Besitz.

Zwei Renegatenbrüder, die sich im Abendland unter dem Namen Barbarossa berühmt gemacht haben, bewirkten dieses neue türkische Vordringen. Als selbständige unabhängige Seeräuber hatten sie unter Ausnutzung der wirren Zustände Nordafrikas sich dort heimisch gemacht, durch Verrat an ihrem Bundesgenossen waren sie in den Besitz von Algier gekommen. Die spanische Alleinherrschaft an der nordafrikanischen Küste war durchbrochen, bald sollte sie weiter gefährdet werden. Denn diese Abenteurer verfuhren ganz anders mit dem neu erworbenen Land, als es die Spanier taten. In systematischer Ausbreitung bemühten sie sich, ein kompaktes Gebiet zu schaffen. Durch militärische Expeditionen und friedliche Unterhandlungen gewannen sie das Hinterland. Da tat unter dem Eindruck der wirren Verhältnisse nach seines Bruders Horud Tod der jüngere Barbarossa Cheir-ed-Din den beinahe staatsmännischen Schritt, sein Königreich Algier in türkische Abhängigkeit zu bringen. Der Großherr hatte damit auch im westlichen Mittelmeere festen Boden gefaßt.

Riesengroß war die Gefahr für die Christenheit angewachsen, zugleich aber überhaupt in ein neues Stadium getreten. Denn der Türke war nicht nur Europa um ein Bedeutendes näher gekommen, er war jetzt auch Herr des heiligen Grabes geworden. Die religiöse Leidenschaft gewann in der Beurteilung des osmanischen Vordringens wieder mehr Raum.

Es war das Papsttum, das sich jetzt zum Wortführer der alten christlichen Anschauung von der Solidarität der Christenheit gegenüber den Ungläubigen aufwarf. Die neue Reformbewegung im Katholizismus, die im Anschluß an humanistische Ideen emporgekommen war, begann insofern bereits wirksam zu werden, als sie der Anschauung vom Absolutismus des Papsttums eine wesentliche Stärkung brachte. Das Papsttum selbst mußte, je mehr es aus den kleinstaatlichen Verhältnissen der Halbinsel wieder emporwuchs zum sichtbaren Haupte der universalen katholischen Kirche, zum Träger neuer Kreuzzugsgedanken werden.

In den Jahren 1516/18 war Europa erfüllt von solchen Plänen. Die päpstliche Kreuzzugsbulle machte einen tiefen Eindruck in der katholischen Welt, aber man kam über Verheißungen nicht hinaus. Das erste Mal, da sich im großen Stil das Prinzip des staatlichen Egoismus zu messen hatte mit dem Prinzip der Unterordnung des Staates unter die christliche Universalität, errang jenes einen vollen Sieg. Die in dem Zusammenschlusse der Christenheit gegen den Unglauben allein die Gewähr für eine sichere Zukunft der abendländischen Völker sahen, mußten mit Sorge die Entwickelung betrachten. Während dann der Fall Rhodos' die Christenheit von neuem erschütterte, während der Vorstoß des neuen Großherrn Soliman des Prächtigen in die habsburgischen Erbländer Projekte über Projekte zur Bekämpfung des furchtbaren Feindes hervorrief, standen die beiden staatlichen Gegner Spanien und Frankreich in jahrelangem, erbittertem Kampfe.

Schroffer und schroffer begannen sich die beiden Prinzipe gegeneinander zu stellen, lauter und lauter gelangten sie in Theorie und Praxis zu Worte. Die christliche Anschauung ward repräsentiert durch die spanische Weltmonarchie, und mehr und mehr ward daneben das Papsttum, unabhängig von der einzelnen Persönlichkeit, zu ihrem Träger. Mit den Fortschritten der Reformation nahm der Katholizismus langsam die innere Wandlung, die zur Bewegung der Gegenreformation hinüberleitete. Mit dem Erstarken der Kirche und mit ihrer Verinnerlichung wuchs auch das Streben, die Herrschaft der Kirche wie über das Ketzertum, so auch über den Unglauben wieder aufzurichten. So wurde der ewige Krieg gegen die Ungläubigen ein Teil der Idee des spanischen Universalreiches und des

universalen Papsttums. Freilich blieb diese Idee mehr Theorie.
Eine Fülle von Kraft hat man eingesetzt, sie zu verwirklichen,
aber die Grenze des Erreichbaren war zu weit gesteckt. Man
scheiterte, weil die Erfüllung des Erstrebten nicht möglich war.
Eine große Schuld fällt dabei auf den Widerstand, den die
Vertreter des staatlichen Prinzipes diesen Bestrebungen entgegen=
stellten.

Mehr und mehr ward Frankreich durch sein staatliches
Interesse dazu gedrängt, die universalen Pläne der Habsburger
mit jedem Mittel zu durchkreuzen, denn mit ihrer Verwirklichung
drohte die Welt, wie einmal ein französischer Staatsmann sich
ausdrückte, „kastilisiert" zu werden. Noch focht es seinen
nationalen Kampf gegen Spanien nur mit europäischen Bundes=
genossen durch. Aber in dem Maße, wie die Hegemonie des
Gegners sich verwirklichte, in dem Maße, wie die Autorität des
allerchristlichsten Königs Einbuße erlitt, sah sich König Franz
genötigt, auch äußerlich mit dem christlichen Prinzip zu brechen.
Der staatliche Selbsterhaltungstrieb brachte schließlich die ver=
rufene gottlose Allianz zwischen Frankreich und der Pforte
zustande, die das ganze Jahrhundert hindurch Geltung behielt.

Von jeher war Frankreich türkenfreundlich gewesen. Nicht
so zwar, daß es das Vordringen der Türken gern sah. Aber
wie Venedig war es genötigt, sich mit dem neuen Herrn der
Levante abzufinden, weil das die Handelsbeziehungen notwendig
machten. Es bestand ein lebhafter Verkehr von Marseille aus
nach Konstantinopel, Smyrna und Alexandria; von hier wurde
die Rohseide importiert, die dann in den provenzalischen Städten
verarbeitet wurde und in Lyon auf den Markt kam. So war
es möglich gewesen, daß bereits unter Kalixt III. das Kreuz=
predigen und Werben von Truppen für den Türkenkrieg in
Frankreich bei Strafe verboten wurde. Wohl waren Karl VIII.
und auch Franz I. noch mit Eifer für eine gemeinsame Be=
kämpfung der Ungläubigen eingetreten, aber es ist gewiß, daß
in hohem Grade staatliche Gesichtspunkte dafür entscheidend
waren. Jetzt, wo es sich um die staatliche Existenz überhaupt
handelte, konnte der König nicht davor zurückschrecken, sich
mit dem Feinde der Christenheit zu verbünden. Erst die Kom=
bination von französischer Land= und türkischer Flottenmacht
konnte ein Gegengewicht gegen das Weltreich Karls V.
geben. Anfangs in loser Verbindung, dann in festem Bundes=

Die osmanische Bewegung und die Gegenreformation.

verhältnis stand so Frankreich mit der Pforte vereinigt im Mittelmeer.

Zu keiner Zeit freilich war dies Bündnis eine Verbindung, der die beiden Partner mit treuer Überzeugung sich widmeten. Weder war der allerchristlichste König immer bereit, das Schwert zu ziehen, wenn es der Sultan vertragsmäßig verlangen konnte, noch erfüllte dieser die Forderungen, die der französische Herrscher zu stellen berechtigt war. Franz wünschte in den Kämpfen zwischen der habsburgischen Monarchie und den Osmanen, die er häufig selbst erst hervorrief, nicht einfach den Türken den Sieg. Ihm war es genug, die beiden aufeinander zu hetzen, weil dadurch sein staatlicher Gegner in Anspruch genommen wurde und große Ausgaben hatte. Der Gegensatz gegen das Haus Habsburg allein war entscheidend für die französische Politik im Mittelmeer. So war es möglich, daß der König sogar einmal — in den Jahren 1531 bis 1532 — einen Angriff der Türken auf die habsburgischen Erbländer zu verhindern bemüht war, weil ein weiteres Anwachsen der osmanischen Gefahr eine Verständigung zwischen Kaiser und protestantischen Fürsten herbeizuführen drohte und die kaiserliche Gewalt um ein neues Stück gestärkt hätte; doch löste Franz auch damals seine geheime Verbindung mit der Pforte nicht. Ebenso enthielten sich die französischen Herrscher jedesmal einer Parteinahme, wenn eine weitergreifende religiöse Bewegung innerhalb der Christenheit Anstoß zu einer Unternehmung gegen die Ungläubigen war. So ließ Franz die Expedition gegen Tunis ungehindert vor sich gehen; so scheute er sich, wie später sein Enkel, den gemeinsamen Unternehmungen der ligierten südeuropäischen Mächte offen Schwierigkeiten zu machen. Jeder Aderlaß, den man dem vollblütigen Türken beibrachte, steigerte ja auch wieder den Wert des französischen Bündnisses für den Sultan. Die gottlose Allianz, die zum erstenmal im Februar 1536 schriftlich festgelegt wurde, war somit kein Bund im Sinne des europäischen Völkerrechts, aber sie war als eine politische Verbindung vorhanden und machte sich in jeder Lage höchst bedeutsam geltend.

Nach der gleichen Richtung mit dem staatlichen Gegensatze zwischen Spanien und Frankreich wirkte der religiöse zwischen Protestantismus und Katholizismus. Unzweifelhaft war der Protestantismus in diesen Bestrebungen für eine gemeinsame Bekämpfung der Ungläubigen eine hemmende Kraft. Denn während das neu erstarkende Papsttum als Träger universaler Ideen besonders geeignet war zur Vertretung der christlichen Anschauung, konnte diese bei den Anhängern Luthers keinen Boden finden, in denen das nationale Prinzip vor allem lebendig war. Umgekehrt wurde das Zusammengehen der beiden christlichen Lager erschwert durch die stets schroffer werdende Anschauung im Katholizismus, die das Ketzertum für verwerflicher erachtete als den Unglauben. Es war nur eine vorübergehende Stimmung, wie sie unter dem Eindrucke der Belagerung Wiens 1529 entstanden war, die eine Verständigung der alten und neuen Lehre ersehnte, damit man den Krieg gemeinsam gegen die Türken führen könne.

Eine Zwischenstellung in dieser Gruppierung der europäischen Mächte nahm Venedig ein. Wir wissen, daß seine Handelsinteressen frühzeitig eine Verständigung mit den Türken notwendig gemacht hatten. Es war dadurch zum Anschluß an das französische System gedrängt. Trotzdem war es zu keiner Zeit geneigt, mit dem christlichen Prinzip soweit zu brechen, daß es ein Bündnis mit dem Feinde der Christenheit einging. In den europäischen Konflikten hatte es, in begreiflichem Mißtrauen gegen die Vormachtstellung der habsburgischen Dynastie in Italien, zunächst gegen diese Partei genommen. Seit der Niederlage Frankreichs aber beobachtete es nach Westen wie nach Osten eine strikte Neutralität. Nur wenn es durch türkische Willkür zur Verteidigung mit Waffengewalt genötigt war, brach es mit diesem Prinzip; es stand dann notgedrungen Seite an Seite mit Spanien.

So vollzogen sich auf Grund dieser Gruppierung mit einer Art Regelmäßigkeit die Ereignisse der nächsten Jahrzehnte. Mehr und mehr verquickte sich der Kampf zwischen Spanien und Frankreich mit dem Kriege gegen die Ungläubigen. Weil der Kaiser aber nur gelegentlich diesen Mittelmeergegensätzen seine Aufmerksamkeit widmen konnte und meist durch die europäischen Konflikte voll in Anspruch genommen war, waren die Kämpfe der Christen gegen die Ungläubigen wenig ergebnisreich. Nur planlos und stoßweise erfolgten Offensiven, sie waren demgemäß gänzlich unwirksam. So war 1535 der Zug gegen Tunis, das Barbarossa besetzt hatte, mehr ruhmvoll als gewinnreich. Denn der isolierte Besitz von La Goletta, das man neu erwarb, hatte wenig Wert, und bereits in demselben Jahre plünderte der Pirat von Algier wieder die spanischen Küsten, als sei nichts geschehen. Vollends ergebnislos verliefen die Expeditionen der christlichen Liga während der Jahre 1538 bis 1540. Die Geschichte dieses Bundes beweist mit aller Klarheit, daß die Gemeinsamkeit der Christenheit nur so lange zu erhalten war, als das Interesse der Einzelstaaten es rätlich erscheinen ließ. Denn gerade Spanien, das den ewigen Krieg auf die Fahne geschrieben hatte, zögerte nicht, die Bestimmungen der Liga zu verletzen, als es sein staatliches Interesse nötig machte; ja es unterhielt eine Zeitlang beinahe hochverräterische Beziehungen zu Barbarossa. Eine Unternehmung gegen Algier schließlich, die Karl 1541 selbst unter großen Opfern einleitete und ausführte, schlug gänzlich fehl.

Überblickt man die Lage der Dinge in dieser ersten Hälfte des sechzehnten Jahrhunderts, so läßt sich im ganzen eine Zweiteilung des Mittelmeergebietes feststellen. In der östlichen Hälfte herrschte der Türke, in der westlichen der Spanier. Denn es war das entscheidende Ergebnis dieser letzten Jahrzehnte, daß die habsburgische Monarchie in den unbestrittenen Besitz des größten Teils Italiens gelangt war, daß sie über ihren nationalen Widersacher gesiegt hatte. Der Übertritt Genuas mit seinem seegewaltigen Dogen Andrea Doria vom französischen ins spanische Lager besiegelte die Hegemonie, die der Kaiser zu Wasser im westlichen Becken des Mittelmeeres erlangt hatte. Es war eine Art geschlossener Raum, in dem die christliche Vormacht so herrschte. Das Tor bildete die Insel Malta, die Karl in bezeichnender Mischung religiöser und staatlicher Beweggründe mit Tripolis den Johannitern überlassen hatte. In beinahe jährlichen, halb zufälligen Expeditionen stießen die Gegner in die feindlichen Gebiete vor; weder von der einen noch von der anderen Seite jedoch ward eine wesentliche Änderung des Besitzstandes bewirkt. Afrikas Besitz war noch strittig.

Noch dachte Karl V. an systematische Eroberungen in der Levante. So wurde 1532 der wichtige Hafen Koron im Süden der peloponnesischen Halbinsel besetzt, so plante der Kaiser noch 1538 die Erwerbung venezianischer Besitzungen, so hoffte er schließlich, sogar auf friedlichem Wege, das in der Mitte des Mittelmeeres gelegene Tunis für sich gewinnen zu können. Aber stets von neuem erkannte Karl, daß es unmöglich war, einen so entfernten Platz zu behaupten, da besonders die Verproviantierungsverhältnisse große Schwierigkeiten machten. Er erklärte sich auf päpstlichen Antrag bereit, auch Koron, wie früher Tripolis, den Johannitern von Malta zu überlassen, da ging der Ort wieder an die Türken verloren. Im übrigen sollten alle diese vereinzelten Erwerbungen allein dem Endziel dienen, eine umfassende Unternehmung gegen die Türken vorzubereiten; sie sollten der gegen Konstantinopel direkt entsandten Flottenmacht als Stützpunkte dienen. Mehrere Male hat man solche Expeditionen gegen den Sitz der osmanischen Macht geplant. Dem Vorstoß zu Lande sollte ein solcher zu Wasser entsprechen. Stets von neuem jedoch hat sich die Unmöglichkeit der Ausführung erwiesen.

So läßt sich bemerken, daß die spanische Mittelmeerpolitik von Jahr zu Jahr skeptischer wurde. Zwar ging man noch immer stoßweise vor, etwa um besonders bedrohte Gebiete zu sichern oder um besonders gefährliche Seeräubernester auszuheben. Aber schon wußte man nicht mehr, was mit einem solchen Besitz anfangen. So war man genötigt, die Stadt Mahedia wieder aufzugeben, nachdem man den mächtigen Piraten Dragut, der sich dort einen sicheren Schlupfwinkel geschaffen hatte, kaum daraus vertrieben. Die ganze Offensive wurde matt und planlos. Man nahm es ruhig hin, daß nacheinander Tripolis, Bone und Bougie wieder an die Ungläubigen verloren gehen. In demselben Verhältnis aber wurde das Zusammengehen Frankreichs mit der Pforte immer unverhüllter. Mehr als unter Franz I. gelangte unter Heinrich II. das Bundesverhältnis zu sichtbarem Ausdruck; vereinigt kämpften die Flotten der beiden Verbündeten gegen die Übermacht des gemeinsamen Gegners.

Über das ganze Abendland hin begann in diesen Jahren sich die Stimmung geltend zu machen, daß eine weitere Bekämpfung der Türken in der bisherigen Art nicht am Platze sei. Unter dem Eindrucke der Schilderungen, die ein Kenner der türkischen Verhältnisse wie der kaiserliche Orator Auger Ghislen Busbecq gab, gelangte man zu der Auffassung, daß nicht Waffengewalt allein den furchtbaren Feind niederwerfen könne, daß vielmehr auch die Christenheit an sich selbst arbeiten müsse, um dem Gegner gleichwertig zu werden.

Schon ging die realpolitische Betrachtungsweise der türkischen Gefahr so weit, daß man den Nachfolger Kaiser Karls, König Philipp II. von Spanien veranlassen wollte, seinen Frieden mit Frankreich auf die Pforte auszudehnen. Vergebens. Mehr noch als seinen Vater beherrschte Philipp die religiöse Leidenschaft, die keine Nachgiebigkeit gegen Ketzertum und Unglauben kannte. Während es sich unter der mohammedanischen Bevölkerung Spaniens zu regen begann, die mit Unterstützung der Glaubensgenossen Nordafrikas einen Aufstand vorbereitete, war der König bestrebt, der Welt seine religiöse Mission darzutun. Aber die prächtig ausgerüstete christliche Armada erlitt bei der Insel Dscherba eine furchtbare Niederlage.

Wie merkwürdig: eben in denselben Jahren, da die Auffassung der Renaissance in der osmanischen Frage zum endgültigen Siege gelangt zu sein schien, erlebte auch die christliche Anschauung von der unbedingten Ausschließung der Ungläubigen aus der christlichen Staatengemeinschaft und von der Solidarität der gesamten Christenheit eine neue Stärkung.

Die Idee der Gegenreformation, wie sie aus dem Schoße der Kirche emporgewachsen und durch die Befruchtung mit spanischem Geiste besonders zur Entfaltung gebracht war, fand jetzt in einem innerlich geläuterten Papsttum einen leidenschaftlichen Vorkämpfer. Philipp II. aber ward zum weltlichen Schwert der geistlichen Gewalt. Diese Weltanschauung wurde wie gegen das Ketzertum, so gegen den Unglauben jetzt im höchsten Maße wirksam. Ein Realpolitiker wie Cosimo von Florenz gründete dem Papst zu Liebe einen neuen Ritterorden und schädigte so in empfindlicher Weise den Handel seines Landes. Bis zur Übertreibung machte sich diese Idee geltend. Der gesamte Handelsverkehr der katholischen Völker mit den Andersgläubigen sollte unterbunden werden, weil er für das Seelenheil des Kaufmanns eine Gefahr war. In Persönlichkeiten wie Pius V. und Sixtus V. äußert sich aufs schlagendste der schroffe Ernst dieser Gesinnung.

Schon hatte ein letzter Vorstoß des furchtbaren Soliman gegen Malta Spanien und Papsttum zusammengeschlossen, da vereinigte ein neues Unternehmen seines Nachfolgers gegen das Kleinod der Markusrepublik, das letzte Bollwerk der

Christenheit in der Levante, die Insel Cypern, ein letztes Mal die romanischen Staaten gegen den gemeinsamen Feind. Wie stets war Venedigs Bruch mit der Pforte Voraussetzung für die neue Kreuzzugsunternehmung; wie früher wurden in den Stunden hochgehender Erregung und äußerster Gefahr die nüchtern urteilenden Väter des Markusstaates genötigt, an die Glaubensgemeinschaft und an den gemeinsamen Gegensatz gegen die Ungläubigen zu appellieren. Ein letztes Mal gelang es dem geistlichen Oberhaupt der katholischen Welt, über die auseinanderklaffenden staatlichen Interessen hinweg die christlichen Völker Südeuropas zusammenzuschließen. An den Namen Pius' V. knüpfen sich jene tiefgehenden Bewegungen, die in dem Lepantosieg von 1571 ihren unvergänglichen Ausdruck gefunden haben. Ungeheuer war der Eindruck dieses Sieges, den christliche Waffen über die Flottenmacht des Großherrn errangen. Aber so groß der Ruhm, so gering war auch seine Wirkung. Die christliche Liga brach schnell wieder auseinander, und die türkische Armada kreuzte bereits im folgenden Jahre wieder im Mittelmeer.

Der Ausgang dieses Kampfes bedeutete den völligen Zusammenbruch jener alten christlichen Anschauung. Er war sozusagen die Probe auf das Exempel, indem er bewies, daß die Staaten sich keinem anderen Prinzip mehr unterordneten, als dem des eigenen Interesses.

Tatsächlich ging die staatliche Praxis über die entgegenstehende Auffassung zur Tagesordnung über. Selbst Spanien, dessen Idee von einem katholischen Weltreich mit dem christlichen Prinzip stand und fiel, vollzog eine unbedingte Schwenkung. Längst schon waren bei Verfolgung seiner Kampfpolitik gegen die Ungläubigen neben den religiösen Gesichtspunkten auch recht weltliche zu Worte gekommen. Für die päpstliche Beisteuer, deren man von Jahr zu Jahr mehr bedurfte, war der ewige Kampf unvermeidliche Voraussetzung. Nur um die Cruzada und den Subsidio nicht zu verlieren, ließ sich der König, beinahe einem Zwang nachgebend, gelegentlich auf Unternehmungen ein, die dem Staate eine Last waren, oder er nahm zu kleinen Verlegenheitsexpeditionen, die man zu großen Unternehmungen aufbauschte, seine Zuflucht. Indem er den Nöten seines Staates Rechnung trug, tat Philipp jetzt den letzten Schritt. Seit 1573 trat er in Waffenstillstandsverhandlungen mit der Pforte; nach einem siebenjährigen Hin und Her, das in der Scheu, allzu offen diese Preisgabe einer jahrzehntelangen, zum Prinzip gewordenen Politik einzugestehen, seinen Grund hatte, kam man 1580 zum Abschluß.

Ein voller Verzicht auf eine kriegerische Offensive im Mittelmeer bezeichnet die spätere Regierung Philipps II.; trotz aller Vorschläge, die verloren gegangenen Küstenplätze zurück zu erobern, wie sie dem König zahlreich unterbreitet wurden, konnte er sich zu neuen opferreichen Expeditionen nicht entschließen. Die finanziellen Verhältnisse wurden zudem immer übler. Auch die umfassenden Projekte, die Sixtus V., der gewaltige Papst der Gegenreformation, zur Ausführung bringen wollte, scheiterten an der Abneigung des spanischen Königs, dafür Opfer zu bringen. Durch Ausspielung der Feindschaften zwischen den einzelnen Staaten Nordafrikas suchte Philipp allein Vorteile zu ziehen; die freundschaftlichen Beziehungen zu Marokko, die man seit der Mitte des Jahrhunderts unterhielt, dienten diesem Ziel. Im übrigen sind nur einige merkwürdige Versuche friedlicher Erwerbungen in Afrika während dieser Jahrzehnte nachweisbar, die bezeichnenderweise jedoch durch die Franzosen vereitelt wurden. Episode war die Inbesitznahme des von Algier her eroberten Tunis, das der ehrgeizige Don Juan de Austria gegen den ausdrücklichen königlichen Befehl nicht zerstörte, und das im folgenden Jahre mit La Goletta wieder verloren ging. Episoden blieben auch die vielen anderen abenteuerlichen Pläne, die der jugendliche Stürmer und Dränger zu verwirklichen strebte. Unter dem Eindruck der Mißerfolge jener Jahre war Philipp sogar eine Zeitlang entschlossen, die letzten spanischen Besitzungen auf afrikanischem Boden, Oran und Mers el Kebir, freiwillig aufzugeben.

Spanien hatte seinen Höhepunkt überschritten; in langsamem Übergang siechte es dahin. Man mußte es ruhig dulden, daß sich die türkische Herrschaft dauernd in Nordafrika häuslich einrichtete. Die von religiösem Fanatismus diktierte Vertreibung der Mauren aus Spanien, die als besitzlose Flüchtlinge bei ihren Glaubensgenossen Zuflucht suchten, vermehrte noch den Haß der islamitischen Bevölkerung gegen die Christen und steigerte ihre Raublust. Man war völlig wehrlos gegenüber den Plünderungszügen der Barbaresken. Und nicht genug damit. Seit den letzten Jahrzehnten des sechzehnten Jahrhunderts schlossen sich auch noch die Piraten Hollands, Englands und Frankreichs ihnen an. Bis weit ins Mittelmeer hinein unternahmen diese nordischen Abenteurer ihre staatlich geheim und offen genehmigten Expeditionen; vergebens war man bemüht, die Straße von Gibraltar zu sperren und die wagemutigen Vertreter der seegewaltigen Völker wenigstens vom Mittelmeer auszuschließen.

Aber wie die christliche Offensive kam auch die islamitische während dieser Jahrzehnte im Mittelmeer zum Stillstand. Ebensowenig wie jene scheiterte diese im Augenblick an der Überlegenheit des Gegners. Auch die Türken sahen sich aus staatlichen Gründen genötigt, auf ein weiteres Vordringen zu Wasser zu verzichten. Die innere Kraft der Pforte war erlahmt. Nie hatte sie die wirkliche Wucht ihres Vordringens auf das Meer gerichtet. Es gab ein türkisches Sprichwort, das aussprach, Allah habe die Herrschaft der Welt so verteilt, daß die Söhne Mohammeds zu Lande, die Giauren zur See herrschten: es stellt die richtige Selbsterkenntnis dar, daß der Türke für den Seedienst wenig geeignet ist. Vielleicht wäre das osmanische Reich nicht einmal in den Besitz Nordafrikas gekommen, wenn nicht ein fähiges Renegatentum ihm die Herrschaft dort vermittelt hätte. Hier im Mittelmeer hatte der türkische Großstaat es mit den kompakten und festgefügten christlichen Staaten zu tun. Mohammedanische und christliche Kultur schließen einander aus. Nur da, wo Nationalitätensplitter, keine Nationen saßen, konnte die eine über die andere dauernd eine politische Herrschaft ausüben; so auf dem Balkan, so in Nordafrika.

So sahen sich beide Parteien genötigt, sich miteinander abzufinden. Für die Christenheit bedeutete dies den Zwang, die Anerkennung des osmanischen Reiches als Mitglied der europäischen Staatengemeinschaft zum Prinzip zu erheben. Darauf beruhend aber begann nunmehr das System friedlichen Verkehrs wirksam zu werden: der europäische Handel mit der Levante trat wieder in Erscheinung.

Seit der Wende des fünfzehnten Jahrhunderts war Venedig aus seiner Vormachtstellung als Handelsmetropole im Mittelmeer verdrängt worden, besonders auch der Handel nach der Levante war stark zurückgegangen. Neben der Erschwerung, die der Ausübung der Handelstätigkeit durch die türkische Eroberung erwachsen war, begann früh die Entdeckung des Seewegs nach Ostindien durch die Portugiesen fühlbar zu werden. Die europäischen Nationen waren dadurch in die Lage versetzt, ohne die erhebliche Preissteigerung durch den Aufschlag des arabischen Zwischenhandels direkt aus dem Lande der Produktion zu importieren. Venedig, das Waren eigner kolonialer Produktion fast garnicht mehr in Verkehr zu setzen hatte und die indischen Waren nur aus den Händen jener arabischen Zwischenhändler in Empfang nehmen konnte, hatte deshalb keine Möglichkeit, mit dem Lissaboner Markt zu konkurrieren. Vergebens waren die Maßregeln, die die Republik ergriff, um die drohende Ausschließung vom Welthandel zu verhindern. Vergebens die Erneuerung jener drakonischen Bestimmungen, die jeden Fremden vom Handel mit Venedig ausschloß. Mit der Besetzung der Insel Ormus am Eingang des persischen Golfes (1516) durch die Portugiesen war den Arabern die Verbindung mit Indien überhaupt abgeschnitten. Der Handel nach Ägypten und Syrien fristete nur noch ein kümmerliches Dasein und warf fast keinen Gewinn mehr ab. Noch übler stand es mit den Handelsbeziehungen nach dem Schwarzen Meer und nach dem eigentlichen Bereich der türkischen Herrschaft. Um die Mitte des sechzehnten Jahrhunderts befanden sich fast keine venezianischen Kaufleute mehr in Konstantinopel, und ein vom Goldnen Horn zurückgekehrter Botschafter berichtete, daß im Handelsverkehr mit der Pforte in zwei Jahren nicht mehr soviel umgesetzt werde wie früher in einer Woche. Bezeichnend für die Wandlung der Zeiten ist die Tatsache, daß der Adel der Stadt allmählich seine Kapitalien aus dem Handel zurückzog und in Ländereien der Terra ferma anlegte.

Mehr noch als dieser Ausfall aber schädigte der Verlust des Kolonialreiches, das die Republik dort einst im Osten besaß. Mit jeder Insel, die verloren ging, versiegte eine Quelle für Reichtum und Wohlstand. Dabei konnte man sich nur unter schweren Opfern den Frieden erkaufen; das System der bewaffneten Neutralität, so notwendig es war, belastete den Staat in ungeheurer Weise. Unaufhaltsam gingen Ansehen, Macht und Wohlstand Venedigs zurück. Nur in krampfhafter Geltendmachung und unter steten Reibungen mit den Anwohnern der Adria konnte man noch dem Rechtsanspruch auf freie Schiffahrt entgegentreten. Jeder Unternehmungsgeist erlahmte. Nicht einmal im Sinne der Großbankiers von Augsburg, Genua und Florenz versuchte man die Kapitalien auszunutzen, die man noch besaß. Die geschichtliche Entwickelung ging über diesen Staat hinweg, und sein Volk besaß nicht mehr die Kraft, dem Verhängnis in den Arm zu fallen. In einer Neutralität, die um jeden Preis beobachtet wurde, aber nicht ohne neue schwere Verluste an dem Prestige staatlicher Macht durchgeführt werden konnte, vegetierte man so weiter. Nur ein Licht noch erstrahlte diesem dahinsterbenden Staat: die hohe diplomatische Kunst seines Adels. Gerade der Verfall der materiellen Macht brachte die politische Begabung dieses Volkes zur vollen Entfaltung. Den Leistungen der venezianischen Diplomatie ist es vor allem zu danken, daß der unaufhaltsame Abstieg der Entwickelung verlangsamt wurde.

So stand die Erbschaft der alten Handelsrepublik zur Aufteilung. Natürlich hatte sich das Wesen des Handels von Grund auf gewandelt. Ein Venedig konnte nicht wieder erstehen. Der Mittelmeerverkehr war nicht mehr das unentbehrliche Zwischenglied zweier Kulturen, die ohne ihn beziehungslos nebeneinander standen. Er ward jetzt mehr zu einem Lokalhandel. Aber auch so blieb er bei der Verschiedenartigkeit der austauschenden Völker und Länder und bei der Weite des in Betracht kommenden Raumes noch bedeutungsvoll genug. Wohl hat es nicht an Versuchen gefehlt, auf dem alten Wege die Verbindung nach Indien aufrecht zu erhalten; das ist nicht geglückt. Der Landweg war seit der türkischen Herrschaft unpassierbar geworden, und das Projekt, die Landenge von Suez zu durchstechen, konnte, obwohl von christlicher wie von mohammedanischer Seite mehrfach erörtert, wegen der entgegenstehenden technischen Schwierigkeiten nicht verwirklicht werden.

Alle Völker nahmen an der Neuordnung der Dinge Anteil. In dem Maße, wie Venedigs Handel und Bedeutung zurückging, stießen die anderen Staaten vor. Die ehemaligen italienischen Rivalen traten wieder auf den Plan. Florenz erneuerte von dem aufblühenden Livorno aus die eingeschlafenen Handelsbeziehungen nach der Levante, Genua behauptete trotz seiner Verfassungskämpfe eine ansehnliche Stellung. Schon aber trat jetzt zum ersten Male das kleine

Savoyen aus der territorialen Beschränkung, in die es durch die Umarmung des überschattenden Spaniens und die Nachbarschaft Frankreichs gewiesen war, heraus. Zunächst nur durch den kleinen Hafen Nizza mit dem Meere in Beziehung stehend, arbeitete es zielbewußt, durch Herrscher wie Philibert Emanuel und Karl Emanuel verkörpert, darauf hin, Genua aus seiner Seemachtstellung zu verdrängen und dessen Rolle zu übernehmen. Die Geschichte des neuen italienischen Mittelmeerstaates nahm damals seinen Anfang. Selbst der päpstliche Staat trat von Ancona aus in lebhaften Handelsverkehr zu den Ländern des Sultans und kämpfte mit Zähigkeit gegen die Beschränkungen an, die die Lagunenstadt der Rivalin an der Adria auferlegte. Freilich scheute man sich, in unmittelbare Berührung mit den Ungläubigen zu treten; für die Untertanen des heiligen Vaters bot sich die kleine Republik Ragusa als eine geeignete Vermittlerin an. Ebenso erhob sich langsam aber stetig an der Adria Österreich, der habsburgische Territorialstaat, und begann von dem aufblühenden Triest aus Venedig Konkurrenz zu machen, wennschon die Stunde seiner Entfaltung noch nicht gekommen war.

Die spanische Monarchie beteiligte sich an dieser Handelskonkurrenz lediglich mit ihren italienischen Kronländern. Nur diese hatten Handelsinteressen im Mittelmeer; besonders von Sizilien und Neapel aus trat man wieder in direkte Beziehungen zur Levante. Spanien selbst schied jetzt aus dem Handelsverkehr im Mittelmeer ganz aus, auch die geringe kaufmännische Tätigkeit der Katalanen war so gut wie ganz unterbunden worden. Die Unsicherheit der Küsten war so groß, daß man nicht einmal mehr sich der Fischerei widmen konnte. Das Volk, das am meisten auf Fastenspeisen angewiesen war, kaufte jährlich 12 Millionen Fische aus dem Ausland. Auch der Waffenstillstand mit der Pforte trug nur in ganz geringem Umfang einem kommerziellen Bedürfnis Rechnung. Wie stets äußerte sich auch hier die Gegensätzlichkeit der spanischen Stellungnahme gegenüber den anderen Mächten aufs schlagendste.

Die Frucht der Entwicklung fiel vor allem Frankreich zu. Seine politische Verbindung mit der Pforte förderte die innere Erstarkung des französischen Staatswesens und ließ auf das Zeitalter Philipps II. das Heinrichs IV. folgen. Aber auch der wirtschaftlichen Ausbreitung des französischen Volkes kam das Bündnis zu gute; der französische Kaufmann trat allmählich im gesamten Mittelmeer durchaus in den Vordergrund. In der Levante selbst war Frankreichs Flagge ganz vorherrschend, aber auch nach den afrikanischen Besitzungen des Großherrn breitete sich der kommerzielle Unternehmungsgeist aus. Seit 1560 sind an der Algerischen Küste französische Faktoreien nachweisbar, die anfangs nur das Recht zum Korallenfang besaßen, bald aber Handelsgeschäfte jeder Art betrieben. Seit 1577 war ein Konsul für die Untertanen des allerchristlichsten Königs bei dem Vizekönig von Algier beglaubigt. Als Kaufleute haben die Franzosen dort in Nordafrika festen Fuß gefaßt, als Gebieter über Kolonialbesitz sind sie die Erben der Türken geworden.

Und ebenso weist die kommerzielle Ausbreitung eines anderen Volkes, die der Engländer, bereits in die neueste Geschichte. Politische und wirtschaftliche Interessen drängten das britische Inselreich zu einer Annäherung an die Pforte. Der gemeinsame Gegensatz gegen Spanien, das politisch und religiös Englands erbittertster Gegner war, machte die beiden Mächte zu natürlichen Verbündeten. So waren sie Jahre lang für den bei seite gedrängten portugiesischen Thronprätendenten Dom Antonio tätig, aber auch sie gingen nur soweit zusammen, als es ihr staatliches Interesse forderte. Trotz der ausdrücklichen Abmachungen ließ 1588, als Spanien seine unüberwindliche Armada gegen England schickte, die Pforte ihre Flottenmacht nicht in See gehen. Die kommerzielle Annäherung erfolgte, als England, durch die Einverleibung Portugals in das spanische Weltreich aus Lissabon ausgeschlossen, sich genötigt sah, die orientalischen Waren direkt zu holen. 1580 kam ein erster Handelsvertrag zustande, und ein Jahr später trat bereits eine türkisch-levantinische Handelsgesellschaft in Tätigkeit, die in Aleppo ihren Hauptsitz nahm. Lebhafte Versuche schlossen sich an, auf dem Landwege die Verbindung nach Indien zu gewinnen. Erst als man sah, daß das Schwierigkeiten machte, nahm man den direkten Seeweg um das Kap. Die türkische Gesellschaft ward durch die ostindische Kompagnie abgelöst.

So wurde in dieser Zeit die zur Anerkennung gelangte Zugehörigkeit der Pforte zum europäischen Staatensystem bereits in hohem Maße wirksam, und wie die Dinge geworden waren, schien es fast, als habe in dem gewaltigen Ringen im

Mittelmeer der Halbmond über das Kreuz schließlich doch triumphiert. Der Osten war zusammengeschlossen, und auch der zersplitterte Süden war in den mohammedanischen Großstaat eingefügt worden. Aber der Zusammenschluß schien größer, als er in Wahrheit war. Nach keiner Seite äußerte er sich in einer gefährlichen Überlegenheit gegenüber den neben- und gegeneinanderstehenden christlichen Staaten. Auch auf der islamitischen Seite herrschten Uneinigkeit und Zerrissenheit. Trotz der äußerlichen Verbindung blieb das afrikanische Gebiet dem asiatischen fremd, und die Länder der Berberei konnten trotz aller Anstrengungen bedeutender Männer, wie der Barbarossa und Uluch Alis, zu keinem Ganzen zusammengefaßt werden.

Eben die Entwickelung Nordafrikas tat den wirklichen Charakter des mohammedanischen Großreichs dar. Nur das von der türkischen Herrschaft freigebliebene Gebiet nahm eine Entfaltung. Marokko erhob sich trotz der weiter andauernden Thronfolgestreitigkeiten unter der seit Beginn des sechzehnten Jahrhunderts regierenden Dynastie der Scherifen von Tafilelt zu einer ansehnlichen Blüte und vermochte alle Eingriffe europäischer Mächte mit Erfolg abzuwehren. Dagegen führten die eigentlichen Barbareskenstaaten nur ein künstliches, auf Seeraub begründetes Dasein. Auf ihren behenden Felucken, die den schwerfälligen Kriegsgaleeren der christlichen Mächte ebenso überlegen waren wie den unbewaffneten Kauffahrteischiffen, gingen die maurischen Korsaren ihrem Handwerk nach, auch für die Küstenbewohner der christlichen Staaten eine stete Plage. Obschon die mächtigen Statthalter von den eifersüchtigen und mißtrauischen Sultanen bald durch Paschas mit dreijähriger Amtsdauer ersetzt wurden, denen dann der von den Janitscharen gewählte und allmählich die Regierungsgewalt an sich reißende Bey zur Seite trat, gewannen diese Piratenstaaten eine wachsende Selbständigkeit gegenüber der Pforte. Diese selbst freilich hatte so die Möglichkeit, die nordafrikanischen Seeräuber in ihrem Interesse auszuspielen und zugleich von sich abzuschütteln, wie es die Umstände erforderten.

Es war somit nicht anders: das Streben nach Zusammenschluß hatte von neuem vor dem nach Scheidung zurückweichen müssen. In der Richtung der Spaltung und Zersplitterung ging die Entwickelung weiter.

Kapitel VII.
Das System des europäischen Gleichgewichts und der Niedergang des osmanischen Reiches.

Die beiden neuen universalen Staatsgründungen des sechzehnten Jahrhunderts waren gescheitert. Weder die spanische Universalmonarchie hatte ihre Vollendung erfahren, noch war das türkische Großreich zu dem Abschlusse gelangt, den es erstrebt hatte. Die Dreiteilung des Mittelmeergebietes war am Ende des sechzehnten Jahrhunderts ganz wieder hergestellt und behielt für die gesamte neuere Geschichte ihre Geltung. Gegenüber dem europäischen Ariertum waren das Hamiten- und Semitentum im Süden und Osten mit dem Türkentum, obschon räumlich vereint, keineswegs fest zusammengeschlossen. In staatlicher Einzelbildung hier wie dort setzte sich im wesentlichen die Entwickelung fort, und das geschichtliche Leben stand ganz auf Seiten des christlichen Europas. Auch für das Mittelmeergebiet trat an Stelle des großen Gegensatzes von Orient und Okzident, von Islam und Christentum, der staatliche und wirtschaftliche Gegensatz der europäischen Völker entscheidend in den Vordergrund.

So ergibt sich für die folgenden Jahrhunderte ein ganz verändertes Bild der Mittelmeerentwickelung. Indem die Kraft des Islam erlahmte, indem die mohammedanische Gefahr für die Christenheit nicht nur zurücktrat, sondern umgekehrt die Entfaltung der christlichen Staaten für die islamitischen Völker eine Gefahr wurde, verlor der Mittelmeerraum seine selbständige Geschichte. Die Mittelmeergeschichte wurde jetzt ganz ein Teil der allgemeinen europäischen Geschichte. Die Zeit universaler Bestrebungen war vorüber, selbst das Projekt des Universalreiches Ludwigs XIV. hatte seinen Ursprung nicht mehr im Mittelmeerraum. Das Entscheidende der Entwickelung der nächsten zwei Jahrhunderte war, daß die dem Mittelmeer anwohnenden Völker aus der führenden Stellung zurücktraten, daß Frankreich bei all seinen Interessen im Mittelmeer stets überwiegend Landmacht blieb. Unter diesem Gesichtspunkte findet das Hervortreten Englands und Hollands während der folgenden Jahrhunderte seine Erklärung. Der Mittelmeerraum legte seine aktive Rolle nieder und übernahm eine passive Rolle in der Weltgeschichte. Allerdings fand der gewaltige Austrag, der die Befestigung der modernen europäischen Nationalstaaten bewirkte, hier einen besonderen Ausdruck. Indessen die Idee, unter der diese jahrhunderte langen Kämpfe geführt wurden, bedeutet geradezu das Zurücktreten des Mittelmeergebietes. Das Prinzip des europäischen Gleichgewichts der Mächte, das als ein Gegenschlag gegen die universalen Bestrebungen der Habsburger und später Ludwigs XIV. seine Ausbildung erfuhr, ist ein Produkt festländischen Geistes. Es ist somit ein Gegenschlag gegen die Vorherrschaft jener Anschauungen, die vor allem dem Meeresraum entsprungen waren.

Dieser Entwickelung arbeitete die Wandlung der wirtschaftlichen Interessen und die Verschiebung der Welthandelswege in die Hände. Auch hierfür ist die Rolle, die die Engländer und Holländer in den folgenden Jahrhunderten im Mittelmeere spielten, der bezeichnende Ausdruck. Der Mittelmeerraum sank herab zu einem Teil, und zwar einem unwichtigeren Teil des Weltwirtschaftsgebietes, das fortan die gesamten Meere umspannte.

Trotzdem bleibt der hin- und herwogende Kampf der Folgezeit interessant und weltgeschichtlich bedeutend genug. Freilich ist es schwer, aus der Fülle der Einzelheiten ein Gesamtbild zu gewinnen.

Am Ausgange des sechzehnten Jahrhunderts hatte unter den auf dem Mittelmeere konkurrierenden europäischen Mächten Frankreich die wirtschaftliche Vormachtstellung gewonnen. Durch König Heinrich IV. erfolgte in systematischem Ausbau die Befestigung dieser Hegemonie. Kaum war es ihm gelungen, die spanische Universalmacht zu brechen und den nationalen französischen Staat in neuem Glanze aufzurichten, so begab er sich daran, auch die politische Vormachtstellung der Habsburger im westlichen Mittelmeere für Frankreich zu gewinnen. Sein Bündnis mit dem Papsttum, sein unbekümmerter Eingriff in den Bereich der habsburgischen Kronländer, namentlich Italien, schenkten ihm Erfolge, die seinen Staat im Mittelmeere tatsächlich zur ersten Macht erhoben. Dabei hatte er ein klares Auge für die Bedeutung des Handels nach dem Orient. Er ergriff Maßregeln zur Hebung der kommerziellen Beziehungen, wenn auch seine kurze Regierung nichts Entscheidendes bewirken konnte. Er bekämpfte die Piraterie der Barbareskenstaaten Nordafrikas, ohne freilich auch da wirkliche Erfolge zu erringen. Alles dieses tat er im Bunde mit der Türkei. Voll Einsicht setzte er die traditionelle französische Politik fort, durch die Verbindung der französischen Land- mit der türkischen Land- und Flottenmacht ein Gegengewicht gegen die habsburgischen Herrschaftsansprüche zu bilden. 1604 erlangte er von der Pforte eine Frankreich außerordentlich günstige Kapitulation, die auch zum ersten Male dem französischen König den Schutz der heiligen Orte und der katholischen Christenheit im Orient zusprach.

Zugleich aber vertrat Heinrich eine andere Politik. Noch lebte die alte Anschauung von der Gemeinsamkeit der Christenheit gegen den Islam fort, und selbst diesem großen Realpolitiker war sie nicht fremd. Obschon er im politischen Bündnis mit der Pforte das französische Staatsinteresse wahrnahm, hat Heinrich mehrere Male an eine Kreuzzugsunternehmung gedacht. Sein großer Minister, der Herzog von Sully, hat die geplante Vernichtung der Türkei als die Grundlage seines Gedankens vom ewigen Frieden geschildert. In diesem Sinne ist der Bericht freilich nicht richtig. Der König hat aus politischen Rücksichten die Aufforderung Spaniens und des Kaisers zur gemeinsamen Bekämpfung der Pforte abgelehnt. Aber gerade Sullys Erzählung gibt uns das richtige Maß zur Einschätzung dieser neuen Kreuzzugsprojekte. Ebenso wie uns Menschen der Gegenwart der Völkerfrieden mehr oder weniger als letztes Staatsideal vorschwebt, so war diesen Menschen einer zunehmend mechanischen Staatsauffassung die Eroberung des heiligen Grabes gleichsam die Utopie, der sie gern Herz und Seele zuwandten. Die Weltanschauung der Gegenreformation lebte fort und fand noch einmal merkwürdige Versuche der Verwirklichung.

Sie knüpfen sich an den Namen des Père Joseph, des bedeutenden Kapuzinermönches, der als die rechte Hand des

Kardinals Richelieu und in vielem als entscheidender Berater ein Jahrzehnt die französische Politik leitete. Gewisse Bestrebungen des Griechentums, sich mit Hilfe abendländischer Mächte vom türkischen Joche zu befreien, gaben noch zu Lebzeiten Heinrichs IV. den ersten Anstoß zu neuen Kreuzzugsbestrebungen. Es ist höchst merkwürdig, wie der Realpolitiker, der Père Joseph sonst war, Jahre hindurch ernstliche Hoffnungen an die Verwirklichung der Projekte knüpfen konnte. Sein Ziel war durchaus in den Anschauungen des erstarkten Katholizismus begründet, es war eng verbunden mit seinen Bemühungen für Einrichtung katholischer Missionsanstalten, die tatsächlich damals in großer Zahl, auch besonders im Orient, entstanden. Eine praktische Bedeutung konnten die Projekte jedoch nicht erlangen. Die politische Sonderung war zu weit vorgeschritten, die Zugehörigkeit der Pforte zur europäischen Staatengemeinschaft praktisch allzusehr zur Anerkennung gelangt, als daß sich das gemeinschaftliche Gefühl der Christenheit noch in gemeinsamen Unternehmungen äußern konnte. Indessen wie eigentümlich: eine große Zahl hervorragender Männer hat trotzdem diese Utopie noch lebhaft beschäftigt und gerade solche, die dank einer genialen Wirksamkeit auf weltgeschichtliche Erfolge zurückblicken konnten. So hat Wallenstein, der dämonische Kriegsherr des dreißigjährigen Krieges, sich mit dem Gedanken beschäftigt, das Kreuz namens der gesamten Christenheit gegen die Ungläubigen zu tragen, so hat sein großer Gegner, der glaubensfreudige protestantische König Gustav Adolf von Schweden, sich mit dem gleichen Gedanken beschäftigt. Mehr und mehr aber unterlag dieses Streben unfruchtbarer Verknöcherung: als eine tote Phrase kehrt die Forderung einer gemeinsamen christlichen Bekämpfung der Ungläubigen in ermüdender Wiederholung in den Kanzleischriften des siebzehnten Jahrhunderts wieder.

In wachsendem Maße mußten jedoch die Franzosen ihre Machtstellung mit den beiden großen Gegnern teilen, die ihnen überall auf dem Kampfplatze europäischer Politik gegenübertraten: mit den Holländern und Engländern. Des Eindringens der Briten in den Bereich des Mittelmeeres ist bereits Erwähnung geschehen. Seit dem Beginn des siebzehnten Jahrhunderts, zumal seit dem zwölfjährigen Waffenstillstand, der die niederländischen Befreiungskämpfe gegen die spanische

Fremdherrschaft zum Abschluß brachte und den Weg zur Entfaltung der Kräfte freigab, gesellten sich zu ihnen die Holländer. Wie für die Engländer wurde auch für sie der Ausschluß von dem Lissaboner Markt die Ursache, vom Mittelmeer aus eine Verbindung nach dem weiteren Osten zu suchen, der zugleich Sitz des mächtig aufblühenden niederländischen Kolonialreiches war. Aber darüber hinaus regte sich sehr bald das ehrgeizige Streben in diesem Handelsvolk, wie in der Ostsee so auch im Mittelmeer Anteil an der zur Aufteilung stehenden wirtschaftlichen Herrschaft zu gewinnen. Zu den italienischen Staaten wie zur Türkei und den nordafrikanischen Gebieten traten die Holländer in kommerzielle Beziehung; kaum vermochten die Engländer mit ihnen Schritt zu halten.

Trotz aller Bemühung Frankreichs und trotz des allerdings nicht sehr ernst gemeinten Widerstandes der Pforte faßten die Holländer und Engländer immer festeren Fuß im Mittelmeere, um so mehr als die französische Handelsstellung nach Heinrichs IV. Tod stark zurückging. Wohl verwandten sich auch Richelieu und Père Joseph für den französischen Levantehandel und bemühten sich, über Ägypten nach Persien hin Beziehungen anzuknüpfen, die dem englischen und holländischen Indienhandel Konkurrenz machen sollten. Aber infolge der inneren Verwickelungen Frankreichs blieb die notwendige Reform des Handels aus, der in Marseille eine völlig ungenügende Organisation hatte, und das Piratenwesen der Barbareskenstaaten, das sich in geheimer Unterstützung, namentlich Englands, jetzt vornehmlich gegen den französischen Handel richtete, verdarb alles. Statt dessen entfalteten die staatlich privilegierten Kompagnien von Amsterdam und London eine erstaunliche Tätigkeit. Sie hatten ihre Stapelplätze in Livorno und Smyrna und leiteten auch auf diesem Wege die orientalischen Waren von Frankreich ab und durch die Straße von Gibraltar in die nordischen Gewässer. Mit ihren schnellen und lenksamen Segelschiffen, die sie aus dem Ozean einführten, erwiesen sich die Holländer und Engländer den Anwohnern des Mittelmeeres weit überlegen, deren Schiffsmaterial noch ganz dem Charakter des Binnenmeeres entsprach, und der energische Wille der glänzend sich entfaltenden Seevölker zu politischer und kommerzieller Macht gab ihnen den sicheren Sieg in die Hände.

Es ist nun nicht ohne Interesse, daß das niedergehende Spanien einen Versuch machte, das Zurücktreten Frankreichs zu seinen Gunsten auszunutzen. Diese Bemühungen knüpfen sich an den Namen des bedeutenden Don Pedro Tellez y Giron, des dritten Herzogs von Osuña, der zu Beginn des siebzehnten Jahrhunderts als Vizekönig Sizilien und Neapel verwaltete. Während er unermüdlich für die Errichtung einer neuen spanischen Flottenmacht bemüht war, suchte er vor allem an den besonders wichtigen Ausgangspunkten neuer Herrschaftsansprüche seine Politik einzusetzen: er erstrebte so Jahre hindurch eine Stärkung der spanischen Stellung in Genua und war in hervorragender Weise an dem dunklen und geheimnisvollen Vorgange in Venedig (1618) beteiligt, den wir die spanische Verschwörung zu nennen pflegen. Die neuen spanischen Machtgelüste mußten jedoch in beiden Fällen vor dem entschiedenen Eingreifen Hollands und besonders Englands zurückweichen; Osuña wurde das Opfer des Mißerfolgs. Eben in diesen Kämpfen vermochten die beiden nordischen Mächte neben dem kommerziellen nun auch das militärische Übergewicht zu erringen. Vornehmlich England war an dem Ausgange dieses spanischen Versuchs interessiert, gewann es doch zu Portugal hinzu in Spanien und dessen Kolonien während dieser Jahrzehnte in steigendem Maße ein Ausbeutungsobjekt. Es durfte nicht zulassen, daß die habsburgische Dynastie ihre wirtschaftliche Selbständigkeit zurückerlangte.

Zwischen den beiden Konkurrenten selbst aber hub, wie einst zwischen Venedig und Genua, gleichzeitig ein gewaltiges Ringen an. Der große Kampf zwischen Holland und England um die Vormachtstellung im Welthandel erhielt auch im Mittelmeere seinen Schauplatz, und wie überall sonst mußte Holland auch hier dem überlegenen Gegner weichen. Oliver Cromwell, der Lord-Protektor der englischen Revolution, wurde nach der Königin Elisabeth der neue Verkörperer der englischen Ausbreitung über die Welt. Damals durchfuhr zum ersten Male ein großes englisches Kriegsgeschwader die Straße von Gibraltar, damals wurde zum ersten Male die Besetzung dieses Zuganges zum Mittelmeere geplant. Bereits wurde auch eine erste Etappe dieses nun immer wiederkehrenden Strebens erreicht: 1661 gewann der nach England zurückkehrende Stuart Karl II. die marokkanische Stadt Tanger als Brautschatz der portugiesischen Infantin.

Um dieselbe Zeit aber erfuhren die Dinge im Mittelmeere eine gewaltige Umwälzung. Den Auftakt dazu stellte ein Personalwechsel dar. Dem Kardinal Richelieu war in Frankreich der Kardinal Mazarin gefolgt, dessen eifriges Bemühen es war, die stets weiter zurückgehende Macht Frankreichs im Mittelmeere, wenn auch nur in politischem Sinne, neu zu stärken. Namentlich ist sein Versuch von Bedeutung, während des französisch-spanischen Krieges zu Ausgang der fünfziger Jahre Neapel und Sizilien zu erwerben und so die französische Herrschaft im westlichen Mittelmeere wieder herzustellen. Aber auch er scheiterte an dem Eingreifen des wachsamen Englands, das damals durch die überragende Gestalt des Seehelden Robert Blake, des würdigen Nachfolgers Drakes, im Mittelmeere vertreten war. Nun aber, 1660, nahm Ludwig XIV. aus der Hand seines Ministers die Regierung.

Es ist bekannt, wie Ludwig XIV. noch einmal mit politisch-universalen Ansprüchen die Geschicke Europas in entscheidender Weise beeinflußt hat, wie seine rücksichtslose, die nationalen Grenzen unbekümmert überschreitende Politik der Auffassung des europäischen Gleichgewichts erst die eigentliche Gestalt verliehen hat, die sie für das achtzehnte Jahrhundert behielt. Der Sonnenkönig und sein Minister Colbert, der Verkörperer der wirtschaftlichen Funktionen dieses schrankenlosen Absolutismus: sie haben Frankreich jene merkwürdige Ausnahmestellung verschafft, die trotz ihrer kurzen Dauer der französischen Kultur eine allgemeine europäische Bedeutung geschenkt hat. Auch für das Mittelmeer haben diese Ansprüche praktische Geltung erlangt, und auch hier treten sie als politische und wirtschaftliche eng verbündet auf.

Nichts anderes war das Ziel dieser staatlichen Ausbreitung als die Gewinnung der unbedingten Mittelmeerherrschaft, und Ludwig verfolgte dieses Ziel Hand in Hand mit seinen Bestrebungen zur Erlangung der Kaiserwürde und zur Gewinnung des Erbes der spanischen Monarchie. Wie Mazarin war auch Ludwig in seiner Mittelmeerpolitik nur durch politische Gesichtspunkte bestimmt, und wie der große Kardinal vernachlässigte er zunächst das vom sechzehnten Jahrhundert her traditionelle Zusammengehen mit der Pforte. Die Rolle des europäischen Universalherrschers, die er beanspruchte, nötigte ihn, auch den religiös-christlichen Charakter der Herrscherwürde scharf zu betonen, und so zeigte er sich nach außen eifrig bemüht, Frankreich als Hort der christlichen Interessen erscheinen zu lassen. Zudem minderte die unaufhörliche Schwächung der Türkei den Wert ihrer Freundschaft stark herab, und das fast völlige Verschwinden des französischen Levantehandels machte eine ängstliche Rücksichtnahme auf die türkische Ostmacht unnötig. Ludwigs Mittelmeerpolitik umfaßte nur das westliche Mittelmeerbecken, den Raum, innerhalb dessen er selbständig seine Überlegenheit über die europäischen Gegner erweisen konnte.

Auf dieser Basis nahm der König die große Aufgabe, die er sich gestellt hatte, in Angriff. Er beteiligte sich an dem großen Türkenkriege, den 1664 der Kaiser führte; bei St. Gotthard kämpften französische Hilfsvölker Schulter an Schulter mit den kaiserlichen Truppen, wennschon sich Ludwig insgeheim beim Sultan deswegen entschuldigte. Seine kriegerischen Erfolge in den folgenden Offensivkämpfen gegen Holland und den Kaiser wirkten auch im Orient zu seinen Gunsten. 1673 setzte er in Konstantinopel eine Kapitulation durch; der Schutz der heiligen Stätten, den Frankreich nach Heinrichs IV. Tod wieder hatte aufgeben müssen, wurde ihm von neuem übertragen, dazu einige Handelsvorteile zugestanden: das geschah, ohne daß er sich sonderlich darum bemüht hätte. Freilich vollzog sich zusammenhängend mit Ludwigs europäischer Politik und mit den wirtschaftlichen Plänen Colberts während der siebziger Jahre allmählich doch eine Wiederannäherung Frankreichs an die Pforte, doch konnte ihn diese Schwenkung in der grundsätzlichen Verfolgung seiner Mittelmeerpolitik in keiner Weise beirren oder gar zu einer Rücksichtnahme auf das osmanische Reich veranlassen.

In groß angelegten und immer sich wiederholenden Unternehmungen arbeitete Ludwig an dem großen Ziel. Er benutzte die Gelegenheit seiner Konflikte mit den Holländern, um diese, deren Stellung im Mittelmeer schon schwächer geworden war, ganz herauszuwerfen. Er wiederholte Mazarins Versuch, im Süden Italiens festen Fuß zu fassen. Auf den Rat Colberts beteiligte er sich an der Revolution Messinas und konnte sich tatsächlich einige Jahre auf Sizilien halten, da seine Flotte unter dem Admiral Duquesne der vereinigten spanisch-niederländischen Herr wurde. Er holte in den achtziger Jahren zu gewaltigen Schlägen gegen die stets frecher sich gebärdenden Barbaresken aus; Algier wurde dreimal bombardiert, Tripolis in Grund und Boden geschossen, Tunis hart mitgenommen. Das widerspenstige Genua, das sich erdreistete, eine merkantile Sonderpolitik zu führen, wurde rücksichtslos zusammengeschossen. Die spanischen Küsten wurden immer von neuem geplündert; Cartagena, damals der Hauptsitz des spanischen Handels nach Amerika, wurde heimgesucht, Barcelona wenigstens für einige Zeit in Besitz genommen.

All diese zielbewußten und zusammenhängenden Unternehmungen dienten zugleich den wirtschaftlichen Bestrebungen, ja eine Reihe von ihnen wurde ausdrücklich auf den Rat Colberts in Angriff genommen. Der Gedanke, den Handel aus dem Orient über das Mittelmer wieder nach Europa zu leiten, erfüllte den großen Minister des großen Königs. Die Türkei sollte das Rote Meer französischen Schiffen öffnen, in Suez sollten Anlagen von Magazinen gestattet, dazu Garantien für den Warentransport zwischen Suez und Alexandria, das als Hauptstapelplatz des französischen Handels in Aussicht genommen wurde, gewährt werden. Auch dem Mittelmeerhandel selbst widmete Colbert in umfassender Weise sein Organisationstalent und ergriff für die Wiedergewinnung der kommerziellen Vormachtstellung energische Maßnahmen. Er modernisierte in großem Stil die Handelseinrichtungen in dem zum Freihafen gemachten Marseille, indem er sie verstaatlichte, und gründete privilegierte Levante-Kompagnien, die zwar nicht einschlugen, aber den Privatunternehmungsgeist derart anregten, daß der französische Kaufmann während des achtzehnten Jahrhunderts im Mittelmeere wieder eine wichtige Rolle spielte. Darüber hinaus kam die Ausgestaltung einer mächtigen Handels- und Kriegsflotte auch der französischen Stellung im Mittelmeere zu gute. Die Züchtigung der Barbaresken förderte diese Entwickelung ungemein; seit der Wende des siebzehnten und achtzehnten Jahrhunderts hatte der französische Handel durch sie fast keine Belästigung mehr zu erleiden.

Groß stand, wie in den Gegensätzen des Kontinents, Ludwig XIV. auch im Mittelmeere da, und er wußte sich immer von neuem der Christenheit gegenüber als unerbittlicher Feind der Ungläubigen aufzuspielen. Was man von Ludwig dachte und erwartete, beweist jener eigentümliche Vorschlag, den der große deutsche Denker Leibniz dem König unterbreitete. Um die französischen Truppen vom Rhein abzuziehen, forderte er Ludwig auf, einen Kreuzzug gegen die Türken zu unternehmen, und zwar eine Expedition gegen Ägypten auszuführen.

In derselben Zeit, da der französische Staat Ludwigs XIV. diese Entfaltung nahm, und nicht ohne Zusammenhang damit, machte auch das ermattete türkische Großreich einen neuen Anlauf. In einem gewaltigen Kampfe hatte es während der Jahre 1645 bis 1669 Besitz von der Insel Kreta genommen, dem letzten Stützpunkt der Republik Venedig in der Levante; die heldenhafte Verteidigung unter Francesco Morosini war die letzte Ruhmestat dieses sterbenden Staates. Ein neuer Vorstoß der Osmanen erfolgte nun zu Lande, jener kühne Zug des Großwesirs Kara Mustapha vom Jahre 1683, der die türkischen Waffen zum zweiten Male unter die Mauern Wiens führte. Eine neue christliche Allianz wurde gegen die Osmanen abgeschlossen, Papst Innocenz XI. war ihr unermüdlicher Betreiber. Aber nichts als der Name erinnert an die einstigen Unternehmungen der Kreuzzüge; sie unterschied sich nicht von irgend einem anderen politischen Bündnis der Zeit. Als solches jedoch hatte sie den größten Erfolg. Es waren einmal die Erfolge Morosinis in Morea, vor allem aber die großen Leistungen der österreichischen Monarchie und besonders ihres militärischen Helden, des Prinzen Eugen von Savoyen, die den türkischen Vorstoß zum Stillstand brachten; sie wurden geradezu zum entscheidenden Schicksal der türkischen Herrschaft in Europa. Schon bereitete man die Erhebung der Balkanvölker vor, schon träumte Kaiser Leopold I. von der Wiederherstellung eines oströmischen Kaiserreiches, schon von der Wiedervereinigung der morgenländischen und abendländischen Kirche. Der Friede von Karlowitz (1699) ist der bedeutendste Epochenpunkt in der Geschichte der orientalischen Frage dieser Zeit. Nicht mehr um die Abwehr der Ungläubigen handelte es sich fortan, sondern um die Aufstellung der Mittel zur Aufteilung des türkischen Herrschaftsbesitzes in Europa. Vorübergehend vermehrte sich auch der Besitz Venedigs damals ein letztes Mal, aber es war schon klar, daß das Ende des Markusstaats unmittelbar bevorstand. Österreich wird sein Erbe werden; auch über die Teilung der venezianischen Herrschaft begann jetzt der unmittelbare Kampf der christlichen Staaten.

Am Ausgang des siebzehnten Jahrhunderts war im Osten der alte Zustand wieder hergestellt. Der letzte osmanische Versuch einer Ausbreitung und eines neuen Zusammenschlusses war zerschellt und von neuem setzte sich in Einzelbildung die geschichtliche Entwicklung fort.

Wenig später entsprach dieser gewaltigen Auseinandersetzung im Osten, die das siebzehnte Jahrhundert abschloß, eine solche im Westen, die das achtzehnte Jahrhundert nicht weniger bedeutungsvoll einleitete. Sofort anschließend an die Entscheidung im Orient fiel diejenige im Westen: das Reich Ludwigs XIV., der seinerseits den westlichen Mittelmeerraum zu einer Einheit zusammenzuschließen versucht hatte, ging an der Idee des europäischen Gleichgewichts zu Grunde. Indem sich der König vermaß, auch nach Spanien — wenn auch nur durch eine bourbonische Nebenlinie — seine Hand zu strecken, entschied er selbst über sein Schicksal. In dem erbitterten Kampf eines Jahrzehntes, dem sogenannten spanischen Erbfolgekriege, büßte Frankreich seine Vormachtstellung ein. Wie der Friede von Karlowitz im Osten, so lenkte der von Utrecht (1713) im Westen die Entwickelung in die alten Bahnen zurück: das Nebeneinander der europäischen Nationen trat wieder entscheidend in den Vordergrund.

In dem Friedensschlusse des Jahres 1713 wurde die Grundlage der Machtverteilung geschaffen, auf der noch die heutige beruht. Ein erstes Mal faßte England jetzt wirklich festen Fuß im Mittelmeerraum. Durch die Gewinnung Gibraltars, das es während des Krieges 1704 durch einen Handstreich besetzt und unter blutigen Kämpfen behauptet hatte, wurde ihm der Schlüssel des Mittelmeeres vom Ozean aus in die Hand gegeben; vorübergehend gewann es dazu auch die Balearen. Daneben befestigte sich das aufstrebende Savoyen, das Sizilien erwarb, um es nach wenigen Jahren gegen das nähere Sardinien einzutauschen. Vor allem aber erstand jetzt erst eigentlich der österreichische Großstaat. Mit Mailand und Neapel gewann er zu Triest neuen wertvollen Boden für eine Anteilnahme an der Herrschaft des Mittelmeeres. Freilich bedeutete diese italienische Erwerbung zugleich eine außerordentliche Gefahr für die Richtung der staatlichen Weiterentwickelung; sie lenkte allzu sehr vom Orientinteresse ab, das für eine Entfaltung im Mittelmeerraum hätte führend bleiben müssen.

Nicht ohne Zusammenhang mit diesem Ergebnis ist eines anderen Umstandes zu gedenken, der ebenso bedeutungsvoll auf die Mittelmeerpolitik eingewirkt hat: des Emporkommens Rußlands.

Seit dem sechzehnten Jahrhundert war das osteuropäische Zarenreich im Vordringen begriffen; seitdem war es auch in Beziehungen zur Pforte getreten. Aber seine Ausbreitungstendenz richtete sich zunächst nach einer anderen Seite, nach Norden. Sobald es die Ostsee gewonnen hatte, stieß es aber auch planvoll nach Süden vor. Die Herrschaft über das Schwarze Meer war sein nächstes Ziel. Peter der Große, der eigentliche Begründer des bestehenden russischen Reiches, wurde auch der erste Vorkämpfer dieser neuen russischen Interessen im Schwarzen Meer. Jedoch vom ersten Augenblick an hatte diese neue Großmacht mit Gesamteuropa zu rechnen, da jetzt mehr denn je die Interessen der Staaten im Bereiche des Mittelmeeres gegeneinander standen.

Vor allem begann England damals zu Beginn des achtzehnten Jahrhunderts im Mittelmeere die entscheidende Rolle zu spielen, die ihm im großen und ganzen noch heute gehört. Die Niederwerfung Frankreichs besiegelte sein maritimes Übergewicht auf den Meeren; rücksichtslos ging es daran, es auszunutzen und seine Herrschaft über die Welt zu tragen. Selbstverständlich blieb für diese Entwickelung das Mittelmeer nur ein kleiner Schauplatz unter vielen anderen; in immer wachsendem Maße nahm die Weltgeschichte ihre Ausbreitung über die Meere. Aber auch hier in der Meeresfläche, die zwischen den alten Weltteilen eingebettet liegt, gelangte das siegreiche und unwiderstehliche Vordringen Englands zu entscheidenden Äußerungen. So war nicht der habsburgische Kaiser, sondern das englische Weltreich Träger des Kampfes gegen die spanischen Pläne Ludwigs XIV. gewesen; es hatte um jeden Preis verhindern müssen, daß das westliche Mittelmeer ein französisches Binnenmeer wurde, daß Frankreich der Weg nach der Levante ausgeliefert wurde. England schrieb auch die Neuordnung im westlichen Mittelmeere vor, die sich dem Utrechter Frieden anschloß.

Bei allem blieb Frankreich Englands eigentlicher Gegner. Wohl war man zunächst mit Erfolg bemüht, ein freundschaftliches Verhältnis mit dem Rivalen zu unterhalten; aber immer von neuem machte sich die wirtschaftliche Konkurrenz des französischen Kaufmanns und, hinter diesem stehend, des Staates Ludwigs XV. störend bemerkbar. So behielt auch während der ersten Hälfte des achtzehnten Jahrhunderts die Politik, daß England insgeheim die Gegner Frankreichs unterstützte, ihre Geltung. Das Britenreich ließ zu, daß sich Österreich nach den Gestaden des Mittelmeeres hin ausbreitete, ebensowenig hinderte es das Vordringen Rußlands. Indessen vermochten die politischen und militärischen Mißerfolge Frankreichs Handelsstellung zunächst nicht zu erschüttern. Tatsächlich teilten sich während dieser Jahrzehnte Engländer und Franzosen in die wirtschaftliche Herrschaft im Mittelmeere. In den Stapelplätzen der Levante, die um die Wende des siebzehnten und achtzehnten Jahrhunderts prächtig emporwuchsen, lebten der französische und englische Kaufmann friedlich, wenn auch eifersüchtig nebeneinander.

Langsam aber begann sich neben England und Frankreich ein neuer Konkurrent seinen Platz zu erringen: Österreich. In den siegreichen Kämpfen gegen die Türken erst zu einem wirklichen Staate geworden, nahm es von der Donauniederung aus nun seine neue Kulturaufgabe in Angriff, die Völkersplitter des Südostens in einem Staatsorganismus zusammenzuschweißen und durch die Beherrschung des östlichen Mittelmeeres, mit der Adria beginnend, an der Weltwirtschaft Anteil zu nehmen. Karl VI. wurde, freilich lediglich ein Fortsetzer leopoldinischer Pläne, der Träger des staatlich-wirtschaftlichen Aufschwungs. Wie er von Ostende, dem Hafen seiner im Utrechter Frieden erworbenen niederländischen Besitzungen, aus durch Gründung der ostindischen Kompagnie auch Anteil am Welthandel auf den Ozeanen erstrebte, so war er mit größerem Erfolge bemüht, in Triest, das er zum Freihafen machte, einen Mittelpunkt des Mittelmeerhandels zu schaffen. Der günstige Friede von Passarowitz (1719), der einen neuen Türkenkrieg zum Abschluß brachte, veranlaßte die Gründung der orientalischen Kompagnie, die die neuerworbenen Handelsfreiheiten im türkischen Reiche geschickt auszunutzen verstand.

Die Markusrepublik fristete nur noch ein Scheindasein. In raffiniertem Wohlleben und Luxus lebte Venedig dahin, es genoß im achtzehnten Jahrhundert den Ruf, den heute Paris als Stadt ausschweifender Vergnügungen besitzt. Daneben bestand Genua noch fort. Mit englischer Hilfe hatte es nach dem spanischen Erbfolgekriege noch Korsika behauptet, aber außerstande, sich von der Vergewaltigung durch Ludwig XIV. zu erholen, vermochte es mit den großen Mächten nicht mehr zu konkurrieren. Mehr und mehr trat an seine Stelle Savoyen, wenn es auch noch nicht die wirtschaftliche und politische Rolle spielen konnte, die einst Genua behauptete.

Noch einmal machte aber, wie zu Beginn des siebzehnten, so jetzt zu Beginn des achtzehnten Jahrhunderts, auch Spanien, das nach dem Erbfolgekriege fast ganz auf die pyrenäische Halbinsel beschränkt worden war, energische Versuche, die einstige Stellung wieder zu gewinnen. Sie knüpfen sich an die Namen der bedeutenden Gemahlin Philipps V., des unzurechnungsfähigen ersten Bourbonen auf dem spanischen Throne, Elisabeth Farnese und ihres ehrgeizigen Ministers Alberoni, und galten vor allem einer Rückeroberung der italienischen Besitzungen, an der die Königin aus dem italienischen Fürstenhause der Farnese ein besonderes Interesse hatte. Es bedurfte eines Eingreifens der europäischen Mächte, in der sogenannten Quadrupelallianz von 1718, um diese neuen spanischen Ansprüche zurückzuweisen. Der Austausch Siziliens gegen Sardinien, den Savoyen dabei vornahm, sowie die Abtretung Siziliens zu dem 1713 erworbenen Neapel an Österreich, war das Ergebnis der bewaffneten Vermittelung von 1720. Freilich gingen den Habsburgern diese süditalienischen Länder fünfzehn Jahre später wieder an eine bourbonische Nebenlinie verloren. Spanien selbst fiel in seine Bedeutungslosigkeit zurück und unterwarf sich wieder der wirtschaftlichen Diktatur Englands.

Im einzelnen herrschte während dieser Jahrzehnte ein beständiges Hin und Her. Die Mittelmeergeschichte des achtzehnten Jahrhunderts ist ganz ein Abbild der gesamteuropäischen. Das Prinzip des europäischen Gleichgewichts gelangte zu einer geradezu mechanischen Auffassung und Anwendung. Die Mächte schoben sich in politischem Kleinkampf hin und her. Bestimmte Bündnisgruppen blieben dabei die Grundlage, aber sie wurden umgestoßen, sobald eine Macht gefährlich zu werden drohte. Nur eine Erscheinung blieb unverändert herrschend: die Rivalität Frankreichs und Englands.

Es ist begreiflich, daß bei dieser Lage der Dinge das Frankreich Ludwigs XV. die traditionelle Verbindung mit der Pforte wieder mit Entschiedenheit aufnahm. Bezeichnend für die Auffassung, die man neuerdings in Paris von dem Werte dieses Bundes hatte, ist die Denkschrift eines der bedeutendsten diplomatischen Vertreter Frankreichs beim Großsultan, des Marquis von Bonnac, vom Jahre 1720: „Wenn S. Majestät einen Untertan für diese Gesandtschaft wählt", so führt das Memoire aus, „traut sie ihm zugleich das vielleicht größte auswärtige Interesse seines Staates an, denn sie beauftragt ihn mit dem Schutze der Religion in den Staaten des Großherrn und der heiligen Stätten Jerusalems, der Leitung des wichtigsten Handels, dem sich ihre Untertanen widmen, und sie gibt ihm gleichsam das sicherste Gegengewicht gegen die Macht des Hauses Österreich in die Hände". Aber wie früher schon kam diese politische Verbindung mehr noch als dem allerchristlichsten König dem Großsultan zu gute, der so beispielsweise durch französische Hilfe im Frieden von Belgrad (1739) das heutige Serbien noch für hundert Jahre dem osmanischen Reiche zu erhalten vermochte. Der Lohn für solche Liebesdienste Frankreichs waren dann neue wirtschaftliche Konzessionen an die Untertanen des allerchristlichsten Königs. Der französische Mittelmeerhandel nahm während der ersten Hälfte des achtzehnten Jahrhunderts einen weiteren Aufschwung; in den vierziger Jahren wurde noch eine nordafrikanische Kompagnie gegründet, die bis in die Zeit der französischen Revolution bestanden hat.

Jedoch spitzte sich der Gegensatz zwischen Frankreich und England um die Mitte des Jahrhunderts zu einer gefährlichen Krise zu. Die gewaltigen Umwälzungen, die das Aussehen der Welt völlig veränderten, hatten vor allem ihren Ursprung in dem Ringen zwischen den beiden großen Rivalen. Der Kampf des großen Friedrich, der damals Preußens Großmachtstellung begründete, war nur ein Teil dieses Weltringens. Bekanntlich führte die Frage der Erbschaft des spanischen Kolonialbesitzes zum Ausbruch des Kampfes. Auch im Mittelmeere hatte dieser seine Stätte. Frankreich konnte sich im Bunde mit Spanien halten, das ein letztes Mal versuchte, die englische Bevormundung abzuschütteln. Die unentschiedene Schlacht bei den Hyerischen Inseln 1744 rettete Toulon. Immer von neuem jedoch stand England auf Seite der Macht, die sich zu Frankreich in Gegensatz stellte; so kämpfte es im

Siebenjährigen Kriege Seite an Seite mit Friedrich. Das aber bewirkte für das Mittelmeergebiet die eigentümliche Konstellation, die, wie die gesamte Gruppierung des siebenjährigen Krieges, als ein Verstoß wider die Regel zu bezeichnen ist: daß eine Allianz zwischen England und der Pforte die Machtstellung Frankreichs zu vernichten drohte.

Bekanntlich haben die Kämpfe um die Mitte des achtzehnten Jahrhunderts den Untergang des französischen Kolonialreiches in Amerika zur Folge gehabt. Auch im Mittelmeere trat Frankreich seitdem wieder mehr und mehr zurück. Zwar besaß es durch die etwa achtzig über die asiatisch-afrikanischen Küsten verstreuten Faktoreien in den Levantehäfen, den sogenannten »échelles«, noch ein kommerzielles Übergewicht, aber diese Handelsniederlassungen gerieten seit der Mitte des achtzehnten Jahrhunderts in Verfall. Vergebens waren die Bestrebungen der französischen Regierung und ihrer Vertreter dort in der Levante, durch merkantilistische Maßregeln dem Rückgange des Handels Einhalt zu gebieten. Die osteuropäischen, dem Schauplatze des Levantehandels näher befindlichen Konkurrenten begannen entschiedener denn jemals vorzustoßen, und nach wie vor war England auf dem Plane, den Rivalen zu hindern die verlorene Stellung wieder zu gewinnen.

Vor allem nahm jetzt Österreich an den orientalischen Vorgängen Anteil. Maria Theresia fing mit klugem Blick die Entwickelung für ihren Staat und ihr Volk ein, ihre wirtschaftlich-merkantilistischen Maßnahmen galten zu einem guten Teile dem Levantehandel Österreichs. Damals wurde das Konsularwesen ausgestaltet, das die früher angesponnenen Beziehungen zu den Gebieten türkischer Oberhoheit sicherte; zugleich wurde das sogenannte Litorale, das dalmatinische Küstenland, der Handelstätigkeit erschlossen. Neben Triest wurde Fiume Haupthafen der österreichischen Monarchie an der Adria. Und bald machte sich diese wirtschaftliche Ausbreitung in verstärktem Maße auf dem Gebiete der Staatspolitik geltend.

Zunächst freilich wurde das planvolle Vordringen Rußlands von besonderer Bedeutung.

Systematisch nahm die Kaiserin Katharina die umfassenden Pläne Peters des Großen wieder auf. Mit der diplomatischen Unterstützung Englands, das das eifersüchtige Frankreich und Spanien zurückhielt, unternahm Rußland, einen türkischen Angriff erwidernd, einen gewaltigen Vorstoß gegen das Osmanenreich. Ein erstes Mal erhob sich unter dem Schutze des Zarenreiches das Griechenvolk gegen die türkischen Bedrücker, ein erstes Mal erschien von der Straße von Gibraltar aus eine russische Flotte im Mittelmeere. Es war ein Vorspiel der großen hellenistischen Bewegung des neunzehnten Jahrhunderts, ein Begeisterungssturm für den Befreiungskampf der geknechteten Glaubensgenossen durchbrauste Europa. Selbst ein Spötter wie Voltaire, dem nichts heilig war, erhob seine Stimme zum Kreuzzug. Die Türkei wurde von Rußland niedergeworfen, mehr als es dem befreundeten England lieb war; die griechische Aufstandsbewegung freilich scheiterte. Dagegen bezeichnet der Friede von Kütschük-Kainardscha (1774) einen Epochenpunkt in der Geschichte der orientalischen Frage. Kleine Abtretungen an Rußland hatten weniger Bedeutung. Das Entscheidende aber war, daß Rußland das Schwarze Meer ausgeliefert erhielt, und daß der Sultan dem Zaren den Schutz der griechischen Katholiken übergab. Den Eingriffen Rußlands in die türkischen Verhältnisse war damit Tür und Tor geöffnet; das Osmanenreich war in die Hände der europäischen Mächte gelegt. Schon wollte Katharina auch die Konsequenzen aus diesen Errungenschaften ziehen; schon wollte sie im Bunde mit Kaiser Joseph II. die gesamte orientalische Frage, d. h. die Frage des Fortbestehens der Türkei auf europäischem Boden, aufrollen. Aber man gelangte zu keiner entscheidenden Verständigung. Noch war es zu früh zu einer Lösung dieser nun brennender und brennender werdenden Konfliktfrage. Katharina begnügte sich mit der friedlichen Inbesitznahme der Krim, während Österreich, das Gebietserweiterungen an der Adria erstrebte, leer ausging.

Das war 1783. Weitere Pläne schlossen sich an, ohne aber bedeutende Änderungen herbeizuführen. Indessen wie die Dinge dort im östlichen Mittelmeere geworden waren, war die Wandlung groß genug. Ein ganz neues und großes Gebiet war nach einer mehrhundertjährigen Unterbrechung dem Handelsverkehr und der Weltwirtschaft neu erschlossen worden. Die Dardanellen und der Bosporus waren nicht mehr die Endpunkte des europäischen Wirtschaftsraumes, das Schwarze Meer mit seinen reichen und fruchtbaren Kulturgebieten war plötzlich in den Bereich des kommerziellen Austausches hineingezogen worden. Das Levantegebiet hatte eine wesentlich gesteigerte Bedeutung gewonnen, und es nimmt nicht Wunder, daß neben den politischen nunmehr auch die Handelsinteressen des gesamten Europa mehr denn je sich dem östlichen Mittelmeerraume zuwandten. Noch einmal versuchte Rußland vorzustoßen und sich überhaupt an die Stelle der Pforte zu setzen; im Kriege 1788/91 gedachte es sich im Bunde mit Österreich in das türkische Erbe zu teilen. Indessen das Eingreifen der europäischen Mächte setzte diesen Gelüsten ein Ziel. Es blieb bei der Verteilung der politischen Macht, wie sie 1785 bewirkt war; ihr entsprach das Aussehen des Anteils, den die europäischen Völker am Levantehandel hatten.

Das Wesentlichste war, daß Frankreich, das eben seines großen amerikanischen Kolonialreiches verlustig gegangen war, vor der Gefahr stand, auch den Hauptsitz seines Kolonialhandels, den es noch besaß, einzubüßen. Es ist demgemäß begreiflich, daß die letzten Träger des alten Regime verzweifelte Anstrengungen machten, diesen sich zu erhalten. Aber auf dem alten Wege war das nicht mehr möglich. Die Gunst der Verhältnisse sprach für die überlegenen und den Levanteländern benachbarten europäischen Staaten; immer weiter verschob sich die kommerzielle Vorherrschaft zu Gunsten Österreichs, und schon begann auch das emporsteigende Rußland, begünstigt von England, sich an dieser Konkurrenz direkt zu beteiligen. Es ist so von größter Bedeutung, daß während der letzten Jahre Ludwigs XVI. die französische Regierung Schritte für eine grundsätzliche Schwenkung in der Levantepolitik tat. In sondierenden Sendungen bereitete man die entscheidende Maßregel vor, aus den Handelsfaktoreien dort im zerfallenden türkischen Ländergebiete durch direkte Besetzung ein wirkliches Kolonialreich zu schaffen. Seit den sechziger Jahren erörterte man die Erwerbung Ägyptens, das gegenüber der Pforte wieder verhältnismäßig selbständig geworden war und in dem die Mamluken wie vor der türkischen Zeit wieder eine drückende Diktatur ausübten. Eine ganze Reihe von Publizisten trat dafür ein, zuletzt unterbreitete der Generalkonsul von Alexandria eingehende Vorschläge für die Ausführung des Planes. Es wäre ein folgenschweres Geschenk gewesen, das das alte Regime vor seinem Abgange dem französischen Volke in den Schoß gelegt hätte, wenn das Projekt verwirklicht worden wäre.

Auch Napoleon Bonaparte, der das Unternehmen ausführte, hat es nicht zum Ziele bringen können. Erst ein Menschenalter später wird ein französisches Kolonialreich im Mittelmeere entstehen, aber es wird sich auf westafrikanische Gebiete erstrecken, für die andere Voraussetzungen gelten.

Zunächst mußte Frankreich von der weiteren Verfolgung dieser Ziele zurücktreten. Mit dem Bastillesturm des 14. Juli 1789 brachen Königtum und Staat zusammen. Aber zumal der wachsende Gegensatz zwischen den französischen und den vordringenden russischen und österreichischen Interessen, dazu auch das unbekümmerte Eingreifen Englands in die orientalischen Vorgänge hatten die Augen ganz Europas auf die Levante gelenkt. Das war allen Völkern klar: daß dort im Osten ein überaus gefährlicher Konfliktstoff aufgespeichert lag; in einer Flut literarisch-polemischer Schriften entlud sich die Spannung, die alle Nationen erfüllte.

Tatsächlich war jetzt eine Krise emporgestiegen, deren Ausgang für die gesamte europäische Entwickelung von der größten Bedeutung war und namentlich die Geschichte des Mittelmeergebietes ganz entscheidend beeinflussen mußte. Was wird aus dem Osten werden, dessen politische Einheit von allen Seiten her, von innen wie von außen, so bedenklich erschüttert wurde? Wie würde die Lösung dieser Frage auf den Westen zurückwirken, der vor allem dort im Osten die kommerzielle Herrschaft ausübte, der auch politisch in höchstem Grade an den orientalischen Verhältnissen beteiligt war?

Und noch eines anderen Gebietes Schicksal war in der Lösung der orientalischen Frage einbegriffen: das Nordafrikas. Hier hatte sich im achtzehnten Jahrhundert der Zustand gegenüber dem im siebzehnten Jahrhundert in keiner Weise verändert. Die stets nur wachsende Zwietracht der europäischen Staaten und Nationen erlaubte es den Seeräubern in Algier, Tunis und Tripolis die Tyrannis ihrer Seeherrschaft ungestört fortzuführen Vergebens war es, daß man sich christlicherseits hier und da zu einer Art Strafexpedition aufraffte; vergebens war so die Zerstörung von Tripolis durch eine französische Flotte 1728. Der letzte christliche Besitz auf afrikanischem Boden ging in diesem Jahrhundert verloren. Schon 1708 war von Algier aus das spanisch gebliebene Oran besetzt worden, doch gelang es 1732, den Stützpunkt wieder zurück zu erobern. Die unglückliche Expedition der Spanier gegen das immer frecher sich gebärdende Algier von 1775 hatte jedoch zur Folge, daß man 1791 auch Oran aufgab. Gleichzeitig aber begann der zunehmende Verfall der türkischen Großmacht bereits seine Wirkung auszuüben, indem sich die Barbareskenstaaten nunmehr ganz von der Oberhoheit des Sultans befreiten. Auch Ägypten entzog sich mehr und mehr dem türkischen Staatsverbande, während Marokko nach wie vor unter den despotischen Scherifen eine Art Sonderdasein führte und beinahe von der Außenwelt sich abgeschlossen hielt. Es war die Frage, was aus Nordafrika werden würde, wenn das osmanische Großreich völlig auseinanderbrach.

Noch einmal jedoch wurde die Entscheidung über diese bedeutungsvolle Schicksalsfrage aufgehalten. Die gewaltige Bewegung der französischen Revolution zog alles in ihre Kreise und bewirkte auch für das Gebiet des Mittelmeeres Veränderungen, die die Gefahr der orientalischen Krisis zurücktreten ließen.

Kapitel VIII.

Die Einheits- und Befreiungsbewegung der christlichen Nationen und die Gewinnung Nordafrikas.

Die französische Revolution bezeichnet im Sinne der europäischen Geschichte den Beginn der Neuzeit. Anfangs war die Bewegung lediglich eine kontinental-europäische Angelegenheit. So bestimmend sie mit der Durchsetzung ihrer Grundgedanken für das Schicksal nicht nur Frankreichs sondern sämtlicher Völker des europäischen Festlandes wurde, so begrenzt war ihr Gesichtskreis zunächst auf diesen Raum. Aber indem dann aus dem Chaos der Bewegung eine einheitliche und führende Idee politischer Art herauswuchs, und indem diese ihre Verkörperung in der Militärmonarchie Bonapartes erhielt, trat etwas Neues hinzu, das, mit dem Blick der Vergangenheit gesehen, zugleich wieder etwas Altes war. Noch einmal ward der großartige Versuch gemacht, eine nach Allgemeinherrschaft strebende Idee für die Völker des Erdballs schlechthin zur Geltung zu erheben und die Welt mit einer universalen Idee zu umspannen. Und es ist gewiß kein Zufall, daß dieser letzte Versuch gerade einen Mann zum Urheber hatte, der, wie kein anderer, ein Sohn des Mittelmeeres war.

Gerade im Jahre der Geburt Napoleons war die Insel Korsika in den Besitz Frankreichs übergegangen. Die freie Bevölkerung hatte sich vergebens gegen die neue Fremdherrschaft aufgelehnt. Von frühester Jugend an erfüllten Napoleon die Gedanken einer Universalmittelmeerherrschaft; es waren die korsischen Träume, die auch den großen Freiheitskämpfer, den von Bonaparte hochverehrten Paoli, erfüllten. Und durch die ganzen Jahre seines genialen Aufstiegs hindurch begleiteten den jungen General diese Projekte; in dem Verhältnis, wie er dabei zum Franzosen wurde, fixierten sie sich auf die Errichtung einer französischen Mittelmeerherrschaft. Schon in dem berühmten Feldzuge von 1796 in Italien, der den Grund für seine Zukunft legte, gewannen die Pläne feste Gestalt. Die Beseitigung der einstigen Beherrscherin des Mittelmeeres, der Republik Venedig, und die Erwerbung der jonischen Inseln im Frieden von Campo Formio (1797) bedeuteten die erste Etappe in der Verwirklichung dieser Bestrebungen. Schon damals stand Napoleon die Beseitigung des türkischen Reiches und die Errichtung eines hellenisch-byzantinischen Reiches von Frankreichs Gnaden vor Augen: das »Departement de Corcyre, Itaque et de la mer d'Egée« sollte die Basis dieser Staatsgründung sein; schon damals dachte er auch an die Erwerbung von Malta und Ägypten, um so die Pläne zur Ausführung zu bringen, die das alte Regime gefaßt und für deren Verwirklichung es bereits Schritte getan hatte. Bekannt ist dann das tollkühne Unternehmen, das Bonaparte zur Verwirklichung des Zieles versuchte. Nicht so sehr handelte es sich bei der Eroberung Ägyptens darum, Indien zu treffen, das seit dem Verluste der amerikanischen Besitzungen das koloniale Kleinod der Engländer geworden war, als vielmehr dem Levantehandel Frankreichs eine neue Grundlage zu geben und das wichtige Gebiet, das den Ausgang von der Mittelmeerwelt zum fernen Orient beherrschte, Frankreich zu sichern. Im Augenblick waren für die Ausführung natürlich politische Rücksichten bestimmend; im ganzen angesehen lebten aber die Ziele Heinrichs IV., Ludwigs XIV. und Ludwigs XVI. wieder auf: die Projekte, den Orienthandel durch das Mittelmeer zu leiten und Frankreich in die Hand zu geben.

Die unmittelbare Folge dieses Versuches, das alte Ziel mit dem neuen Mittel der Waffengewalt zu erreichen, war jedoch, daß die alte politische Gruppierung im Mittelmeerraume zusammenstürzte. Die Pforte wurde gezwungen, sich gegen den französischen Eindringling zu erklären, und Englands Interesse forderte, daß es sich mit dem Sultan zum Schutze des gefährdeten britischen Interesses und des bedrohten Gleichgewichts der Mächte verband.

Napoleons Unternehmung hatte keinen dauernden Erfolg. Malta, das er auf der Fahrt dem Johanniterorden entrissen hatte, ging ebenso wieder verloren wie Ägypten selbst. Die französische Flotte wurde von Nelson vernichtet. Der Kaiser hat dann in einer neuen Weltlage unter veränderter Gestalt die Pläne noch einmal aufgenommen. Nach dem Siege über Österreich (1805) setzte er sich durch planvolle Erwerbungen an der Adria fest. Venedig, Istrien und Dalmatien wurden französische Provinzen; auch von Neapel nahm er durch Einsetzung seines Bruders Joseph, der dann durch den Schwager Murat ersetzt wurde, Besitz. Näher und näher kam er dem Ziele seiner Universalherrschaft; vollends der Friede von Tilsit schien die Verwirklichung zu bringen. Es kam zu jener welthistorisch bedeutungsvollen Verständigung zwischen dem Zaren und dem Kaiser, deren Ziel es war, unter Ausschaltung jedes anderen europäischen Einflusses der romanischen und slawischen Weltmonarchie die Entscheidung über die Geschicke des Kontinents und des Erdballs in die Hand zu geben. Seitdem galt alles Wollen und Handeln Napoleons der Niederringung Englands. Jetzt war das Vordringen nach Indien das ausdrückliche Ziel des Eroberers, und es verband sich mit den Plänen für eine französische Mittelmeerherrschaft zu einer völligen Einheit. Wiederum sollte die Unternehmung den Weg über Ägypten nehmen. Gemeinsam mit Rußland und Österreich, das hier nicht auszuschalten war, sollte die Türkei zertrümmert und aufgeteilt werden. Im Hintergrunde schlummerte dabei auch der Plan einer Eroberung Nordafrikas für Frankreich. Umfassende Rüstungen wurden in Toulon, wie in Italien, wie in Korfu vorgenommen, da verhinderte der Aufstand in Spanien die Ausführung des gewaltigen Projektes.

Der letzte Versuch einer universalen Staatsgründung im Mittelmeer ist an der umspannenden Bewegung gescheitert, an der Napoleon schließlich überhaupt zu Grunde ging. Das nationale Prinzip blieb in den Freiheitskämpfen der Jahre 1808 bis 1815 Sieger über den Genius Bonapartes. Das nationale Prinzip wurde und blieb die entscheidende Kraft für die Entwickelung, die uns an die Schwelle der Gegenwart führt. Alles mußte sich ihm unterordnen; auch im Mittelmeere ward es entscheidend für die weitere Entwickelung.

In den zwei großen und brennenden Fragen Südeuropas der damaligen Zeit nahm dieses Nationalitätsprinzip unbedingt die Führung: in der orientalischen und der italienischen.

Seit der Besiegung Napoleons konnte Österreich die Pläne wieder aufnehmen und zu einem guten Teile verwirklichen, die es seit der Zeit Eugens von Savoyen verfolgt hatte: an der Adria festen Fuß zu fassen. Es stand dabei vor der Notwendigkeit, zwischen zwei Möglichkeiten zu wählen: auf der italienischen oder der Balkanhalbinsel vorzustoßen. Die Verhältnisse bewirkten, daß es den ersteren Weg einschlug; durch die Herrschaft über Italien gedachte es, seinen Anteil an der Herrschaft des Mittelmeeres zu befestigen. Auf dem Wiener Kongreß, der das Zeitalter der Freiheitskriege zum Abschluß brachte, gewann es so Oberitalien und einen großen Teil von Mittelitalien, aber durch den Charakter der österreichischen Herrschaft noch gesteigert, entfaltete sich der Freiheitsdrang des italienischen Volkes, das nun in unaufhörlichen geheimen und offenen Versuchen sich gegen die Fremdherrschaft auflehnte. Das neu erstarkte Savoyen und Sardinien, das jetzt durch den Besitz von Genua eine sichere Stellung am Meere gewonnen hatte, ward das Preußen Italiens. In einer Entwickelung, die der deutschen im ganzen sehr ähnlich ist, brach sich konsequent, wenn auch unendlich langsam und verworren, die Einheitsbewegung Bahn. Noch vermochte die politische Macht der Donaumonarchie, gestützt durch das konservative System Metternichs, der revolutionären Bewegung Herr zu werden. Noch stellte sich das Prinzip der heiligen Allianz, das als Gegenschlag gegen die umstürzenden Ideen der französischen Revolution wie ein neues christliches Band die europäischen Fürsten verband, dem Freiheitsstreben unterdrückter Völker entgegen. Dieses Prinzip aber zerbrach an den ungestümen Ansprüchen der geknechteten Balkanvölker.

Es kann hier nicht in voller Ausführlichkeit von der Befreiungsbewegung der griechischen und slawischen Stämme gesprochen werden, die unter dem Joch unerhörter türkischer Willkür seufzten. Nur in kurzen Strichen seien die Phasen dieser Kämpfe gezeichnet. Wir wissen, daß Versuche, sich mit Hilfe der christlichen Mächte des Abendlandes von dieser drückenden Fremdherrschaft loszumachen, bereits seit dem sechzehnten Jahrhundert und offensichtlich seit dem achtzehnten Jahrhundert unternommen worden sind. Die Idee der französischen Revolution und das darauf begründete nationale Prinzip trieb die Griechen jetzt zu offener Auflehnung. Und sofort wurden alle die Fragen wieder aufgerollt, die bereits am Ende des achtzehnten Jahrhunderts bis zu einer so gefährlichen Krise sich entwickelt hatten, und deren Lösungsprozeß lediglich durch die europäische Bewegung der französischen Revolution unterbrochen worden war. Die Teilung der zerfallenden Türkei war das Problem, und damit identisch die Frage der Nachfolge in der politischen Beherrschung des östlichen Mittelmeeres. Trotz der Gleichheit der Grundlagen war jedoch der Anteil, den die europäischen Mächte an der Frage nahmen, ein wesentlich anderer geworden. Frankreichs Rolle war gegenüber der ein Menschenalter vorher weit kleiner geworden, auch Österreich stand zurück; um so energischer traten dagegen England und Rußland auf den Plan, und dazu eine neue mohammedanische Vormacht, die die Erbin der Pforte zu werden hoffte: Ägypten.

Zumal seit der Niederwerfung Napoleons hatte England unbedingt den ersten Platz unter den europäischen Mächten erworben, vollends sie hatte ihm die Herrschaft über die Meere geschenkt; auch im Mittelmeere stand es jetzt unbestritten an erster Stelle. Zu Gibraltar, dem Schlüssel zum mittelländischen Meeresraume hatte es 1800 die Insel Malta erworben und in den Verhandlungen des Wiener Kongresses behauptet, so daß es auch die Verbindungsstraße zwischen dem östlichen und westlichen Mittelmeere beherrschte. Entschiedener denn je griff es daher in die Vorgänge des Orients ein, zumal das Gebiet bei der wachsenden Bedeutung Indiens, des großen britischen Kolonialreiches, seit dem Verluste der nordamerikanischen Kolonien ein wichtigerer Faktor denn je geworden war. Es entsprach Englands Interesse, daß die Türkei, wie sie damals noch war, weiter geschwächt wurde, denn es erhielt so für sich die Gelegenheit, dort eine ausschlaggebende Rolle, wenn auch zunächst nur handelspolitisch, zu spielen. Getreu zudem seinen liberalen Beziehungen warf sich das Britenreich zum Hort nationaler Selbständigkeit auf. Wie es als einziger christlicher Staat neben dem Papste der heiligen Allianz fernblieb, so trat es jetzt entschieden für die aufständischen Griechen ein und bestimmte so die Gesamtgruppierung und das Verhalten der Mächte zur Pforte.

Nächst England war Rußland an diesen Vorgängen beteiligt. Auch ihm lag nichts mehr am Herzen, als die Türkei zu schwächen, aber mit dem Endziel, nicht England, sondern sich selbst an die Spitze der befreiten Völker zu setzen. Für den Zaren sprach auch die Glaubensgemeinschaft mit den Christen der Pforte mit, über die er in gewissen Gebieten die Schutzhoheit besaß. Gemeinsames und Trennendes: das ist entscheidend geblieben für die Anteilnahme der Mächte an der orientalischen Frage bis auf unsere Tage.

Dagegen hielten sich Österreich und Frankreich durchaus zurück. Die Donaumonarchie Kaiser Franz' I. und Metternichs, die Trägerin der heiligen Allianz, hätte mit dem von ihr verkörperten System brechen müssen, wenn sie für die nach Freiheit ringenden Völker der Balkanhalbinsel hätte in die Schranken treten wollen. Schon Rußland tat das unter Durchbrechung des Allianzprogramms, lediglich unter dem Zwange seiner eigensten Staatsinteressen. So ließ das unlebendige und lebensfeindliche Österreich diese kostbaren Jahrzehnte hingehen, ohne sie im Sinne der ihm zugefallenen Mission auszunutzen. Es vergeudete unnütz seine Kräfte in Italien und ließ England und Rußland die Früchte ernten, von denen es sich leicht einen Teil hätte sichern können.

Eine ähnliche Rolle spielte Frankreich. Weit davon entfernt, die kräftig vorstoßende Orientpolitik des alten Regime während der letzten Jahrzehnte sowie Napoleons I. fortzusetzen, folgte es den Spuren des Metternichschen Österreichs und ließ es seine einst so mächtigen Interessen in Syrien und Ägypten einschlafen. Als dann Rußland und England sich zu gemeinsamer Hilfeleistung zu Gunsten der Griechen verbanden, trat zwar Frankreich hinzu, um neuen gallischen Ruhm zu ernten, aber mehr dem Zwange gehorchend als dem eigenen Triebe. So ist es zu dem Verlauf und Ergebnis gekommen, die bekannt genug sind. Die verbündeten Mächte fingen die türkischen Streiche auf, die bereits das Griechentum wieder niederzuwerfen drohten, und sicherten diesem die Freiheit.

Von besonderer Bedeutung war bei diesen Vorgängen das Einwirken Ägyptens. Der Niedergang der Türkei und die Niederlage der Franzosen hatte im alten Pharaonenlande unerwartet ein neues selbständiges Leben wachgerufen, getragen durch die ehrgeizige und bedeutende Persönlichkeit des Vizekönigs Mehemed Ali. Nach Befreiung Ägyptens von der Mamlukenherrschaft (1811) hatte er sich zum selbständigen

Herrn des Landes gemacht. Nichts geringeres war sein Ziel, als ein ägyptisch-mohammedanisches Großreich an Stelle der zu Grunde gehenden Türkei zu setzen. Planvolle Maßregeln im Innern zur Hebung der wirtschaftlichen Verhältnisse gingen voraus, Hand in Hand damit erfolgte eine Modernisierung der Verwaltung und des Heeres; seit den zwanziger Jahren arbeitete er dann mit einer groß angelegten auswärtigen Politik direkt auf sein Ziel los. Zunächst brauchte ihn der Sultan. Mehemed wurde 1824 gegen die Griechen zu Hilfe gerufen, sein Sohn Ibrahim folgte dem Rufe mit einem ägyptischen Heere. Jedoch der Vizekönig trieb eine höchst selbstsüchtige und dem Großlehnsherrn gegenüber keineswegs einwandfreie Politik. Tatsächlich gelang es ihm, während der Sultan nach der Niederlage von Navarino (1827) in die nachteiligsten Bedingungen einwilligen mußte, sich die Insel Kreta im Frieden zu sichern. Aber sein Ziel ging weiter. Er gedachte seine Hand nach den benachbarten asiatischen Gebieten zu strecken und brach im Dezember 1831 einen Krieg vom Zaune.

Die orientalische Frage hatte ein ganz neues Aussehen gewonnen. An Stelle der sinkenden türkischen Macht sahen sich die europäischen Staaten plötzlich einem mohammedanischen, auf moderner zentralisierter Verwaltungsgrundlage ruhenden Großstaat gegenüber. Diese Konstellation rief auch Frankreich auf den Plan. Die alte französische Orientpolitik wurde wieder aufgenommen, und zwar wieder in den ursprünglichen Formen, indem der Bund mit der mohammedanischen Vormacht des Ostens, das war jetzt Ägypten, erneuert wurde. Man hatte dort im Orient nichts mehr zu gewinnen, wo man eben — was noch weiter auszuführen ist — im westlichen Mittelmeer sich neuen Raum und Boden suchte. So unterstützte Frankreich jetzt den vorstoßenden Vizekönig in der Hoffnung, auf diese Weise England treffen zu können.

Die politische Lage war überaus verwickelt, denn eben in diesen Jahren erfolgte eine wesentliche Verschiebung in den europäischen Verhältnissen. Schon der griechische Aufstand und die dadurch bewirkte Gruppierung hatten die heilige Allianz durchbrochen. In der französischen Julirevolution des Jahres 1830 siegte nunmehr ausdrücklich das Prinzip des Liberalismus, der einen schnellen Siegeszug über

Europa antrat, ohne freilich zunächst anderwärts als in den Weststaaten England und Frankreich die Staatspolitik bestimmen zu können. Rußland unter dem Zaren Nikolaus, dem geschlossenen Träger der alten konservativen Gedanken, wurde der andere Pol. Schon hatte sich währenddem die vergangene Freundschaft Englands mit Rußland in den Weltgegensatz gewandelt, den wir Menschen der Gegenwart kennen. Bereits entbrannte das Weltringen im Innern Asiens, von Turkestan wie von Indien her. Das war die Lage der Dinge beim Ausbruch der Orientkrise, und sie wurde noch verwickelter, weil die ideell verbündeten Staaten England und Frankreich dabei in Widerspruch gerieten. Schon machte sich die Stellungnahme des Westens in entschiedener Weise bemerkbar.

Frankreichs freundliche Haltung veranlaßte Mehemed Ali sich gegen England immer feindlicher zu stellen. Die Engländer wurden aus den ägyptischen Häfen ausgeschlossen; Landwirtschaft, Handel und Gewerbe wurden monopolisiert. Und zugleich hub der erste Waffengang zwischen der Pforte und Ägypten an. Mehemed besetzte im Jahre 1832 Syrien, aber bald wurde seinem Siegeslauf ein Ziel gesetzt. Namentlich Rußland griff ein, als sich der türkische Vasall anschickte, auch von Kleinasien Besitz zu nehmen. Der Zar intervenierte. Er zwang dem Sultan russische Hilfe auf und rettete ihn so. Im Frieden von Kutahia (1833) erhielt Mehemed Ali zwar Entschädigungen, und der Besitz Syriens als Statthalterei wurde ihm bestätigt, aber zugleich erhielt der Zar das Protektorat über die Türkei. Rußland fiel die eigentliche Frucht dieser Kämpfe zu; es war die höchste Machtentfaltung erreicht, die es im Orient und im Mittelmeere je gewonnen hat. Frankreich und England, die sich eifersüchtig belauerten, hatten das Nachsehen.

Indessen diese Verhältnisse dauerten nicht an. Der Sultan Mahmud, zu dem nachteiligen Frieden nur gezwungen, trachtete sich freier zu stellen. Reformen bewirkten tatsächlich eine vorübergehende Stärkung, bekanntlich waren 1835 preußische Offiziere an der Reform des türkischen Heeres tätig, unter ihnen auch Moltke. Die Engländer, die die ausschlaggebende Stellung der Russen nicht dulden mochten, und zugleich gewissen gegen Indien gerichteten Plänen des ägyptischen Herrschers entgegen zu arbeiten suchten, stellten sich ihm in seinen Plänen zur Seite. Die unmittelbare Einverleibung von Tripolis, das wie die anderen nordafrikanischen Gebiete der Türkei verloren zu gehen drohte (1835), die anschließende Ausbreitung in das Hinterland hinein bis an den Sudan offenbarten deutlich den Willen des Sultans, seine Stellung zu stärken. 1839 brach ein neuer Krieg zwischen der Pforte und Ägypten aus. Aber auch jetzt blieb der Sieg bei Mehemed. Moltke, der gleichsam als türkischer Generalstabschef wirkte, wurde nicht gehört; die türkischen Truppen wurden bei Nisib geschlagen. Nunmehr drohte ein Weltenbrand auszubrechen, Frankreich trat offen auf die Seite Ägyptens. Aber in derselben Zeit, da Mehemed am Ziele seines Strebens zu sein schien, schlossen sich die europäischen Ostmächte Rußland, Österreich und Preußen mit England zusammen, um für den bedrohten Sultan einzutreten. 1840 kam es beinahe zum Kriege; schließlich jedoch wurde Frankreich zum Rückzuge gezwungen, und es mußte seinen Verbündeten im Stiche lassen. Mehemed Ali wurde ein Ultimatum gestellt, auf Grund dessen er zurückweichen mußte. Durch die Verträge von 1841 wurde er auf Ägypten beschränkt, und das alte Lehensverhältnis wieder hergestellt, das noch heute besteht, wenn es auch durch die militärische Okkupation Englands ein wenig verändert worden ist.

Gleichzeitig wurde die eigentliche türkische Frage neu geregelt. Der sogenannte Meerengenvertrag (1841) schloß die Straße des Bosporus und der Dardanellen für Kriegsschiffe aller Nationen; Rußland wurde auf das Schwarze Meer beschränkt, das jetzt freilich ein völlig russischer See wurde. Das Gesamtergebnis war, daß statt des russischen Einflusses der gesamte europäische entscheidend wurde für die Lösung der orientalischen Frage. Unter den verbündeten europäischen Mächten aber hatte England den Hauptgewinn, denn unter den neu geschaffenen Verhältnissen, die lediglich die wiederhergestellten alten waren, besaß es wieder das unbestrittene Übergewicht.

Schon aber war im Westen des Mittelmeeres eine große Veränderung vor sich gegangen, deren Wirkung weiter ging als die der eben behandelten Vorgänge, da sie etwas dauerndes Neues schuf. Als ein letztes Geschenk der Bourbonenherrschaft wurde seit 1830 ein Teil Nordafrikas französischer Kolonialbesitz.

Die Zustände in den sogenannten Barbareskenstaaten waren immer haltloser und für die christlichen Staaten Europas immer beschämender geworden. Um nur einigermaßen den Mittelmeerhandel in Gang zu halten, mußte man sich zu Tributleistungen verstehen, aber auch das schützte nicht vor den Übergriffen der Seeräuber. Zu Anfang des neunzehnten Jahrhunderts wurde der Zustand geradezu unerträglich, aber auch auf dem Wiener Kongreß, wo man sich mit der Frage beschäftigte, kam man zu keiner Lösung. Ohne Wirkung war es auch, daß 1815 die Vereinigten Staaten von Amerika Algier vorübergehend zur Nachgiebigkeit zwangen; vergebens, daß 1816 eine englische Flotte die Stadt selbst bombardierte. Noch schlimmer wurde es unter dem Dei Hussein, der 1818 die Regierung in Algier antrat. Er ließ sich Übergriffe jeder Art zu schulden kommen und verstieg sich schließlich zu einer tätlichen Beleidigung des französischen Konsuls. Eine von seiten Frankreichs verhängte Blockade über Algier machte wenig Eindruck, vielmehr erfolgte jetzt die Beschimpfung des französischen Admiralschiffes. Trotzdem wagten die Beleidigten auch jetzt nur eine höchst zaghafte Stellungnahme, und man entschloß sich, die notwendig gewordene Strafexpedition dem Vizekönig von Ägypten anzuvertrauen. Erst als dieser ablehnte, sah man sich gezwungen, sie selbst auszuführen.

So entschloß sich 1830 Frankreich höchst unfreiwillig zu dem Unternehmen gegen Algier. Hussein übergab die Stadt und wurde des Landes verwiesen. Aber auch jetzt wagte man noch nicht, vom Lande selbst Besitz zu nehmen, denn England stellte sich mit drohendem Proteste dagegen. Drei Wochen später brach die Julirevolution in Paris aus, die die Bourbonen beseitigte und die Orleans auf den Thron führte. Das war der Ausgang für eine Annäherung Englands an Frankreich; die Engländer sahen sich unter den neuen Verhältnissen genötigt, die weitere Entwickelung in Afrika stillschweigend anzusehen.

Es folgten Jahre des Schwankens. Am liebsten hätte das Julikönigtum des Bürgerkönigs Ludwig Philipp den gefährlichen Besitz wieder aufgegeben; das verbot jedoch die öffentliche Meinung. Unter deren Druck und unter der Einwirkung der Waffenerfolge des seit 1832 an der Spitze der arabisch-berberischen Bevölkerung stehenden, höchst bedeutenden

Emirs Abd-el-Kader ward dann die systematische Eroberung in Angriff genommen, obschon auch jetzt nur die Festsetzung in den wichtigsten Hafenplätzen des Landes das Ziel war. Vor allem die unausgesetzte Tätigkeit Abd-el-Kaders nötigte schließlich zur Erweiterung des Programms; höchst unfreiwillig machte man so unter langjährigen mühseligen Kämpfen das Küstenland sowie das bergige Hinterland zu französischem Kolonialbesitz. Erst mit dem Generalgouvernement des Marschalls Bugeaud stellten sich jedoch wirkliche und dauernde Erfolge ein. Aber noch einmal drohte aller Gewinn verloren zu gehen, als es Abd-el-Kader gelang, Marokko, das nunmehr wachsend in die allgemeinen Kämpfe hineingezogen und zu einem Verzicht auf seine Abgeschlossenheit genötigt wurde, gegen die Franzosen mobil zu machen. Der Krieg wurde über die Grenze getragen, doch wurden die Mohammedaner im August 1844 am Isly entscheidend geschlagen, während eine französische Flotte Tanger und Mogador bombardierte. Das war für das lauernd zuschauende England zuviel. Lord Palmerston stellte Ludwig Philipp ein Ultimatum, und so kam es zum Frieden von Lalla Marnia (August 1845), der die Grenzen der neuen französischen Kolonie Algier und des freien Marokko festsetzte, wie sie bis auf kleine Verschiebungen im Norden und größere im Süden noch heute bestehen. Der 1847 noch einmal sich erhebende Abd-el-Kader wurde mit marokkanischer Hilfe überwältigt und nach Frankreich gebracht.

Mit gewaltigen Kosten erschloß man nun das neue Kolonialland. Da indessen bei dem französischen Volkscharakter die Ausbeutung als Ackerland nicht recht gelang, so wurden bald handelspolitische Tendenzen entscheidend. Man dehnte demgemäß die Eroberung weiter nach Süden bis in die Sahara hinein aus. In systematischer Ausbreitung dachte man diese nordafrikanische Kolonie mit den westafrikanischen Besitzungen durch die Wüste hindurch zu verbinden; und die ungeheuren Opfer begannen sich, wenn auch spät, einzutragen.

Neben diesen nordafrikanischen Vorgängen wurde eine auftauchende spanische Frage bedeutungsvoll für die Geschichte des westlichen Mittelmeerbeckens. Wie in allen romanischen Staaten war auch in Spanien die Verfassungsfrage der Ausgangspunkt tiefgehender nationaler Wirrungen. Sie wurde für den Bestand der bourbonischen Dynastie überhaupt gefährlich, als Ferdinand VII. durch eine pragmatische Sanktion des Jahres 1830 die weibliche Nachfolge zu Gunsten seiner Tochter Isabella festsetzte, ohne seines Bruders Don Carlos Einverständnis einzuholen. Nach Ferdinands Tod 1833 brach der Bürgerkrieg aus. Die Christinos und die Karlisten stellten sich gegeneinander, und wie an den orientalischen nahm auch an den spanischen Vorgängen ganz Europa, namentlich wieder England und Frankreich, Anteil. In den Verwickelungen dieser dreißiger und vierziger Jahre lockerte sich das Bündnis der beiden Westmächte mehr und mehr. Ludwig Philipp ließ sich schließlich zu einem schmutzigen Ehehandel verleiten, dessen Gegenstand die fünfzehnjährige Isabella war; der Familienvater und Geldmann siegte in diesem Bürgerkönig über den Fürsten und die »entente cordiale« zerbrach. 1845 vollzog sich eine Wandlung in der Gruppierung der europäischen Mächte, indem sich Frankreich wieder dem System Metternich in die Arme warf. Aber bevor die Wiederherstellung der sogenannten Heiligen Allianz Früchte hervorbringen konnte, brauste der Sturm der Februarrevolution von 1848 über Frankreich, und diesmal unter gesteigerter Form auch über fast ganz Europa.

Sofort erhob sich unter der Einwirkung des liberalen Prinzips auch wieder die Nationalitätsidee zu kräftigen Ansprüchen. Im Bereiche des Mittelmeerraumes tat jetzt namentlich Italien energische Schritte zur nationalen Einigung. Um nicht die Halbinsel den Republikanern auszuliefern, warf sich Karl Albert von Savoyen-Piemont zum Führer und Träger der italienischen Einheitsbewegung auf. Aber noch einmal wurden die alten Mächte der neuen Bewegung Herr, deren Kräfte noch allzu zersplittert und unausgereift waren, um gegen die geschlossene Überlegenheit der herrschenden Gewalten bestehen zu können. So trat der Mittelmeerraum wenig oder beinahe unverändert in die fünfziger Jahre des neunzehnten Jahrhunderts ein.

Sobald jedoch die Bewegung der Revolution zur Ruhe gekommen war, tauchten alle die Fragen wieder auf, die noch der Lösung harrten. Vor allem war es wieder die Orientfrage, die in den Vordergrund trat; die Frage der Vormachtstellung der europäischen Staaten im Mittelmeere war der darin verborgene Gegenstand der Konflikte.

Im engeren Sinne gab den Anstoß der neue französische Kaiser Napoleon III., der die Pläne seines Oheims wieder aufnahm und Anteil an der Herrschaft im östlichen Mittelmeere erstrebte, nachdem der Besitz von Algier die im westlichen Mittelmeer befestigt hatte. Aber indem die Franzosen die orientalische Frage wieder aufrollten, wurde Rußland aus seiner Zurückhaltung, zu der es durch den Frieden von 1841 verurteilt war, hinausgedrängt. Streitigkeiten zwischen den von Napoleon vorgeschobenen römisch-katholischen Mönchen im Orient und den griechisch-katholischen, hinter denen der Zar stand, gaben den Anlaß zu einem neuen russischen Vorstoß; die Rußland eingeräumte Schutzherrschaft über die griechischen Katholiken der türkischen Gebiete sollte faktisch zur Geltung gebracht werden. So brüskierte Nikolaus 1853 den Sultan, der an Frankreich Anlehnung suchte; zugleich bot er England die Teilung der Türkei an. Jedoch die russische Anregung fand bei den Briten wenig Gegenliebe; sie erkannten, daß die Verwirklichung des Planes den gesamten Ostmittelmeerraum Rußland ausgeliefert hätte, und reichten vielmehr Frankreich die Hand. Und immer weiter wurden die Dinge getrieben. Der neue Bonaparte brauchte eine Fundamentierung seines Prestiges durch ruhmvolle Taten und brach den Konflikt vom Zaune. England und Frankreich schickten ihre Flotte nach Konstantinopel, und bald kam das Bündnis zwischen den beiden Westmächten und der Pforte zustande. Zu Wasser und zu Lande wurde der Krieg aufgenommen, wenn auch von beiden Seiten zunächst nur matt betrieben.

Von besonderer Bedeutung wurde in dieser Lage die Stellungnahme Österreichs. Unmöglich konnte die Donaumonarchie dulden, daß Rußland auf der Balkanhalbinsel neue Erfolge erntete, aber zugleich scheute sich Kaiser Franz Josef, ein Bündnis mit den liberalen Westmächten einzugehen. Österreich nahm daher die politisch unkluge Zwischenstellung, mit einer mobilisierten Armee Gewehr bei Fuß zu stehen, und gab so nur beiden Parteien Grund zur Klage. Vollends dieses Verhalten verscherzte Österreich die Sympathie des Auslands in der nach Lösung schreienden deutschen und italienischen Frage. Vielleicht hätte Franz Josef unter dem Drängen des auswärtigen Ministers Buol auch das Schwert gegen Rußland gezogen, wenn Preußen mitgegangen wäre, doch hielt sich dieses zurück. Immerhin war die Folge, daß Rußland, in der Sorge, von Österreich in der Flanke gefaßt zu werden, die Moldau und Walachei wieder räumte, die es bereits besetzt hatte; es befriedigte jedoch auch damit nicht die Wünsche der verbündeten Westmächte. Der Krieg ging daher weiter und konzentrierte sich seit dem Herbste 1854 nach der Krim, gegen die sich nunmehr der Hauptstoß der Verbündeten richtete.

Von hohem Interesse aber ist, daß, während das durch halbe Entschlüsse geleitete Österreich sich zurückhielt, das emporstrebende Piemont Teilnehmer an der gegen Rußland gerichteten Aktion wurde. Es war dies der unmittelbare Ausdruck des Hineinwachsens des werdenden italienischen Einheitsstaates in den Mittelmeerraum. Der Genius Cavours entfaltete seine Schwingen; der größte Staatsmann des neunzehnten Jahrhunderts neben Bismarck erkannte die Bedeutung, die diese Teilnahme am Orientkriege im Bunde mit England und Frankreich für das Erreichen des großen nationalen Zieles hatte; denn nur die Hilfe des Auslands, auf deren Notwendigkeit das empfindliche italienische Nationalbewußtsein hingewiesen werden mußte, konnte zu der ersehnten nationalen Einheit führen. Während somit Österreich die Gelegenheit versäumte, durch die Besetzung der Donaufürstentümer sich die Basis einer Ausbreitung auf dem Balkan zu verschaffen, kämpfte ein sardinisches Kontingent Schulter an Schulter mit den englischen und französischen Truppen vor Sebastopol und verpflichtete sich dadurch Napoleon und die seegewaltigen Briten. In einer Kurzsichtigkeit, die freilich in der Geschichte ihre Begründung hat, hielt Österreich an seiner italienischen Politik fest und trug selbst dazu bei, daß es nur Verluste hatte, ohne dafür Gewinn zu ernten.

Der Pariser Kongreß von 1856 beendete den Krimkrieg. Beide Parteien waren erschöpft. England hätte zwar weiter gekämpft, da Rußland noch nicht genügend gedemütigt schien, aber Napoleon wollte den Frieden. Rußlands neuer Versuch, die Herrschaft am goldenen Horn zu gewinnen, wurde entschiedener als 1841 zurückgewiesen. Die Unverletzlichkeit und Unabhängigkeit der Pforte wurde unter die Garantie der europäischen Mächte genommen, die Bestimmungen des europäischen Völkerrechts wurden ausdrücklich auf den mohammedanischen Großstaat ausgedehnt. Zugleich wurde ein weiterer

Schritt zur Befreiung der Balkanvölker getan. Auch die Privilegien der Donaufürstentümer wurden unter europäische Garantie gestellt; das gleiche ward für Serbien ausgesprochen, für das jedoch ein türkisches Besatzungsrecht Geltung behielt. Schließlich wurde die Donauschiffahrt für frei erklärt. Rußland wurde von neuem auf das Schwarze Meer beschränkt, das jetzt sogar neutralisiert wurde; der Meerengenvertrag von 1841 wurde ausdrücklich erneuert. Wieder hatte sich die Politik durchgesetzt, die eine Erhaltung der Türkei im bestehenden Zustande zum Ziel hatte; der allgemeine europäische Einfluß oder, wie man auch sagen könnte, die Eifersucht der europäischen Mächte hatte wieder die Herrschaft erlangt, bis heute die einzige Garantie für den Fortbestand der Türkei auf europäischem Boden.

Und wenig später, da die orientalische Angelegenheit diese Neuregelung erfuhr, wurde auch die Entwickelung des westlichen Mittelmeerraumes in ein neues Stadium geführt. Das Schicksal Italiens entschied sich. Cavours Staat übernahm neuerdings die Führung der Einheitsbewegung, der französischen Unterstützung gewiß, die er mit seiner Beteiligung am Krimkriege sich erworben hatte und die ihm auf dem Pariser Kongreß beinahe offen zugesichert war. Napoleon III., der aus dem liberalen Prinzip heraus sich zum Volksbeglücker Europas aufwarf, erwies sich als unentbehrlicher Beistand. So gelang es, die österreichische Fremdherrschaft zu beseitigen, die Lombardei und Mittelitalien auf Grund der französischen Waffentaten des Jahres 1859 dem piemontesisch-sardinischen Königreich einzufügen. Freilich war die Abtretung Savoyens mit Nizza der Preis dieser französischen Hilfe. In einer Verschwörung, die mit ihrem unlauteren und geheimnisvollen Charakter die italienische Einheitsbewegung bedeutend von der gleichzeitigen deutschen unterscheidet, nahm man auch Besitz vom bourbonischen Süditalien, Neapel und Sizilien, sowie dem Kirchenstaat. 1861 war Italien bis auf Rom unter dem Hause Savoyen zusammengeschlossen. Der nationale Einheitsstaat in der Mitte des Mittelmeeres, auf der durch den Sitz des alten römischen Imperiums geheiligten Halbinsel, war nun da. Seine Existenz mußte die Entwickelung des Mittelmeerraumes in ganz neue Bahnen leiten.

Es ist kein Zufall, daß um dieselbe Zeit auch die dritte Halbinsel Südeuropas Schauplatz bedeutsamer Vorgänge wurde, die freilich entsprechend der Lage des Landes nur zu geringer praktischer Wirkung führten. Spanien machte noch einmal schüchterne Ansätze, sich aus seiner politischen Unselbständigkeit aufzuraffen und Anteil an der aufstrebenden Entwickelung der Mittelmeervölker zu nehmen. Das spanische Volk war während der letzten zwei Generationen innerlich bedeutend gereift, wenn es auch durch den Konstitutionalismus mehr zu politisch-äußerlichem Betrieb, als zu wirklich ernster politischer Arbeit geführt wurde. Die Festsetzung der Franzosen in Algier, die man mißtrauisch und eifersüchtig dulden mußte, rief seit den fünfziger Jahren in Spanien Bestrebungen für die Gewinnung Marokkos wach. Noch in der Zeit der Kämpfe der Franzosen erwarb es zu den vier Presidios, die es in Ceuta, Melilla, Alhucemas und Peñon de los Velez an der marokkanischen Küste besaß, noch die Zaffarinas-Inseln, jene an sich wertlose Inselgruppe, die, dem afrikanischen Festlande vorgelagert, ihr Süßwasser aus der spanischen Stadt Almeria bezieht, jedoch wegen ihrer geschützten Lage für die Schiffahrt der Straße von Gibraltar von Bedeutung ist. Ähnliche Belästigungen, wie sie dreißig Jahre vorher die französische Expedition gegen Algier bewirkt hatten, führte dann 1859/60 zu einer spanischen Unternehmung gegen Marokko. Durch zwei Siege bei Tetuan, das die Spanier besetzten, wurde der Sultan zur Nachgiebigkeit gezwungen, der sogenannte Freundschaftsvertrag von 1860 lieferte Spanien sogar einen kleinen Küstenstrich bei Santa Cruz am Atlantischen Ozean zu Fischereizwecken aus. Es fühlte sich jedoch so schwach, daß es von dieser Konzession nicht einmal Gebrauch machte. Die Gelegenheit, wo das benachbarte und am meisten interessierte Land sich den afrikanischen Nordwesten hätte sichern können, auf den zunächst europäische Mächte keinen Anspruch machten, konnte nicht benutzt werden.

Das Jahr 1860 bedeutet den ersten Abschluß eines tiefgehenden und bedeutungsvollen politischen Entwickelungsprozesses. Jedoch gleichzeitig mit ihm vollzog sich eine nicht weniger bedeutungsvolle Entwickelung gewaltigen wirtschaftlichen Aufschwunges.

Eine erste bedeutende Steigerung des Mittelmeerhandels bewirkte die Ausdehnung Rußlands nach dem Schwarzen Meere hin. Der Getreidereichtum Südrußlands und der Gebiete der unteren Donau fand plötzlich einen Abzugskanal, und von den Häfen des Schwarzen Meeres aus entwickelte sich seit der zweiten Hälfte des achtzehnten Jahrhunderts ein blühender Getreidehandel nach den europäischen Kulturländern. Hauptträger dieses neuen Handels wurde zunächst das Griechentum. Der italienische Handel war im achtzehnten Jahrhundert ganz in Verfall geraten, der Türke war niemals Handelsherr gewesen, geschweige denn, daß er es in der Zeit des politischen Niedergangs wurde. Wie einst in der Zeit der byzantinischen Herrschaft, rissen so die kommerziell hoch begabten Griechen den größten Teil des lokalen Orienthandels wieder an sich. Ihnen an die Seite traten in den mohammedanischen Gebieten die Malteser, die geschickten, mit ihrer Begabung an die Juden erinnernden Mischlinge romanischer und arabischer Rasse, und schließlich gesellten sich in der Zeit zunehmenden türkischen Verfalles zu diesen die betriebsamen Armenier. Griechen, Malteser und Armenier nahmen von dem gesamten Handel der mohammedanischen Völker am Mittelmeere Besitz; neben ihnen standen lediglich noch die sogenannten Levantiner, die in dem Völkermischmasch des Orients schnell entnationalisierten Abkömmlinge anderer europäischer Nationen, die noch heute in den Ländern Westasiens und Nordafrikas eine sehr bedeutende Rolle spielen.

Auch der Handel Englands war, wie überall in der Welt, auch im Mittelmeergebiet unausgesetzt gewachsen, und erhob sich zumal gegen die Mitte des neunzehnten Jahrhunderts mit der Einführung der Dampfschiffahrt zu gewaltigen Dimensionen. Er vor allem vermittelte den Verkehr zwischen den Mittelmeerhäfen und denen West- und Nordeuropas. Dazu wurde die Verbindung Englands mit Indien über Suez und Ägypten immer gebräuchlicher; auch hier bewirkte die Dampfschiffahrt eine weitere Steigerung, so daß sich über das Rote Meer ein ganz neuer Weg des Weltverkehrs ergab. Es ist der bezeichnende Ausdruck dieser Entwickelung, daß England den Zugang zum Roten Meere vom Indischen Ozean aus, das feste Aden, 1838 in Besitz nahm.

Der französische Handel war zwar seit dem Ende des achtzehnten Jahrhunderts zurückgetreten, aber die Besetzung Algiers gab auch ihm einen neuen Aufschwung. Er war jetzt zwar weniger Orienthandel, aber die Stellung Frankreichs im Mittelmeere wird doch klar durch die Tatsache gekennzeichnet, daß an Stelle der italienischen die französische Sprache die herrschende Sprache der Levantiner und damit die bevorzugte Sprache des orientalischen Verkehrslebens wurde. Im übrigen wurde die koloniale Ausbeutung Nordafrikas in immer gesteigertem Umfange Frankreichs neue gewaltige wirtschaftliche Aufgabe und erteilte ihm eine unvergleichlich bedeutendere Stellung im Mittelmeer, als es sie je gehabt.

Daneben stand noch immer als wirtschaftlicher Konkurrent Österreich da. Die erste Hälfte des neunzehnten Jahrhunderts bedeutet die Blütezeit Triests; der dort stationierte österreichische Lloyd wurde die erste Dampfergesellschaft des Mittelmeeres. Noch war in Triest der Handelsverkehr nach Norden, besonders nach Deutschland konzentriert, aber schon begann sich unter dem Einflusse der politischen Entwickelung das savoyische Genua zu neuem gewaltigem Leben zu erheben. Die alte Seestadt hat heute Triest, die Erbin der alten Konkurrentin Venedig an der Adria, bereits durchaus überflügelt. Das übrige Italien hatte an dieser Entfaltung noch keinen Anteil.

Diese aufsteigende wirtschaftliche Entwickelung, verbunden mit dem Abschluß eines langen politischen Entwickelungsprozesses, fand ihren Abschluß in dem Bau des Suezkanals, um dann ganz neue, wesentlich gesteigerte Formen anzunehmen. Seit Jahrhunderten, vom siebenten Jahrhundert vor Christi Geburt an, war immer wieder der Plan die Landenge von Suez zu durchstechen und so die beiden Meere zu verbinden, aufgetaucht und zu verwirklichen gesucht. In neuerer Zeit hatte Napoleon I. das Projekt wieder aufgenommen, und schließlich hatte das erstarkte ägyptische Vizekönigtum, durch Mehemed Ali verkörpert, der großen Aufgabe sein Interesse zugewandt; aber mit der Beschränkung seiner politischen Pläne hatte es sich auch die des großen wirtschaftlichen Projekts gefallen lassen müssen. Auch das Suezkanalprojekt wurde eine internationale Angelegenheit. Schon 1847 war eine Kommission mit der Untersuchung der Terrainverhältnisse beschäftigt. Jedoch war es bezeichnenderweise ein Franzose, der rührige, später unrühmlich in den Panamahandel verwickelte Ferdinand von Lesseps, der das große Projekt schließlich zur Ausführung brachte. Das zweite Empire Napoleons III. sprach durch seine Person, dazu die traditionelle Verbindung des ägyptischen Vizekönigs mit dem französischen Herrscher. Während die wieder und wieder berufenen Kommiſſionen immer von neuem die techniſchen Schwierigkeiten als unüberwindlich bezeichneten, ward Leſſeps nicht müde und ging unbeirrbar ſeinen Weg. So ward 1859 der erſte Spatenſtich getan, und nach zehnjähriger mühſamer Arbeit im November 1869 der neue Kanal unter der Teilnahme von ganz Europa feierlich eröffnet. Die Vorausſetzung für einen neuen gewaltigen wirtſchaftlichen Aufſtieg war geſchaffen.

Indeſſen noch war die politiſche Entwickelung im Mittelmeerraume mit dem Jahre 1860 nicht zum Abſchluß gekommen; auch die wirtſchaftliche Erhebung machte ſchließlich trotz ihres friedlichen Charakters nur eine entſchiedenere Abgrenzung der politiſchen Intereſſengebiete notwendig.

Zunächſt unternahm in der Mitte des Mittelmeeres der ſoeben zu nationaler Einheit erſtandene italieniſche Staat einen neuen Vorſtoß. Im Kriege des Jahres 1866, den Italien im Bunde mit Preußen gegen Öſterreich führte, kamen ſtarke Mittelmeerintereſſen zu Worte; ſie beziehen ſich auf den Verſuch des jungen Einheitsſtaates, die Donaumonarchie vom Meere abzudrängen und die Alleinherrſchaft an der Adria zu erringen. Freilich die Hoffnungen erfüllten ſich nicht. Zu Lande unterlag man in mehreren Schlachten, und auch auf dem Meere erwieſen ſich die Öſterreicher den Italienern überlegen. Die junge öſterreichiſche Kriegsflotte, die erſt ſeit dem Revolutionsjahre ſich von der 1815 übernommenen unverläßlichen venezianiſchen Marine unabhängig gemacht, und mit Hilfe ausländiſcher, beſonders ſkandinaviſcher Seeoffiziere zu einem ſelbſtändigen Organismus ausgeſtaltet hatte, erfocht unter Tegetthoff den glänzenden Sieg von Liſſa, der Öſterreichs Stellung in der Adria neu befeſtigte. Die Abtretung Venetiens bedeutete nur den Verzicht auf ein läſtig gewordenes Erbſtück. Für Italien freilich war ſie ein höchſt bedeutſamer Gewinn, wenn es ihn auch preußiſchen Waffenerfolgen zu verdanken hatte. Ebenſo fiel infolge preußiſcher Siege vier Jahre ſpäter die Hauptſtadt Rom, der letzte Reſt päpſtlichen weltlichen Beſitzes, dem nationalen italieniſchen Einheitsſtaate wie eine reife Frucht in den Schoß.

Weit folgenſchwerere Veränderungen erfuhr wenig ſpäter die Balkanhalbinſel. Die orientaliſche Frage forderte nach ihrer proviſoriſchen Löſung auf dem Pariſer Kongreß von

1856 eine bleibendere. Gerade indem man den Rumänen und Serben unter europäischer Garantie die halbe Freiheit geschenkt hatte, war es unausbleiblich, daß diese kleinen Nationen nach der ganzen dürsteten. Und diese neue Freiheitsbewegung griff weiter um sich; auch die Bulgaren wurden von ihr erfaßt. Trotz des zähen Widerstandes der Türkei setzten die drei Stämme ihre Unabhängigkeit durch, unter geheimer und offener Unterstützung der europäischen Mächte, die namentlich im großen russisch-türkischen Kriege der Jahre 1877/78 zum Ausdruck kam. Aber wie stets wurden diese Konflikte in internationaler Abmachung beigelegt. Rußland wurden wie 1841 von neuem die Früchte des Sieges genommen, unter Bismarcks Vorsitz wurde die orientalische Angelegenheit 1878 zu Berlin geregelt. Rußlands zu weitgehende Ansprüche wurden auf Betreiben von England und Österreich herabgesetzt; Rumänien, Serbien, Bulgarien und Montenegro wurden selbständige Staaten, wenn auch die beiden letzten unter Aufrechterhaltung eines Tributverhältnisses zur Pforte. Einen wichtigen Schritt durfte Österreich tun. Aus Italien hinausgeworfen, war die Donaumonarchie jetzt auf die Ausbreitung nach dem Balkan hin gewiesen, und in den Kreisen der Regierung wuchs die Erkenntnis dieser seiner orientalischen Mission. Österreich erhielt die Erlaubnis, Bosnien und die Herzegowina zu besetzen und zu verwalten; unter dem Widerstande der Deutschen, die um ihre Vorrangstellung in Österreich fürchteten, setzte man den Fuß nach der Balkanhalbinsel hinein. Die Türkei wurde auf den kleineren Teil des europäischen Festlandes beschränkt, den sie noch heute besitzt; es verblieb ihr lediglich das Gebiet von Mazedonien und Albanien. Ostrumelien wurde als autonome Provinz einem christlichen Statthalter unterstellt und so faktisch zu Bulgarien geschlagen; in dem gleichen Verhältnis verblieben Bosnien und die Herzegowina zur Pforte. Österreich-Ungarn erhielt noch das Recht, in dem Sandschak von Novibazar Garnisonen zu unterhalten und militärische wie Handelsstraßen anzulegen und zu besetzen.

Mit dem Berliner Kongreß ist die Entwickelung im östlichen Mittelmeere zu einem entscheidenden Abschluß und zugleich in diejenige Entwickelungsphase geführt worden, die wir noch miterleben.

Kapitel IX.

Weltpolitik und Weltwirtschaft.

Drei Momente haben den neuen und gegenwärtigen Charakter der Mittelmeergegensätze bewirkt: der Eintritt Italiens, das Hineinbeziehen Nordafrikas in die allgemeine Entwickelung und die Veränderungen auf der Balkanhalbinsel. Darüber hinaus hat jedoch ein viertes dem Mittelmeere eine ganz neue Bedeutung verschafft, die Fertigstellung des Suezkanals.

Während der Krimkrieg tobte, hatte Ferdinand Lesseps die europäische Diplomatie durch seinen Ausspruch in Erstaunen gesetzt, der Suezkanal werde den Bosporus weit in den Schatten stellen. Die Entwickelung hat ihm schnell Recht gegeben. Gewaltig war die Wirkung dieses Werkes. Während das Mittelmeer bisher nur durch die Straße von Gibraltar Verbindung mit dem Weltmeer hatte und sozusagen nur ein Anhängsel desselben darstellte, war es jetzt ein wesentlicher Bestandteil, ja einer der wichtigsten Meeresräume geworden. Der direkte Weg von Europa nach dem Süden und Osten Asiens, dessen Bedeutung dauernd wächst, wurde ein gewaltiges Stück gekürzt. Ganz neue Handelsstraßen taten sich auf, und mit ihnen öffneten sich auch die Wege wieder, die einst der phönizische, griechische, arabische und italienische Kaufmann gezogen war. Der Mittelmeerraum wurde wieder über die räumlich beschränkte Geschichte hinaus zu aktiver Anteilnahme in die Weltgeschichte hineingezogen.

In der gleichen Richtung wirtschaftlicher Entfaltung wirkte die innere Erstarkung der dem Mittelmeer anwohnenden Nationen. Die Früchte der politischen Entwickelung reiften wie stets auch für die materielle und geistige Kultur.

Welch gewaltiger Aufstieg!

Die südeuropäischen Häfen gewannen die Bedeutung wieder, die sie in der Blütezeit der großen italienischen Stadtstaaten und der provenzalisch-aragonesischen Handelsmetropolen besessen hatten. Die alten Träger wirtschaftlicher Blüte traten wieder hervor: Barcelona, Marseille, Genua, Triest; dazu neue wie Malaga, Valencia, das mächtig emporblühende Neapel und Fiume. Sie eroberten sich auch einen Teil der wirtschaftlichen Beziehungen zurück, die sie im vierzehnten und fünfzehnten Jahrhundert zum germanischen Norden unterhalten hatten. Der seit der ersten Hälfte des neunzehnten Jahrhunderts sich erhebenden Balkanbevölkerung kam die Wandlung nicht weniger zu gute. Vollends jetzt entfalteten sich die Griechen als das begabte Handelsvolk, das sie im Altertume gewesen waren. In Hafenstädten wie Saloniki, Konstantinopel und Smyrna konzentriert sich der moderne osteuropäische Handelsverkehr und reicht bis hinauf nach Odessa und den östlichen Häfen am Schwarzen Meer. Auch der nichteuropäische Orient erhob sich aus seiner passiven Rolle und nahm kräftig teil an dem Aufschwunge des Handels- und Wirtschaftslebens; das Aufblühen Beiruths legt Zeugnis davon ab. Auf afrikanischem Boden schließlich gewann Alexandria die Rolle wieder, die es in der hellenischen und römischen Zeit gespielt hatte. Ein neues Leben begann überall im Mittelmeer emporzusprießen und ihm einen ganz neuen Anteil am Kulturleben des Erdballs zu verschaffen. Selbst neue Kulturvölker erschienen im Bereiche des Mittelmeeres, an erster Stelle die Deutschen des neuen Reiches, die für den Durchgangsverkehr nicht nur, sondern für den Mittelmeerverkehr selbst eine wichtige Stellung sich errangen. Und es tut den völlig neuen Charakter des Mittelmeeres dar, daß neuerdings auch die nordamerikanische und japanische Flagge häufiger dort erscheint.

Es ist nun selbstverständlich, daß diese neue Entwickelung namentlich von demjenigen Volke ausgenutzt wurde, das zu Beginn des neunzehnten Jahrhunderts unbestrittener Herr der Meere und damit auch des Mittelmeeres geworden war. England besaß, wie wir wissen, bereits Gibraltar, den Schlüssel zum Mittelmeere, und seit dem Jahre 1800 und durch den Wiener Kongreß bestätigt die Insel Malta, den Zugang vom westlichen in das östliche Mittelmeerbecken. In planvollem Ausbau stattete es sich die große neue Handelsstraße durch den Suezkanal mit wichtigen Stützpunkten, gleichsam in Etappen, aus. Jede Verwickelung benutzte es, um sich einen solchen Platz zu verschaffen. Nachdem es noch 1863 großmütig auf die jonischen Inseln verzichtet hatte, die es 1815 in Form des Protektorates gewonnen hatte, und die wegen der allzu großen Entfernung von der Verkehrsstraße weniger wichtig geworden waren, gewann es zu dem 1838 erworbenen Aden und dem 1857 besetzten Perim im Berliner Kongreß 1878 noch Cypern, die das östlichste Mittelmeer und namentlich die Zufahrt zum Suezkanal beherrschende Insel, wennschon nur im Verhältnis des Protektorats. Schließlich setzte es auch den Fuß auf Ägyptens Boden selbst.

Die Eröffnung des Suezkanals war für Ägypten von weitgehender Bedeutung; die wesentlich gesteigerte Rolle, die das alte Pharaonenland, an der Spitze sein Hafen Alexandria, nunmehr im Mittelmeergebiete spielte, wurde die Ursache für ein Neuaufleben der Projekte des großen Mehemed Ali. Der Vizekönig Ismael (1863 bis 1879) war der Träger dieser neuen Bestrebungen. Ein über das ganze Nilgebiet und die Küstenländer des Roten Meeres sich erstreckendes Staatswesen war das Ziel seiner Politik. So wurden die oberen Nilländer erobert: Äquatoria, Bahr-el-Ghasal und Darfur; von der Pforte erwarb Ismael den ganzen Küstenstrich des Roten Meeres bis zur Straße von Bab-el-Mandeb. Mitte der siebziger Jahre war er bis zum Golf von Aden vorgedrungen, Abessinien wurde auch vom Osten her umklammert. Schon längst aber stand der Engländer Gordon an der Spitze der Verwaltung, und schon längst war die britische Regierung entschlossen, diese ägyptische Ausbreitung in ihren Dienst zu nehmen. Der völlige Kreditverlust des verschwenderischen Ismael wurde 1875 schließlich von dem englischen Ministerpräsidenten Disraeli dazu benutzt, den ägyptischen Anteil an den Suezkanalaktien anzukaufen. Frankreich hatte in der Verwaltung des Suezkanals ein Gegengewicht erhalten.

Unaufhaltsam vollzog sich nun die Entwickelung zu Gunsten Englands weiter. Die bedenklichen finanziellen Maßnahmen Ismaels führten zu einem Eingreifen der europäischen Mächte und schließlich 1879 zu einer Absetzung des Vizekönigs. Indessen dieser internationale Eingriff hatte eine nationale ägyptische Bewegung zur Folge. Der Militäraufstand des eingeborenen Offiziers Arabi Bei machte ein bewaffnetes Vorgehen der europäischen Mächte nötig, und da das französische Parlament in einer merkwürdigen Kurzsichtigkeit dem Unternehmen die Mittel versagte, hatte England allein die Ausführung in der Hand und damit auch die Möglichkeit, es in seinem Interesse auszunutzen. Seit dem September 1882 waren die Engländer Herren Ägyptens. Sie haben zwar versprochen, ihre Truppen zurückzuziehen, wenn der Zustand der Dinge es gestatte, aber alle späteren Vorgänge haben nur das Gegenteil von dieser Absicht dargetan. Und Frankreich trägt die Schuld, daß der Vizekönig immer mehr und mehr ein Scheindasein führte. Die Kontinentalpolitik, namentlich das Fortleben der Revancheidee gegen das Deutsche Reich, dazu noch die Konzentration auf die Erwerbung Tunis' und in den jüngsten Tagen Marokkos ließen die Franzosen den furchtbaren Fehler begehen, das Nil-land England zu überlassen. Allerdings hatten die Vorgänge der Jahre 1881 und 1882 den Zusammenbruch der ägyptischen Herrschaft am oberen Nil und am Roten Meer zur Folge. Letztere Gebiete gingen an europäische Mächte verloren; Italien, Frankreich und England — für diese Länder in unmittelbarer kolonialer Beherrschung — ließen sich dort nieder. Aber das Mahdireich wurde allmählich zurückgedrängt, und unter Beiseiteschiebung neuer französischer Ansprüche vom westlichen Süden her wurde seit dem Ende der neunziger Jahre die englisch-ägyptische Herrschaft über den ganzen östlichen Sudan neu befestigt. Anschließend daran wurde durch einen Vertrag zwischen England und dem Khedive ein englisch-ägyptisches Kondominium eingerichtet, das den Engländern die tatsächliche Regierung des Sudans in die Hand gab. Trotz aller internationalen Verträge kann England so im Besitz Ägyptens im Kriegsfall den Suezkanal schließen.

Es ist natürlich, daß auch Italien, der neue Staat, der eben in der Zeit entstand, da sich die Entwickelung des Mittelmeeres vom Binnenmeer zum Weltmeer vollzog, mit dem Gesamtraume, dem es angehörte, den Schritt hinaus in die Weite tat. Niemals hätte das junge Staatswesen sich so schnell und mühelos zu der Großmachtstellung erheben können, die es wenigstens in der offiziellen Einschätzung heute einnimmt, wenn nicht eben in der Stunde seiner Geburt die entscheidende Entfaltung des Mittelmeergebietes sich vollzogen hätte. Die ihm anwohnenden Völker wurden gezwungen, an der allgemeinen Entwickelung lebhaften Anteil zu nehmen, Italien zumal wurde

durch die geographische Lage darauf gewiesen. Es ist kein
Zufall, daß der Staat, der einstmals den Mittelmeerraum zu
einer politischen Einheit zusammenfaßte, von der italienischen
Halbinsel ausging, in ihr stets sein Fundament hatte. In der
Mitte des Meeres gelegen, dieses geradezu in zwei Hälften zer-
teilend, mußte Italien nach Osten wie nach Westen blicken
und vor allem, was vielleicht am wichtigsten ist, nach Süden.

So beschritt auch das moderne Italienertum, das frühzeitig eine gewaltige Auswanderung entwickelte, die Brücke
nach Afrika, auf der in auffälliger Wiederholung die Völker
von Festland zu Festland hinüber und herüber geflutet sind.
Von Sizilien aus suchte man über die Straße von Pantellaria
den afrikanischen Boden auf. Während im Westen Nordafrikas
neben den einheimischen Stämmen und Juden von den früheren
Jahrhunderten her die spanische Bevölkerung noch eine gewisse
Rolle spielte, siedelten sich die Italiener in dem heutigen
Tunesien und Tripolitanien in Scharen an und drückten
manchen Städten geradezu den Charakter auf. Für jeden
Unbefangenen lag hier das Kolonialgebiet Italiens; nach ihm
strebten daher Volk und Staat. Schon ward dieses Streben
ein Faktor in den politischen Berechnungen. Ihnen Vorschub
leistend forderte Bismarck auf dem Berliner Kongreß Italien
auf, Tunis zu besetzen, und bot Deutschlands moralische Unterstützung an. Der junge Staat fühlte sich aber damals zur
Ausführung des großen Unternehmens noch nicht kräftig genug
und versäumte, dem Winke des deutschen Staatsmannes zu
folgen. Jedoch waren die Italiener bitter enttäuscht, als
ihnen zu Beginn der achtziger Jahre die Franzosen dann in
Tunis zuvorkamen.

Daß die beiden romanischen Völker zueinander in Gegensatz traten, war unvermeidlich. Bei dem steigenden Werte der
afrikanischen Mittelmeergestade mußte Frankreich, das Algier
bereits besaß, danach trachten, zum wenigsten für die westliche
Hälfte alleiniger Herr der Gegengestade zu sein. Trotzdem lag
Italiens Zukunft allein in der Ausbreitung über das Meer
begründet. Das Streben nach dem Besitz von Südtirol, Istrien
und Dalmatien, die dem neuen Nationalstaate „noch" fehlen,
verminderte nicht den Drang, Anteil an der Mittelmeerherrschaft zu suchen. Vor allem die Hoffnung dieses Ziel zu
erreichen war die Voraussetzung, die den Anschluß Italiens

an das deutsch-österreichische Bündnis zur Folge hatten. Italiens Beitritt war die Antwort auf den Vertrag von Kasr-el-Said von 1881, der Tunis den Franzosen auslieferte. Nicht kontinentale, sondern Mittelmeerinteressen machten aus dem Zweibund den Dreibund. Darin liegt die Grenze des Wertes beschlossen, den das Bündnis für Italien besitzt. Die Hoffnung, durch den Anschluß an Frankreich feindliche Mächte die Ansprüche im Mittelmeere befriedigen zu können, die es zu stellen sich berechtigt glaubte, war allein die Triebfeder der italienischen Politik.

Wie aber würde es sein, wenn der Dreibund Italien nicht das schenkte, was es erwartet hatte? Wie würde es sein, wenn es Frankreich gelang, die italienischen Ansprüche zu befriedigen und ihm im Mittelmeere eine andere Wirkungsstätte zu bereiten?

Tatsächlich hat das Frankreich erreicht. Wir selbst erkennen aus langsam offenbar werdenden Anzeichen, daß Italien sich in den Erwartungen getäuscht sieht, die es an das Bündnis mit Deutschland und Österreich geknüpft hatte, daß es sich mehr und mehr dem Dreibund entfremdet. Womit hat nun Frankreich den romanischen Bruderstaat ausgesöhnt; welche Möglichkeit neuer Ausbreitung hat er ihm eröffnet? In jahrelangen Verhandlungen, über die wir nur in einzelnen Äußerungen unterichtet sind, hat die französische Diplomatie ihr schwieriges Werk vollendet. Zunächst räumte man im Einverständnis mit England Italien die Anwartschaft auf den Besitz von Tripolitanien ein, obschon wir nicht klar erkennen können, wie weit diese Konzession geht; jedenfalls scheint Italien hier die Vorhand erhalten zu haben. Vor allem aber sind ihm durch französische Garantien Aussichten auf einen wertvollen Anteil an der türkischen Herrschaft des Balkans eröffnet worden. Tatsächlich ist Italien auf diese kluge Ablenkung eingegangen, die ein Meisterstück der französischen Diplomatie, namentlich des französischen Gesandten in Rom, Msr. Barrère, ist; auch die Heirat König Viktor Emanuels III. mit der Tochter des Fürsten von Montenegro scheint auf eine Erwerbung Albaniens für Italien hinzuzielen, also jenes adriatischen Küstengebietes, das Süditalien gegenüber liegt. Freilich wirkte bei dieser Schwenkung der italienischen Politik auch Österreichs erfolgreiche Tätigkeit von Bosnien und der Herzegowina aus mit.

Die Franzosen wußten sehr genau, was sie mit dieser Ablenkung der italienischen Ausbreitung gerade nach dem Ostbecken des Mittelmeeres taten. Sie wußten, wie die Italiener voll nationaler Ansprüche stets gern ihr Augenmerk der Adria zugewandt haben. An erster Stelle steht auf dem nationalen Programm des modernen Italienertums, daß die Adria ein italienisches Meer wieder werden müsse, wie sie es dereinst war. In der Tat bestehen für diese Ansprüche noch zwei wesentliche Voraussetzungen: Die Sprache wie die Kultur sind zu einem großen Teil italienisch. Aber als die entschiedensten Widersacher italienischer Ausbreitung sind die anwohnenden slawischen Völker in unaufhaltsamem Vordringen. Es ist selbstverständlich unmöglich, heute für diese Entwickelung irgend welche Richtungslinien aufzuzeigen, aber im ganzen vollzieht sie sich hinsichtlich der einfachen Verbreitung des Volkstums unbedingt zu Gunsten der Slawen. Das aber kommt einer Lösung der adriatischen Frage zu Gunsten der österreichisch-ungarischen Monarchie nicht Italiens gleich.

Italien hat sich nach dem tunesischen Mißerfolg außerhalb des Mittelmeerraums als Kolonialmacht zu betätigen versucht. Es hat aus der zusammengebrochenen ägyptischen Herrschaft am Roten Meere, begünstigt durch das damals Frankreich feindliche England, sich das wertvolle Massaua, das abessinische Küstengebiet, gesichert. Aber auch bei diesem Schritt hat es keine glückliche Hand bewiesen, und es hat überhaupt noch nicht gezeigt, daß es den Namen einer europäischen Großmacht mit Recht führt. Im Mittelmeere freilich spielt Italien trotzdem eine höchst bedeutsame Rolle. Es ist von größter Wichtigkeit, daß die italienische Bevölkerung den dritten Teil der gesamten, nicht sehr zahlreichen Mittelmeerbevölkerung ausmacht und daß die Italiener bei der geographischen Beschaffenheit ihres Landes in besonders inniger Beziehung zum Meere stehen. Hinsichtlich der politischen Lage der Gegenwart aber ist das Entscheidende, daß Frankreich und Italien nicht nur in friedlicher Verständigung, sondern in einem Bunde, der vom Rassegeist getragen ist, Mittelmeerpolitik treiben. Und es scheint nahe zu liegen, daß diese Verbindung immer enger wird. Übrigens hat die Wandlung aus Interessenverschiedenheit in Interessengemeinschaft geradezu die Verständigung über die Richtung der Ausbreitung der beiden Völker zur Voraussetzung. Während Frankreich das westliche

Mittelmeerbecken vorbehalten blieb, wurde Italien das östliche eingeräumt, und England gab zu diesen Plänen und Abmachungen seine Genehmigung, weil es so ungestört sich in Ägypten, dem unentbehrlichen Besitz auf dem Wege nach Indien, häuslich einrichten konnte.

Aber während bei Italien zunächst alle Erfolge auf dem Papiere blieben, kamen die Franzosen zur selben Zeit außerordentlich vorwärts. Unwesentliche Grenzverletzungen waren der Anlaß zu einer Expedition gegen Tunis und schließlich zur Erwerbung des wichtigen Gebietes in der Mitte des Mittelmeerraumes geworden. Zur Schonung der internationalen Empfindlichkeit wurde Tunis zwar nicht, wie Algier, ohne weiteres französische Kolonie, aber dem gegenüber der Pforte selbständig gewordenen Bei wurde nichts weiter als ein Scheindasein gelassen. Sein Regiment wurde immer weiter und weiter eingeschränkt, so daß der Ausdruck „Tunisierung" zu einem allgemeinen Begriff wurde, um anzudeuten, wie man ein Kolonialland tatsächlich annektiert, ohne es formell in Besitz zu nehmen. Diese Erschließung des neuen afrikanischen Kolonialgebietes wurde vollends der Anstoß zu einer zusammenhängenden französischen Kolonialpolitik in Nordafrika. Energischer als zuvor wurde die Verbindung der westafrikanischen und nordafrikanischen Kolonien durch die Sahara hindurch in Angriff genommen, und tatsächlich ist diese Politik heute soweit durchgeführt, daß an einer Verwirklichung des Zieles nicht mehr gezweifelt werden kann.

Und nicht genug mit dem Besitze von Algier und Tunis: das gesamte Nordwestafrika soll französischer Besitz werden; auch nach Marokko, das das schwache Spanien nicht in Besitz hat nehmen können, streckt Frankreich die Hand aus.

Die marokkanische Frage war wie die orientalische vorher in Berlin auf der Madrider Konferenz von 1880 Gegenstand eines internationalen Vertrages geworden; der Verkehr mit dem Sultan und seinen unbotmäßigen Untertanen wurde da zum ersten Male völkerrechtlich geregelt. Aber in ganz allmählichen, kaum sichtbaren Etappen gingen die Franzosen daran, auch dieses Land ihrem Kolonialgebiet einzufügen. Spanien, das einen selbständigen Willen nicht kundtun konnte und durch die Stellungnahme Englands in der Angelegenheit festgelegt war, wurde formell berücksichtigt, sachlich jedoch bei seite geschoben. Die Bestrebungen fanden bei England, das mit der französischerseits ausgesprochenen Anerkennung des Besitzes Ägyptens entschädigt wurde, wohlwollende Unterstützung, und erst die Konferenz von Algeciras des Jahres 1906 setzte ihnen ein Ziel. Wer aber kann es sagen, ob die „Tunisierung" Marokkos dadurch für immer verhindert ist, ob die Bestimmungen von Algeciras dauernde Geltung haben? Noch stehen die anläßlich einer Strafexpedition entsandten französischen Truppen in Marokko, und bereits ist im Osten ein neues kleines Stück marokkanischen Gebietes der Kolonie Algier einverleibt worden. Alles spricht dafür, daß die marokkanische Frage in keiner Weise auch nur annähernd gelöst ist.

Von größter Tragweite ist für diese gesamte nordafrikanische Entwickelung die Eingeborenenfrage, die zugleich einen wesentlichen Inhalt der allgemeinen Mittelmeerfrage darstellt. Die koloniale Arbeit der Franzosen ist zweifellos eine gewaltige Leistung. Sie ist erstaunlich in dem von großer nationaler Kraft getragenen Schwung und ihrer vor keinem Opfer zurückscheuenden Ausdauer. Indessen hat sie das einheimische Wesen der afrikanischen Bevölkerung in keiner Weise umgestaltet. Die Berber- und Araberstämme der französischen Kolonien verharren gegenüber der Fremdherrschaft in unbedingter Feindseligkeit. Sie lernen von den Errungenschaften der überlegenen Kultur, die sie umgibt, und heben sich selbst langsam zu einer kulturellen Selbständigkeit empor, die möglicherweise zu ihrer politischen Befreiung führt. Grundsätzlich freilich stößt der Berber und Araber jede fremde Kultur aus und kennt keine Anpassung und Unterwerfung. Wohl aber ist er in der Lage, sich eine, seinem Wesen und seiner Religion entsprechende, allerdings wohl stets einseitige, nicht im arischen Sinne harmonisch durchgebildete Kultur zu entwickeln. Aus der Vergangenheit urteilend, möchte der Historiker glauben, daß die Entwickelung hier in Nordafrika noch durchaus nicht zum Abschluß gelangt ist. Er möchte annehmen, und Kenner der Menschen und Verhältnisse bestätigen es, daß eine Rasse, die jahrhundertelang zurückgetreten und zurückgedrängt war, die auch mit den Türken nur eine Glaubensgemeinschaft hatte, jetzt erst wieder zum Leben erwacht. Es scheint, als ob sich die islamitischen Völker zu einer Abwehr der großen chriſtlichen und indogermaniſchen Invaſion rüſteten, die nach einer langen Pauſe ſeit zwei Menſchenaltern eingeſetzt hat. Mannigfaltige Anzeichen, auch in Ägypten, deuten darauf hin, daß wir einer zuſammenhängenden mohammedaniſchen Bewegung entgegengehen; es iſt wohl möglich, daß eine ſolche den Gang der Weltgeſchichte noch einmal entſcheidend beeinflußt.

Ebenſo ſchwierige Probleme birgt die moderne orientaliſche Frage. Sie iſt eine Häufung von Einzelfragen, und es beweiſt den Umfang der Wirrniſſe und die große Bedeutung der Probleme, daß man einer Löſung vorſichtig ausweicht, indem man jede Veränderung auf der Balkanhalbinſel zu hintertreiben ſucht. Eiferſüchtig haben die europäiſchen Mächte über die Aufrechterhaltung der Abmachungen des Berliner Kongreſſes gewacht, und dreißig Jahre haben ſeine Beſtimmungen, die durchaus keinen abſchließenden Charakter hatten, bis auf kleine durch die Proklamation Serbiens zum Königreich und die Vereinigung Bulgariens und Oſtrumeliens bewirkte Veränderungen Geltung gehabt. Erſt der erneute Sieg der jungtürkiſchen Bewegung und die Gewährung einer neuen Verfaſſung in der Türkei veranlaßten Öſterreich-Ungarn und Bulgarien, wenn auch nicht den Geiſt, ſo doch den Wortlaut der Kongreßakte zu verletzen. Am 5. Oktober 1908 wurden die ausdrückliche Annexion Bosniens und der Herzegowina durch die Donaumonarchie und die Erklärung Bulgariens zum ſelbſtändigen Königreich ausgeſprochen, und nach Überwindung großer Schwierigkeiten bei den europäiſchen Mächten und bei der Pforte zur Anerkennung gebracht. Jedoch auch mit dieſer Klärung iſt die Löſung der orientaliſchen Frage noch in keiner Weiſe erreicht. In der Löſung einer Raſſenfrage und einer politiſchen Frage ſind die Hauptaufgaben zukünftiger Entwickelung beſchloſſen.

Das Wichtigere iſt die Löſung des Raſſeproblems. All die Verworrenheit, die dieſen Wetterwinkel Europas erfüllt, beruht auf den Gegenſätzen zwiſchen Griechentum, Serbentum und Bulgarentum. Namentlich der Gegenſatz zwiſchen Griechen und Bulgaren ſchreit nach dem entſcheidenden Austrag; er iſt der Inhalt der ſogenannten mazedoniſchen Frage, die zur Zeit im Vordergrunde der Entwickelung ſteht. Die Entſcheidung darüber aber verquickt ſich mit der anderen wichtigen Frage des

Fortbestandes der Türkei auf europäischem Boden. Trotz allem, was sich im Interesse europäischer Mächte dagegen sagen ließ, drängte die bisherige Entwickelung auf die Entfernung der Türkei vom europäischen Boden. Daß das osmanische Reich heute noch ein europäischer Staat ist, hat es lediglich den Großmächten zu verdanken, die eifersüchtig über seine Erhaltung wachten, weil seine Beseitigung den Weltfrieden und das staatliche Interesse gefährden. Wenn die Pforte auch jedem einzelnen Balkanstaat überlegen ist, wenn sie auch griechische Ausbreitungsbestrebungen, die den Gewinn von Epirus zum Ziel hatten, in dem Kriege von 1897 mühelos abwies, so zeigt gerade der Ausgang dieses Krieges, der der Türkei die Insel Kreta kostete, daß die europäischen Mächte ihr Schicksal völlig in der Hand hatten. Ist das aber noch immer so gewiß, wie es bisher schien? Es ist unmöglich zu sagen, ob die 1908 offenbar gewordene innere Erstarkung der Osmanen Dauer haben wird, ob sie es bewirkt, daß nicht europäische Reformbeschlüsse, sondern der eigene staatliche Wille fortan die Wege weist. Beachtenswert ist, mit welcher Selbstverständlichkeit im April und Mai 1909 die jungtürkische Bewegung der vom Sultan Abdul Hamid eingeleiteten Reaktion Herr wurde, und es besteht große Aussicht, daß die Kräfte, die von der Intelligenz getragen werden und eine Verjüngung der mohammedanisch-orientalischen Kultur erstreben, die Führerschaft behaupten. Das aber wäre gleichbedeutend mit einem Fortbestehen der Türkei auf europäischem Boden. Stark zu Gunsten der Pforte spricht auch die Zugehörigkeit eines großen Teiles der slawischen Stämme zum Mohammedanismus. Im Orient wirkt der religiöse Gegensatz trennender als der Rassen- oder politische Gegensatz, und er steht dem Zusammenschlusse der nichttürkischen Nationalitäten besonders hemmend entgegen. Wie aber äußern sich diese Gegensätze im staatlichen Leben der Balkanvölker?

Das ist die weitere politische Seite der orientalischen Frage. Einer Einheit bedarf dieser Raum, der mit Völkersplittern aller Art angefüllt ist, mehr als jeder andere, und durch die ganze geschichtliche Entwickelung hindurch hat sich das Streben nach Zusammenfassung immer wieder geltend gemacht. In den Jahrzehnten nach dem Berliner Kongreß hatte Rußland in den Balkanländern das unbedingte Übergewicht, eine Zeitlang schien ein großslawisches Reich von der Ostsee bis nach Konstantinopel der Verwirklichung nahe. Baustein um Baustein aber hat sich seit den neunziger Jahren in diesem großen Gebäude gelockert. Zu der Rußland immer ungünstiger werdenden Entwickelung auf dem Balkan selbst ist die schwere Niederlage getreten, die das Zarenreich im ostasiatischen Kriege erlitten hat, und vollends die in der anschließenden Revolution offenbar gewordene innere Schwäche hat seinem Prestige unheilbare Wunden geschlagen; es scheint doch, als ob die russischen Aussichten auf dem Balkan nicht wiederkehren werden.

In demselben Maße wie Rußland zurückging, kam sein großer politischer Rivale vorwärts. Lautlos, aber nach jahrzehntelanger Arbeit sehr bemerkbar ist die Donaumonarchie tätig gewesen. Österreich-Ungarns Handel und Industrie haben in den Balkanländern festen Fuß gefaßt. Erstaunliches zumal hat die Staatsverwaltung in Bosnien und der Herzegowina an Kulturarbeit geleistet. Die Regierung selbst hat die orientalische Mission scharf zur Richtschnur der Staatspolitik genommen, und mit ihr erkennen die vornehmsten Träger des Gesamtstaatsgedankens unter den Völkern der Monarchie jetzt aufs klarste, daß Österreich-Ungarn Gefahr läuft, seine Großmachtstellung zu verlieren. Man kann sich mit dem Besitze der unvorteilhaft gelegenen und bereits heute stagnierenden Häfen Triest und Fiume nicht mehr begnügen. Das weitere Meer muß erstrebt werden, zwar nicht in politischer Beherrschung, aber in wirtschaftspolitischer Einbeziehung geeigneten Küstengebietes auf dem Balkan. Die immer stärker werdenden slawischen Tendenzen des Gesamtstaates, die in der geschichtlichen Entwickelung Österreich-Ungarns begründet sind und mit denen sich die im Deutschtum ruhende Tradition abfinden muß, weisen gleichermaßen auf die Ausbreitung nach dem Südosten.

Wird nun aber die habsburgische Monarchie das staatliche Gebilde sein, das die Völkertrümmer des östlichen Europa einstmals umschließen wird? Wird sie die weltgeschichtliche Aufgabe erfüllen, die einst das byzantinische Reich verrichtete, die sie unter veränderten Verhältnissen schon mit der eigenen staatlichen Ausgestaltung in Angriff genommen hat? Wird sie die Rolle des Mittlers orientalischer und abendländischer Volkskultur spielen? Werden demgegenüber die neuen italienischen Ansprüche auf dem Westbalkan zurückweichen, um anderwärts Geltung zu suchen? Zu Österreich-Ungarns Gunsten wirkt jedenfalls bewußt oder unbewußt das verheißungsvoll emporstrebende Rumänentum an der unteren Donau, das sich als mächtiger Keil zwischen das Zarenreich und die Balkanländer schiebt und von dem bereits die kleinere Hälfte der Donaumonarchie angehört. Zu Österreich-Ungarns Gunsten spricht auch die Sicherheit für die Balkanvölker, daß ihnen in dem Staatengebilde, das die Aufgabe hat, Völkersplitter zu vereinigen ohne das einzelne Volkstum zu zerstören, ihre nationale Eigenart unverändert erhalten bleibt, während ein panslawistisches Rußland mit seinen nivellierenden Tendenzen ihnen das Gegenteil dieser Aussicht gewährleisten würde. Zu Österreich-Ungarns Gunsten wirkt schließlich das wirtschaftliche Interesse der nördlichen Balkanvölker, deren Raum mit dem Gebiet der Donauniederung eine geographische Einheit bildet; und wirtschaftspolitischen Charakters würde der durch die Donaumonarchie bewirkte Zusammenschluß an erster Stelle sein.

Auch in der politisch-staatlichen Entwickelung mag jener geographischen Schranke eine größere Bedeutung zufallen, die durch den west-östlich verlaufenden Ast des Balkangebirges bezeichnet die Halbinsel in eine nördliche und südliche Hälfte scheidet. Es ist wohl möglich, daß sich eine dem mitteleuropäischen Ländergebiet zugehörige Staaten- und Völkergruppe von einer solchen trennt, die den ägäischen Meeresraum umschließt, wennschon andererseits die Zerstreuung Angehöriger desselben Glaubens und desselben Stammes über beide geographische Gebiete dieser Sonderung der Entwickelung entgegensteht. In dem südlichen Raum bleibt von besonderer Bedeutung die Stellung der Griechen. Es ist unverkennbar, daß sie in den zwei Generationen politischer Freiheit einen bedeutenden Aufstieg genommen haben. Ihrer wirtschaftlichen Bedeutung ist bereits gedacht. Ihr Volkstum beherrscht das engere Griechenland, die Inselwelt des ägäischen Meeres und das kleinasiatische Küstengebiet. Wie wird sich mit ihren Ansprüchen die zukünftige Ausgestaltung der Türkei und der nördlicheren Balkangebiete vereinigen?

Diese Frage ist aufs engste mit dem weiteren orientalischen Problem verknüpft, das man als die kleinasiatische Frage bezeichnen kann. Wie wird sich dort in

Kleinasien das Griechentum mit dem Armeniertum und der türkisch-mohammedanischen Bevölkerung abfinden? In welchen Formen wird sich daneben die Gemeinsamkeit der ägäischen Welt, die niemals zerstört werden zu können scheint und die heute durch das Griechentum nahezu in der Weise der alten Zeit wieder verkörpert wird, erhalten? Wird das Türkentum, das sich auch in Kleinasien vorwiegend auf aufgesogenen Völkersplittern gründet und an das im nördlichen Syrien bereits das Arabertum anschließt, einstmals ganz verschwinden? Wird der Islam künftig wieder durch semitische und hamitische Völker verkörpert sein, die in einer großen Staatsbildung auf afrikanischem und syrischem Boden die arabischen Traditionen wieder aufnehmen? Oder wird wenigstens in Asien, wenn nicht in Europa, die Erstarkung des Türkentums eine Lösung der asiatisch-orientalischen Frage zu Gunsten der Osmanen bewirken?

Eben die Betrachtung der Verhältnisse Nordafrikas, Osteuropas und Vorderasiens zeigt deutlich, wie unfertig noch im Bereiche des Mittelmeeres die geschichtliche Entwickelung ist. Aber auch für die europäischen Gebiete, die in jüngster Zeit Träger des geschichtlichen Werdens gewesen sind, gilt das noch in hohem Maße; selbst in beschränkt nationalem Sinne ist eine Weitergestaltung zu erwarten. Auch für das Mittelmeergebiet wird sich das politische Losungswort einstellen: das Mittelmeer den Mittelmeervölkern. Noch knebelt England Spanien durch den Besitz von Gibraltar, noch hat es auch sonst politisch die spanische Halbinsel ganz in der Hand. Noch steht es in Malta drohend vor Italien, auch auf dieses durch seine Flottenmacht politisch einen starken Druck ausübend. Noch ist es durch seinen cyprischen und ägyptischen Besitz ein stetes Hindernis für die freie Entfaltung seiner Umgebung. Noch hat es sogar seinen alten Gegner Frankreich in Fesseln geschlagen; Frankreich, das seinen tunesischen Hafen Biserta vor Jahren dem englischen Malta als Trutzburg gegenübergesetzt hatte. Noch ist eben seine maritime Überlegenheit zur Zeit unbestritten. Aber wird das britische Reich einst die Rolle im Mittelmeerraum und auch sonst spielen, die im neunzehnten Jahrhunderte die habsburgische Monarchie auf dem europäischen Festlande spielte: die Kosten zu tragen für das Selbständigwerden jüngerer sich ausreifender Völker? Jedenfalls wird gegenüber den großen und allgemeinen Gegensätzen die Stammesverwandtschaft der romanischen Völker immer lauter zu Worte kommen, werden sich die politischen Interessengegensätze immer weiter abschleifen; und in diesem Zusammenschlusse wird die Schranke erstehen, die das germanische Weltreich nicht überschreiten kann. Ein ähnlicher Zusammenschluß mit ähnlicher Wirkung wird sich im Osten des Mittelmeerraumes ergeben, und auch die nordafrikanische Entwickelung deutet darauf hin, daß sie sich in entsprechender Richtung bewegen wird.

Das Streben, von der Sonderung zum Zusammenschluß wieder aufzusteigen, ist eine weltgeschichtliche Erscheinung unserer Zeit; sie hat im Mittelmeergebiete zumal Geltung. Von diesem allgemeinen Drang getrieben und getragen, ringen sich alte Kräfte zu neuem Leben empor, und es bleibt für den europäischen Mittelmeerraum das Entscheidende, daß ihm nicht Völker anwohnen, die kulturunfähig im Sinne der Indianer und Neger sind, sondern die alle einmal Träger einer überragenden Kultur gewesen sind. Das Ergebnis des Kampfes um die Herrschaft im Mittelmeere, das wir Menschen des beginnenden zwanzigsten Jahrhunderts vor Augen haben, trägt das Kennzeichen des völlig Vorübergehenden und Unfertigen auf der Stirn, und schneller und tiefer grabend als in irgend einem anderen Erdenraum wird hier das Rad der geschichtlichen Entwickelung weiterrollen.

Anmerkungen.

Allgemeines.

Als Gesamtdarstellung ist zu nennen: Eduard Graf Wilczek, Das Mittelmeer, seine Stellung in der Weltgeschichte und seine historische Rolle im Seewesen (Wien 1895). Sie ist das Werk eines kenntnisreichen und geistvollen Laien, der sein Interesse vornehmlich der Entwickelung des Seewesens zuwendet und die allgemeine geschichtliche Entwickelung nur skizzenhaft andeutet. Sie steht offensichtlich unter dem Einflusse des bekannten Werkes Mahans über den Einfluß der Seemacht auf die Geschichte, ist aber nach dieser Richtung als eine ausgezeichnete Zusammenfassung zu bezeichnen.

Derselbe Verfasser hat sich an dem vierten Bande der von Hans F. Helmolt herausgegebenen Weltgeschichte, der die Randländer des Mittelmeeres behandelt (Leipzig 1900), mit einem einleitenden Abschnitt über den inneren geschichtlichen Zusammenhang der Mittelmeervölker beteiligt. Die übrigen dort veröffentlichten Abschnitte haben lediglich den Charakter einfacher Staatengeschichten, können jedoch als solche, wennschon unter der Berücksichtigung starker qualitativer Ungleichheit, wohl benutzt werden.

Eine brauchbare Zusammenstellung bietet daneben der Aufsatz von C. Manfroni, Il dominio del Mediterraneo durante il medio evo (Rivista marittima, Marzo 1900; auch sep. Roma 1900).

Von den sonstigen Weltgeschichten verdient an erster Stelle die bis zum Ausgang des Mittelalters führende von Leopold von Ranke Erwähnung (5. Auflage, 9 Bände, Leipzig 1896 bis 1898; Volksausgabe ohne Anmerkungen 4 Bände, ebenda 1895). Weniger als hier kommt der Mittelmeerraum zu Worte bei: Theodor Lindner, Weltgeschichte seit der Völkerwanderung (bisher 6 Bände, Stuttgart 1901 bis 1909), Dietrich Schäfer, Weltgeschichte der Neuzeit (2 Bände, Berlin 1907, 2. u. 3. Auflage 1908) und in der im Erscheinen begriffenen sogenannten „Ullsteins Weltgeschichte" (bisher 4 Bände [1 Band Mittelalter und 3 Bände Neuzeit], Berlin 1908/09). Dagegen ist für unseren Stoff recht nützlich die französische „Histoire générale du 4. siècle à nos jours", herausgegeben von E. Lavisse und A. Rambaud (12 Bände, Paris 1883 bis 1901; teilweise in 2. Auflage). Schließlich sei die in der

Neubearbeitung vorliegende „Allgemeine Weltgeschichte" von G. Weber (2. Auflage, 15 Bände, Leipzig 1882 bis 1889) genannt.

Bezüglich der zahlreichen allgemeinen, d. h. zeitlich nicht begrenzten, Geschichten der dem Mittelmeerraum angehörigen Länder und Staaten seien nur einige generelle Angaben gemacht. Spanien: Modesto Lafuente Historial general de España (2. Auflage, 22 Bände, Barcelona 1888); F. W. Lembke, Heinrich Schäfer, F. W. Schirrmacher und Konrad Haebler, Geschichte Spaniens (8 Bände, Gotha 1831 bis 1907); Martin Hume, Spain. Its greatness and decay 1479 — 1788 (Cambridge 1898); F. Duro, Armada española (9 Bände, Madrid 1895 bis 1903). Frankreich: Histoire de France, herausgegeben von E. Lavisse (bisher 7 Bände, Paris 1903 bis 1906). Korsika: F. Gregorovius, Corsica (Stuttgart 1854, 3. Auflage, 1878). Italien: Heinrich Leo, Geschichte von Italien (5 Bände, Hamburg 1829 bis 1832). Savoyen-Piemont: Ercole Ricotti, Storia della monarchia piemontese (6 Bände, Florenz 1861 bis 1870). Florenz-Toskana: Rig. Galuzzi, Istoria del granducato di Toscana sotto il governo della casa Medici (4 Bände, Livorno 1781); Alfred v. Reumont, Geschichte Toskanas (2 Bände, Gotha 1876/77). Papsttum und Kirchenstaat; Leopold v. Ranke, Die römischen Päpste in den letzten vier Jahrhunderten (3 Bände, Leipzig 1834. 6. Auflage sämtliche Werke Band 37 bis 39, Leipzig 1874); Moritz Brosch, Geschichte des Kirchenstaats (2 Bände, Gotha 1880 bis 1882); F. Gregorovius, Geschichte der Stadt Rom im Mittelalter (8 Bände, Stuttgart 1859 bis 1872. 4. Auflage 1886 bis 1895). Neapel: P. Giannone, Storia civile del regno di Napoli (4 Bände, Neapel 1723 und öfter; deutsche Ausgabe von O. Ch. v. Lohenschiold und J. F. le Bret, 4 Teile, Ulm, Frankfurt und Leipzig 1758 bis 1770). Sizilien: E. di Blasi, Storia civile del regno di Sicilia (17 Bände, Palermo 1811; 22 Bände, ebenda 1830). Venedig: S. Romanin, Storia documentata di Venezia (10 Bände, Venedig 1853 bis 1861); Heinrich Kretschmayr, Geschichte von Venedig (bisher 1 Band, Gotha 1905). Österreich: Franz Ritter von Krones, Handbuch der Geschichte Österreichs von der ältesten bis zur neuesten Zeit (6 Bände, Berlin 1879 bis 1881); Alfons Huber, Geschichte Österreichs (5 Bände, Gotha 1885 bis 1896); Franz Martin Mayer, Geschichte Österreichs (2 Bände, Wien 1874, 2. Auflage 1900/1901). Griechenland: Gustav Friedrich Hertzberg, Geschichte Griechenlands seit dem Absterben des antiken Lebens bis zur Gegenwart (4 Bände, Gotha 1876 bis 1879); Karl Mendelssohn Bartholdy, Geschichte Griechenlands von der Eroberung Konstantinopels durch die Türken im Jahre 1453 bis auf unsere Tage (2 Bände, Leipzig 1870 bis 1874). Byzanz: G. F. Hertzberg, Geschichte der Byzantiner (Berlin 1883); P. Grenier, L'Empire byzantin, Son evolution sociale et politique (2 Bände, Paris 1904). Osmanisches Reich. Türkei: J. v. Hammer, Geschichte des Osmanischen Reiches (4 Bände,

Anmerkungen.

Pest 1834); J. Wilhelm Zinkeisen, Geschichte des Osmanischen Reiches in Europa (7 Bände, Gotha 1840 bis 1863); N. Jorga, Geschichte des Osmanischen Reiches (bisher 2 Bände, Gotha 1908/1909); Carl Ritter von Sax, Geschichte des Machtverfalls der Türkei bis Ende des neunzehnten Jahrhunderts und die Phasen der orientalischen Frage bis auf die Gegenwart (Wien 1908). Rußland: Ph. Strahl und Ernst Herrmann, Geschichte des russischen Staates (6 Bände, Gotha 1832 bis 1866); A. Brückner, Geschichte Rußlands bis zum Ende des achtzehnten Jahrhunderts (1. Band, Gotha 1896). Nordafrika: E. Mercier, Histoire de l'Afrique septentrionale (3 Bände, Paris 1888 bis 1891); E. Diercks, Nordafrika im Lichte der Kulturgeschichte (in gemeinverständlicher Darstellung; München 1886).

Für die geographischen Zusammenhänge sei an erster Stelle auf die gesammelten Aufsätze des Altmeisters auf dem Gebiete der Mittelmeergeographie Theobald Fischer, Mittelmeerbilder (Leipzig 1906, neue Folge 1908) verwiesen, dazu auf die ausgezeichnete Zusammenfassung Alfred Philippsons, Das Mittelmeergebiet (Leipzig 1904, 2. Auflage 1908). Vgl. auch Friedrich Ratzel, Politische Geographie (München 1897).

Kapitel I.

Für die allgemeine Geschichte des Altertums die großartige Zusammenfassung von Eduard Meyer, Geschichte des Altertums (bisher 5 Bde., Stuttgart 1884 bis 1902; Bd. 1 in 2. Aufl. 1908).

Zu Seite 4 ff. Rich. Pietschmann, Geschichte der Phönizier (Berlin 1889).

5. W. v. Landau, Die Phönizier (der alte Orient 4,1); H. Winckler, Die Bedeutung der Phönizier für die Kulturen des Mittelmeers (Zeitschrift für Sozialwissenschaften 6).

7 ff. Julius Beloch, Griechische Geschichte (3 Bde., Straßburg 1893 bis 1898); Edward A. Freeman, Geschichte Siziliens (deutsche Ausgabe von Bernhard Lupus, 3 Bde., Leipzig 1895 bis 1901); von demselben Verfasser mehrere zusammenfassende Darstellungen, neuerdings „Sicily", Ausgabe für Reisende. London 1904.

10. Zur Nechofahrt und auch sonst zu den Dingen geschichtlich-geographischen Charakters: Hugo Berger, Geschichte der wissenschaftlichen Erdkunde der Griechen (Leipzig 1887; 2. Aufl. 1903).

11 ff. Otto Meltzer, Geschichte der Karthager (2 Bde., Berlin 1879 und 1896).

12 ff. Theodor Mommsen, Römische Geschichte (Bd. 1 bis 3 und 5. Berlin 1854 bis 1856; 9. Aufl. 1902 bis 1904).

14. J. G. Droysen, Geschichte Alexanders des Großen (Gotha 1833; 4. Aufl. 1892); J. Kaerst, Alexander der Große und der Hellenismus (Historische Zeitschrift Neue Folge 38); Derselbe, Geschichte des hellenistischen Zeitalters (2 Bde., Leipzig 1901 bis 1908).

18 ff. Über die mit der Ausbreitung des Christentums zusammenhängenden Fragen vgl. das Bändchen 50 dieser Sammlung „Das Christentum", das zugleich grundlegende und weiterführende Aufsätze von C. H. Cornill, W. Staerk, E. v. Dobschütz, E. Troeltsch und W. Herrmann enthält.

Kapitel II.

Zu Seite 21 ff. H. Schiller, Geschichte der römischen Kaiserzeit (2 Bde., Gotha 1883 bis 1887); O. Seeck, Geschichte des Untergangs der antiken Welt (2 Bde., Berlin 1895 und 1901; Bd. 1 in 2. Aufl. 1898). — A. Schulten, Das Römische Afrika (Leipzig 1899); A. Grasham, Roman Africa. An outline of the history of the Roman occupation and monumental remains in that country (London 1902).

26 ff. L. M. Hartmann, Geschichte Italiens im Mittelalter (bisher 3 Bde., Gotha 1898 bis 1908); Th. Hodgkin, Italy and her invaders (8 Bde., London 1880 bis 1900; Bd. 1 bis 4 in 2. Aufl. 1892 bis 1896); P. Villari, Le invasioni barbariche in Italia (Mailand 1901).

26. H. Bradly, The story of the Gothes from the earliest times to the end of the Gothic dominion in Spain (London 1888; Neue Ausgabe 1898 als Teil der „Story of the Nations").

27. Ludwig Schmidt, Geschichte der Vandalen (Leipzig 1901).

28. A. Juris, Über das Reich des Odovakar (Progr. Kreuznach 1883).

30 ff. Charles Diehl, Justinien et la civilisation byzantine au 6. siècle (Paris 1901).

32. Th. Nöldeke, Geschichte der Perser und Araber im Zeitalter der Sassaniden (Leyden 1879).

Kapitel III.

Zu Seite 34 ff. Aug. Müller, Der Islam im Morgen- und Abendland (2 Bde., Berlin 1885 bis 1887); H. Grimme, Mohammed (2 Teile, Münster 1892); H. Reckendorf, Mohammed und die Seinen (Bd. 2 dieser Sammlung, Leipzig 1907).

36 ff. W. Muir, The Caliphate, its rise, decline and fall (London 1891).

37. H. Fournel, Les Berbers, étude sur la conquête de l'Afrique par les Arabes (2 Bde., Paris 1875 bis 1881); Charles Diehl L'Afrique byzantine; Histoire de la domination byzantine en Afrique 533 — 709 (Paris 1896).

40 ff. Edw. A. Freeman, Western Europe in the eigth century (hrsg. von C. Scott Holmes, London 1904). — J. Gay, L'Italie méridionale et l'Empire byzantin (Paris 1904). — L. Bréhier, Le schisme oriental du 11. siècle (Paris 1899).

41. A. Kleinclansz, L'Empire Carolingien, ses origines et ses transformations (Paris 1902). — L. Duchesne, Les premiers temps de l'Etat pontifical 754 — 1073 (Paris 1898).

Anmerkungen.

42 ff. Vgl. die ausgezeichnete Zusammenfassung bei J. Jastrow und G. Winter, Deutsche Geschichte im Zeitalter der Hohenstaufen (Bd. I, Stuttgart 1897; Buch I, Abschnitt 1: Morgenland und Abendland in ihren bisherigen Beziehungen). Sonst A. v. Kremer, Kulturgeschichte des Orients (2 Bde., Wien 1875 bis 1877), zu dem demnächst ein Bändchen dieser Sammlung treten wird: J. Hell, Die Kultur der Araber.

45. G. Jacob, Der nordisch-baltische Handel der Araber im Mittelalter (Leipzig 1887).

46. Carl Neumann, Die Weltstellung des byzantinischen Reiches vor den Kreuzzügen (Leipzig 1894).

Kapitel IV.

Zu Seite 49 ff. vgl. die im vorangehenden Kapitel angegebene Literatur. Daneben vor allem Walter Norden, Das Papsttum und Byzanz. Die Trennung der beiden Gewalten und das Problem ihrer Wiedervereinigung (Berlin 1903); vgl. dazu die Besprechung von R. Sternfeld (Historische Vierteljahrsschrift 1904), während die von J. Haller (Historische Zeitschrift 99) über das Ziel schießt. Die Arbeit von F. X. Seppelt, Das Papsttum und Byzanz (Breslau 1904) tritt diesem Buch gegenüber zurück, bringt jedoch für einzelne Partien beachtenswerte Ergänzungen.

51 ff. A. Schaube, Handelsgeschichte der romanischen Völker des Mittelmeergebietes bis zum Ende der Kreuzzüge (München 1906).

52. Heinrich Kretschmayr, Geschichte von Venedig (bisher 1 Bd., Gotha 1905).

53. L. v. Heinemann, Geschichte der Normannen in Unteritalien und Sizilien bis zum Aussterben des normannischen Königshauses (Bd. I, Leipzig 1894); Erich Casper, Roger II. und die Gründung der normannisch-sizilischen Monarchie (Innsbruck 1904).

55 ff. B. Kugler, Geschichte der Kreuzzüge (Berlin 1883); R. Röhricht, Geschichte der Kreuzzüge im Umriß (Innsbruck 1898); H. Prutz, Kulturgeschichte der Kreuzzüge (Berlin 1883); O. Henne am Rhyn, Die Kreuzzüge und die Kultur ihrer Zeit (Leipzig 1885); Derselbe, Kulturgeschichte der Kreuzzüge (Leipzig 1894).

57. A. Gruhn, Die byzantinische Politik während der Kreuzzüge (Progr. Berlin 1904); Hans v. Kap-Herr, Die abendländische Politik Kaiser Manuels (Straßburg 1881).

59. Walter Norden, Der vierte Kreuzzug im Rahmen der Beziehungen des Abendlandes zu Byzanz (Berlin 1898); E. Gerland, Geschichte des lateinischen Kaiserreichs von Konstantinopel (Teil I. Progr. Homburg 1904); Vgl. dazu H. Kretschmayr a. a. O.

60. William Miller, The Latins in the Levant. A History of Frankish Greece 1204 — 1566 (London 1908).

61. R. Sternfeld, Ludwigs des Heiligen Kreuzzug nach Tunis 1270 und die Politik Karls I. von Sizilien (Berlin 1896).

Kapitel V.

Zu Seite 63 ff. Neben dem schon zu Seite 51 ff. genannten Buche von Schaube vor allem: W. Heyd, Geschichte des Levantehandels im Mittelalter (2 Bde., Stuttgart 1879) bezw. die verbesserte französische Ausgabe dieses Werkes: Histoire du commerce du Levant au moyen-âge (2 Bde., Leipzig 1885/86). Dazu G. Yver, Le commerce et les marchands dans l'Italie méridionale au 13. et 14. siècle (Paris 1903).

64. W. Heyd, Die mittelalterlichen Handelskolonien der Italiener in Nord-Afrika von Tripoli bis Marokko (Zeitschrift für die gesamte Staatswissenschaft 1864).

65 ff. Vgl. die zum vorangehenden Kapitel aufgeführte Literatur.

66. E. Heyck, Genua und seine Marine im Zeitalter der Kreuzzüge (Innsbruck 1886); G. Caro, Genua und die Mächte am Mittelmeer 1257 bis 1311 (2 Bde., Halle 1895 und 1899).

67. Constantin Jireček, Die Bedeutung von Ragusa in der Handelsgeschichte des Mittelalters (Sitzungsberichte der Kaiserlichen Akademie der Wissenschaften, phil.-histor. Klasse, Wien 1899).

68. M. G. Thomas, Die Stellung Venedigs in der Weltgeschichte (Akademische Rede, München 1864).

70 ff. Vgl. die zur Staatengeschichte angegebene Literatur.

72. L. v. Ranke, Geschichte der romanischen und germanischen Völker von 1494 bis 1514 (2. Aufl., sämtliche Werke 33/34, Leipzig 1874).

74. W. Roscoe, Life and pontificate of Leo X. (Liverpool 1805; neue Ausgabe London 1875); L. Pastor, Geschichte der Päpste seit dem Ausgang des Mittelalters (bisher 4 Bde., Freiburg 1886 bis 1907).

76 f. O. Peschel, Geschichte des Zeitalters der Entdeckungen (2. Aufl., Stuttgart 1877); Sophus Ruge, Geschichte des Zeitalters der Entdeckungen (Berlin 1881).

Kapitel VI.

Zu Seite 78 ff. P. Herre, Mittelmeerpolitik im sechzehnten Jahrhundert (Historische Vierteljahrsschrift 1906); dieser Aufsatz konnte zum Teil wörtlich übernommen werden. Daneben C. Manfroni, Storia della marina italiana dalla caduta di Costantinopoli alla battaglia di Lepanto (Rom 1897).

79 ff. L. v. Ranke, Die Osmanen und die spanische Monarchie im sechzehnten und siebzehnten Jahrhundert (4. Aufl., sämtliche Werke 35/36, Leipzig 1877); Konrad Haebler, Spanien unter der Regierung Karls I. (V.) (Gotha 1907); Leon Galindo y de Vera, Memoria historica de las posesiones Hispano-Africanas (Memorias de la Real Academia de la Historia 11).

84 ff. H.-D. de Grammont, Histoire d'Alger sous la domination turque 1515 — 1830 (Paris 1887).

85 ff. A. Scholtze, Die orientalische Frage in der öffentlichen Meinung des sechzehnten Jahrhunderts (Progr. Frankenberg 1880).
86 f. P. Ursu, La politique orientale de François I. (Paris 1908).
90. A. G. Busbecq, Legationis Turcicae epistulae quatuor (zuerst Paris 1589, teilweise in deutscher Übersetzung in den Beiträgen zur Kenntnis des Orients 1).
91 ff. P. Herre, Papsttum und Papstwahl im Zeitalter Philipps II. (Leipzig 1907).
92. P. Herre, Europäische Politik im cyprischen Krieg 1570 bis 1573; Teil 1 Vorgeschichte und Vorverhandlungen (Leipzig 1902).
93. Wilhelm Havemann, Das Leben des Don Juan d'Austria (Gotha 1865).
97. J Raulich, Storia di Carlo Emanuele I. Duca di Savoia (2 Bde., Mailand 1896 bis 1902).
97 f. Paul Masson, Histoire des établissements et du commerce français dans l'Afrique barbaresque 1560 à 1793 (Paris 1903).
98. Edwin Pears, The spanish Armada and the Ottoman Porte (English hist. Review 8); H. G. Rosedale, Queen Elizabeth and the Levant Company (London 1904); M. Epstein, The early history of the Levant Company (London 1908).
99. A. Cour, L'établissement des dynasties des cherifs au Maroc et leur rivalité avec les Turcs de la régence d'Alger 1509 à 1830 (Paris 1904).

Kapitel VII.

Zu Seite 100 ff. Max Immich, Geschichte des europäischen Staatensystems von 1660 bis 1789 (München 1905); die beste Zusammenfassung der politischen Geschichte Europas während dieses Zeitraumes.
101. E. Kaeber, Die Idee des europäischen Gleichgewichts in der Publizistik des sechzehnten bis achtzehnten Jahrhunderts (Berlin 1907).
101 ff. M. Philippson, Heinrich IV. und Philipp III. Die Begründung des französischen Übergewichtes in Europa 1598 bis 1610 (3 Bde., Berlin 1870 bis 1876); Paul Masson, Histoire du commerce français dans le Levant au 17. siècle (Paris 1896); G. Fagniez, Le commerce sous Henri IV. (Revue hist. 1881).
102 f. G. Fagniez, Le père Joseph et Richelieu 1577 à 1638 (2 Bde., Paris 1894).
103 ff. Julian S. Corbett, England in the Mediterranean (Bd. 1, London 1904); Hermann Wätjen, Die Niederländer im Mittelmeergebiet zur Zeit ihrer höchsten Machtstellung (Berlin 1909).
106. Comte de Cosnac, Mazarin et Colbert (2 Bde., Paris 1892).
106 ff. Kurt Koehler, Die orientalische Politik Ludwigs XIV. (Diss. Leipzig 1907).
109. Max Immich, Papst Innocenz XI. 1676 bis 1689 (Berlin 1900).

110. G. F. Preuß, Wilhelm III. von England und das Haus Wittelsbach im Zeitalter der spanischen Erbfolgefrage (Bd. 1, Breslau 1904).
111 ff. François—Ch. Roux, Les échelles de Syrie et de Palestine au 18. siècle (Revue d'histoire diplomatique 20 und 21).
111. H. Ritter von Srbik, Der staatliche Exporthandel Österreichs von Leopold I. bis Maria Theresia (Wien 1907); P. v. Radics, Kaiser Karl VI. als Staats- und Volkswirt (Innsbruck 1886); J. Dullinger, Die Handelskompagnien Österreichs nach dem Orient und nach Ostindien in der ersten Hälfte des achtzehnten Jahrhunderts (Zeitschrift für Sozial- und Wirtschaftsgeschichte 7).
113. Edward Armstrong, Elisabeth Farnese. „The Tergament" of Spain (London 1892).
114 f. Comte K. Waliszewski, L'évolution de la politique française en Orient 1734 à 1771 (Revue d'histoire diplomatique 2).
115 ff. A. Sorel, La question d'Orient au 18. siècle (2. Ed., Paris 1889); Edonard Driault, La question d'Orient depuis ses origines jusqu'à nos jours (3. Aufl., Paris 1905); dazu Say, Machtverfall der Türkei.
117 f. François—Ch. Roux, La politique française en Egypte à la fin du 18. siècle (Revue hist. 1906).
118 f. Vgl. die zu Seite 84, 97 und 99 angegebenen Werke von Grammont, Cour und Masson.

Kapitel VIII.

120 ff. G. Roloff, Die Kolonialpolitik Napoleons I. (München 1899); Edonard Driault, La politique orientale de Napoleon I. Sebastiani et Gardane 1806 à 1808 (Paris 1904).
122 ff. Alfred Stern, Geschichte Europas seit den Verträgen von 1815 bis zum Frankfurter Frieden von 1871 (bisher 4 Bände, Berlin 1894 bis 1905); die auf neuester Forschung beruhende ungemein zuverlässige Zusammenstellung der europäischen Geschichte, bisher bis zum Jahre 1833 reichend.
125 ff. Louis Béhier, L'Egypte de 1798 à 1900 (Paris 1900).
126 ff. Vgl. die zu Seite 115 angegebene Literatur.
132 ff. F. v. Bamberg, Geschichte der orientalischen Angelegenheit im Zeitraum des Pariser und Berliner Friedens (Berlin 1892).
132. H. Friedjung, Der Krimkrieg und die österreichische Politik (Stuttgart 1907).
133 f. Hermann Reuchlin, Geschichte Italiens von der Gründung der regierenden Dynastien bis zur Gegenwart (4 Bde., Leipzig 1859 bis 1874); Pietro Orsi, Das moderne Italien (Übersetzung von F. Goetz, Leipzig 1902).
135 ff. Vgl. Philippson a. a. O.

137 f. Albert Ungard Edler von Óthalom, Der Suezkanal. Seine Geschichte, seine Bau- und Verkehrsverhältnisse und seine militärische Bedeutung (Wien und Leipzig 1905).

138 f. Vgl. die zu Seite 131 aufgeführte Literatur.

Kapitel IX.

Zu Seite 140 ff. J. H. Rose, The development of the European nations 1870—1904 (London 1905); G. Egelhaaf, Geschichte der neuesten Zeit vom Frankfurter Frieden bis zur Gegenwart (Stuttgart 1908, 2. Aufl. 1909); E. Brandenburg, Entstehung eines Weltstaatensystems (Ullsteins Weltgeschichte, Neuzeit III).

141 f. Vgl. Béhier a. a. O.; dazu Viscount Milner, England in Egypt (London 1892, 4. Aufl. 1907); Earl of Cromer, Das heutige Ägypten (Übersetzung von Plüddemann, 2 Bde., Berlin 1908).

145. A. Billot, La France et l'Italie. Histoire des années troubles 1881 à 1899 (2 Bde., Paris 1905); P. D. Fischer, Italien und die Italiener (2. Aufl. Berlin 1901).

146. Leopold Frh. v. Chlumecky, Österreich-Ungarn und Italien. Das westbalkanische Problem und Italiens Kampf um die Vorherrschaft in der Adria (Wien und Leipzig 1907).

147 f. M. Wahl, L'Algérie (4. Aufl., Paris 1903); P. Mohr, Algerien Eine Studie über die französische Land- und Siedelungspolitik in Algerien (Berlin 1907). Vgl. dazu die verschiedenen höchst wertvollen Aufsätze Th. Fischers, die jetzt in den Mittelmeerbildern wieder abgedruckt sind.

149 ff. Zu der früher bei Seite 115 und 132 genannten Literatur: Sir Charles Eliot, Turkey in Europe (London 1906); René Pinon, Europe et l'Empire Ottoman (Paris 1908); Victor Bérard, La révolution Turque (Paris 1909).

151. Vgl. Chlumecky a. a. O.

152. Lewis Sergeant, Greece in the nineteenth century (London 1897); Alfred Philippson, Griechenland und seine Stellung im Orient (Geographische Zeitschrift 1897).

153. Martin Hartmann, Der islamische Orient. Berichte und Forschungen (Bd. 1 mit 10 Einzeldarstellungen, Bd. 2: Die arabische Frage, Berlin 1899 bis 1909).

Namenregister.

Abbasiden, Kalifengeschlecht 50.
Abd-ar-Rahman, arabischer Statthalter in Spanien 40. 50.
Abd-el-Kader, algerischer Emir 130.
Abdul Hamid, türkischer Sultan 150.
Abessinien 142. 146.
Aden (Adana) 18. 136.
Adria 68. 95. 97. 115. 116. 123. 137. 138. 145. 146.
Ägäischer Kulturkreis 7.
Ägypten 3 bis 8. 10. 13. 14. 18. 35 bis 38. 50. 58. 62. 66. 75. 84. 95. 104. 109. 117. 121. 124 bis 129. 136. 142. 143. 147. 149. 153.
Akkon 56. 57. 62.
Alarich, Westgotenkönig 26. 27.
Albanien, Albanier 3. 139. 145.
Alberoni, spanischer Minister 113.
Alcandete Graf, spanischer Gouverneur 83.
Aleppo 98.
Alexander der Große, König der Mazedonier 14. 23.
Alexandria 19. 36. 37. 86. 108. 117. 141.
Algeciras 148.
Algier 37. 50. 80. 83. 84. 89. 98. 108. 118. 129. 130. 132. 135. 144. 147. 148.
Alhucemas 135.
Almeria 135.
Amalfi 46. 51.
Ambrosius, Bischof von Mailand 24.
Amerika 52. 77. 79 bis 81. 115.
Amerika, Vereinigte Staaten von 129. 141.
Amsterdam 104.
Ancona 46. 57. 97.

Angelsachsen 41.
Anjous, provenzalisch-italienisches Herrschergeschlecht 72.
Antigonen, mazedonisches Herrschergeschlecht 14.
Antiochia 57.
Antonio, Dom, portugiesischer Prätendent 98.
Appeninhalbinsel 3.
Äquatoria 142.
Aquileja 52.
Arabi Bei, ägyptischer Offizier 142.
Arabien, Araber, Arabertum 18. 34 bis 47. 50. 51. 53. 54. 64. 65. 95. 148. 153.
Aragon 54.
Aragonesen 72.
Archipelagos 74.
Arianismus 24.
Ariertum 100.
Armenier 136. 153.
Assyrien 5.
Athen 13. 59.
Atlantischer Ozean 6. 77. 135.
Attaliden, Herrschergeschlecht von Pergamon 14.
Attila, Hunnenkönig 29.
Augsburg 96.
Augustin, Kirchenvater 20.
Augustus, erster römischer Kaiser 16. 18.
Avaren 92.

Bab-el-Mandeb, Straße von 142.
Babylon 3. 4. 10.
Bagdad 44. 45. 50.
Bahr-el-Ghasal 142.
Balearen 12. 31. 39. 72. 83. 110.

Namenregister

Balkanhalbinsel 3. 7. 31. 32. 65. 66. 71. 94. 123. 138 bis 140. 145. 149. 151. 152.
Barbaresken 93. 99. 102. 104. 108.
Barbarossa, Cheir-ed-Din, Herrscher von Algier 84. 88. 89. 99.
Barbarossa Horud, Herrscher von Algier 84. 99.
Barcelona 54. 108. 141.
Bari 46. 51.
Barka 50.
Barrère, französischer Gesandter 145.
Basra 35. 44.
Beiruth 141.
Belgrad 114.
Belisar, oströmischer Feldherr 31.
Benedikt VIII., Papst 49.
Berbern 3. 37. 38. 44. 79. 99. 148.
Bismarck, deutscher Staatsmann 133. 139. 144.
Blake, Robert, englischer Admiral 106.
Bohemund von Tarent, Normannenherzog 56. 57.
Bone 90.
Bonifaz VIII., Papst 70.
Bonnac, Marquis von, französischer Gesandter 114.
Bosnien 139. 145. 151.
Bosporus 116. 128. 140.
Bougie 80. 90.
Bourbonen, französisches und spanisches Herrschergeschlecht 110. 113. 128 bis 130.
Brindisi 51.
Bucintoro, venezianisches Staatsschiff 68.
Bugeaud, französischer Marschall 130.
Bulgaren, Bulgarien 32. 139. 149.
Buol, österreichischer Minister 132.
Busbecq, Anger Ghislen, kaiserlicher Gesandter in Konstantinopel 90.
Busento, Fluß in Unteritalien 27.

Byzanz (Staat) 25 bis 27. 30 bis 33. 36 bis 41. 46. 49 bis 51. 54 bis 62. 64. 65. 70 bis 73. 151.
Byzanz (Stadt) siehe Konstantinopel.

Cabotto, zwei Seefahrer (Vater und Sohn) 77.
Caesar, Gaius Julius, römischer Staatsmann 16. 17. 23.
Campo Formio 121.
Carlos, Don, spanischer Kronprätendent 131.
Cartagena 108.
Cavour, italienischer Staatsmann 133. 134.
Ceuta 37. 39. 66. 135.
China 1. 45.
Chios 67.
Christus 19.
Cid, spanischer Nationalheld 54.
Colbert, Minister Ludwigs XIV. von Frankreich 106 bis 108.
Columbus, Christof, genuesischer Seefahrer 77.
Cordova 50. 54.
Cornaro, Catarina, Königin von Cypern 75.
Cosimo, Herzog von Florenz 91.
Cromwell, Oliver 105.
Curzola 68.
Cypern 6. 9. 36. 62. 75. 92. 142. 153.

Dalmatien, Dalmatiner 47. 57. 66. 67. 115. 122. 144.
Damaskus 36. 44.
Dandolo, Andrea, venezianischer Doge 59. 65.
Dardanellen 116. 128.
Darfur 142.
Deutschland 137. 141. 144. 145.
Dido, sagenhafte tyrische Königstochter und Gründerin Karthagos 11.
Dionysos, Herrscher von Syrakus 13.
Doria, Andrea, genuesischer Doge 89.

Dragut, türkischer Pirat 90.
Drake, englischer Seefahrer 106.
Dscherba, Insel an der nordafrikanischen Küste 80. 91.
Dschinggis-Chan, mongolischer Herrscher 70.
Duquesne, französischer Admiral 107.

Edessa 57.
Elisabeth, Königin von England 105.
Elisabeth Farnese, Königin von Spanien 113.
England 53. 64. 94. 98. 101. 103 bis 105. 110 bis 118. 124 bis 130. 132. 133. 136. 141 bis 143. 146. 147. 153. 154.
Ephesos 25.
Epirus 57. 61. 150.
Eratosthenes, griechischer Geograph 14.
Etrusker 3. 12.
Eugen, Prinz von Savoyen, österreichischer Feldherr 109. 123.
Europa, sagenhafte tyrische Königstochter 6.

Ferdinand, König von Aragonien 80. 81.
Ferdinand VII., König von Spanien 131.
Fiume 115. 151.
Flandern 45. 64.
Florenz 68. 72. 91. 96.
Franken 30.
Frankreich, Franzosen 41. 45. 69. 78. 82. 85 bis 88. 90. 91. 94. 97. 98. 101 bis 104. 106 bis 115. 117. 118. 120. 121. 124 bis 133. 136. 137. 142 bis 148. 153.
Franz I., König von Frankreich 86. 87. 90.
Franz I., Kaiser von Österreich 125.
Franz Joseph, Kaiser von Österreich 132.
Friaul 26.

Friedrich I. Barbarossa, deutscher Kaiser 58.
Friedrich II., deutscher Kaiser 60. 67.
Friedrich der Große, König von Preußen 22. 114. 115.
Frigidusfluß 24.

Gallien, Gallier 16. 27. 30.
Genserich, Vandalenkönig 27.
Genua, Genuesen 64 bis 68. 75 bis 77. 89. 96. 105. 108. 113. 123. 137. 141.
Germanen, Germanentum 28. 30. 33. 43. 44. 69.
Gibraltar 110. 124. 153.
Gibraltar, Straße von 6. 39. 65. 94. 104. 105. 135. 140.
La Goletta 89. 93.
Gordon, ägyptischer Gouverneur 142.
Goten 40.
St. Gotthard an der Raab 107.
Gracchus, Gaius Sempronius, römischer Staatsmann 16.
Grado 52.
Granada 79.
Gregor IX., Papst 60.
Gregor X., Papst 61.
Griechen, Griechenland (siehe auch Byzanz) 7 bis 20. 32. 54. 57. 62. 68. 72. 103. 123. 126. 136. 141. 149. 150. 152. 153.
Guiscard, Robert, Normannenherzog 54.
Gustav Adolf, König von Schweden 103.

Habsburg, deutsches und spanisches Herrscherhaus 82. 86. 87. 101. 113.
Hamilkar, karthagischer Feldherr und Staatsmann 15.
Hannibal, karthagischer Feldherr und Staatsmann 15.
Hanno, karthagischer Entdecker 14.
Harun al Raschid, Kalif 43.
Hassan, arabischer Feldherr 38.

Heinrich VI., deutscher Kaiser 58. 59.
Heinrich II., König von Frankreich 90.
Heinrich IV., König von Frankreich 97. 101 bis 104. 107. 121.
Hellenen siehe Griechen.
Hellenismus 14.
Heraklia 52.
Heraklios, byzantinischer Kaiser 32. 33.
Herkules, Heros der griechischen Sage 8.
Herzegowina 139. 145. 151.
Hetiterreich 7. 8.
Himera 13.
Hippalos, griechischer Seefahrer 18.
Hipparch, griechischer Astronom 14.
Hiram, phönizischer König 5.
Hohenstaufen, deutsches Kaisergeschlecht 57. 58. 61. 72.
Holland, Holländer 94. 101 bis 105. 107.
Hunnen 29.
Hussein, algerischer Dei 129.
Hyerische Inseln 114.

Iberer 3.
Ibrahim, Vizekönig von Ägypten 126.
Illyrien 26.
Illyrier 3.
Indien 1. 13. 18. 35. 45. 66. 95. 96. 98. 104. 121. 122. 124. 127. 136.
Innocenz III., Papst 59.
Innocenz IV., Papst 60.
Innocenz XI., Papst 109.
Isabella I., Königin von Kastilien 80 bis 82.
Isabella II., Königin von Spanien 131.
Island 52.
Isly, Fluß in Marokko 130.
Ismael, Vizekönig von Ägypten 142.
Istrien 122. 144.
Italien, Italiener (siehe auch Rom) 26. 41. 45. 69. 72. 76. 77. 79. 88. 89. 102. 104. 121. 123. 125. 134. 138 bis 140. 143 bis 147. 152. 153.
Ithaka 121.
S. Jago, Ritterorden von, 80.
Japan 141.
Jerez de la Frontera 39.
Jerusalem 33. 35. 55 bis 58. 114.
Jimenez Kardinal, spanischer Staatsmann 80.
Johanniterorden 55. 62. 71. 89. 90. 121.
Jonische Inseln 142.
Joseph II., deutscher Kaiser 116.
Joseph Bonaparte, König von Neapel 122.
Joseph, Père, französischer Staatsmann 102 bis 104.
Juan de Austria 93.
Juden 18. 19. 136. 144.
Julian, römischer Kaiser 22. 23. 26. 32.
Justinian, oströmischer Kaiser 25. 31. 46. 57.

Kabylen 79.
Kadesia 35.
Kadmos, sagenhafter tyrischer Prinz 36.
Kahina, berberische Königin und Wahrsagerin 37.
Kairo 44.
Kairuan 37. 44. 50. 62.
Kalirt I., Papst 23.
Kalirt III., Papst 86.
Karaibisches Meer 1.
Kara Mustapha, türkischer Großwesir 109.
Karl der Große, erster römischer Kaiser deutscher Nation 30. 41 bis 43. 47. 49. 59.
Karl von Anjou, König von Italien 61. 62.
Karl VIII., König von Frankreich 86.
Karl V. (I.), deutscher Kaiser und König von Spanien 81 bis 83. 86. 88 bis 91.

Karl II., König von England 105.
Karl VI., deutscher Kaiser 112.
Karl Albert, König von Sardinien 131.
Karl Emanuel, Herzog von Savoyen 97.
Karl Martell, fränkischer Hausmeier 40. 42.
Karlowitz 109. 110.
Karthago 7. 10 bis 13. 15. (Staat und Stadt) 16. 17. 26. 37. 68.
Kasr-el-Said 145.
Kastilien, Kastiliertum 54. 80. 82.
Katalanen 67. 72. 97.
Katharina, Kaiserin von Rußland 115. 116.
Khosru Anoscharwan, neupersischer Herrscher 33.
Kirchenstaat 41. 70. 97.
Kleinasien 3. 9. 13. 46. 66. 67. 70. 152. 153.
Klemens IV., Papst 61.
Komnenen, byzantinisches Kaisergeschlecht 57.
Konstans II., byzantinischer Kaiser 38.
Konstantin, römischer Kaiser 20.
Konstantinopel 21. 39. 46. 51. 59. 60. 65. 71 bis 73. 86 bis 90. 95. 107. 141. 151.
Konstanze, Gemahlin Kaiser Heinrichs VI. 58.
Korfu 57. 121. 122.
Korinth 15.
Koron 89. 90.
Korsika 12. 31. 64. 115. 120.
Kreta 7. 9. 109. 126. 150.
Krim 116.
Kroaten 32.
Kufa 44.
Kutahia 127.
Kütschük-Kainardscha 116.
Kyrene 9.
Kyros, persischer König 13.

La Calle 76.
Lalla Marnia 130.
Langobarden 38. 40. 41.
Lateiner (im mittelalterlichen Sinne) 41. 56. 59. 60. 71. 72.
Lateinisches Kaiserreich Romanien 59. 60.
Leibniz, deutscher Philosoph 109.
Leo X., Papst 74.
Leo der Syrer, byzantinischer Kaiser 39. 40. 42.
Leopold I., deutscher Kaiser 107. 109. 112.
Lepanto 92.
Lesseps, Ferdinand von, Erbauer des Suezkanals 137. 138. 140.
Levantiner 136. 137.
Limisso 62.
Lissa 138.
Lissabon 95. 98.
Livorno 96. 104.
Lombardei 134.
London 104.
Ludwig VII., der Heilige, König von Frankreich 62. 65.
Ludwig XIV., König von Frankreich 100. 101. 106 bis 111. 113. 121.
Ludwig XV., König von Frankreich 112. 113.
Ludwig XVI., König von Frankreich 117. 121.
Ludwig Philipp, König der Franzosen 129 bis 131.
Luther, Martin, deutscher Reformator 88.
Lyon 86.

Mahedia 54. 90.
Mahmud, türkischer Sultan 127.
Mailand 110.
Malaga 80. 141.
Malta 89 bis 91. 121. 124. 141. 153.
Malteser 136.
Mamluken 62. 84. 117. 125.

Manfred, König von Italien 61.
Manuel I. Komnenos, byzantinischer Kaiser 57. 58. 60.
Marathon 13.
Maria Theresia, deutsche Kaiserin und Herrscherin Österreichs 115.
Marokko 37. 50. 93. 99. 119. 130. 135. 143. 147. 148.
Marseille 9. 12. 86. 104. 108. 141.
Martin IV., Papst 62.
Massalia siehe Marseille.
Massaua 146.
Mauren 76. 79. 82. 93.
Mazarin, Kardinal, französischer Staatsmann 106. 107.
Mazedonien 14. 139. 149.
Medina 35. 36.
Mehemed Ali, Vizekönig von Ägypten 125 bis 128. 137. 142.
Mekka 34 bis 36. 45.
Melilla 80. 135.
Mers el Kebir 80. 93.
Mesopotamien 84.
Messina 107.
Metternich, österreichischer Kanzler 123. 125. 131.
Michael VIII. Paläologos, byzantinischer Kaiser 61. 62.
Moawigo, Kalif 38.
Mogador 130.
Mohammed 34 bis 36. 73.
Moldau und Walachei, Fürstentümer 133. 134.
Moltke, türkischer Generalstabschef 127. 128.
Mongolen 70.
Montenegro 139. 145.
Morea 59. 109.
Morosini, Francesco, venezianischer Feldherr 109.
Murano 52.
Murat, König von Neapel 122.
Musa, arabischer Feldherr und Staatsmann 38. 39.

Nabatäerreich 1.
Napoleon I., Kaiser der Franzosen 118. 120 bis 122. 124. 125. 137.
Napoleon III., Kaiser der Franzosen 132 bis 134. 137.
Narses, oströmischer Feldherr 31.
Navarro, Pedro, spanischer Admiral 80.
Navarrino 126.
Neapel 72. 97. 105. 106. 110. 113. 122. 134. 141.
Nebukadnezar, König von Babylon 10.
Necho II., ägyptischer König 10.
Nelson, englischer Admiral 122.
Nikephoros, byzantinischer Kaiser 42.
Nikolaus I., Kaiser von Rußland 132.
Nikopolis 71.
Nisib 128.
Nizäa 60.
Nizza 97. 134.
Nordafrika 2. 3. 20. 44. 46. 50. 62. 64. 67. 79 bis 84. 89. 93. 94. 98. 99. 102. 104. 118. 119. 122. 128. 137. 140. 144. 147. 148. 154.
Nordsee 14.
Normannen 28. 52 bis 54. 57. 58.
Norwegen 8.
Novibazar 139.

Obollah 35.
Odessa 141.
Odoaker, germanischer Heerführer 29.
Okba, arabischer Feldherr und Statthalter 37. 38.
Omajjaden, Kalifengeschlecht 36. 38. 50.
Omar, Kalif 36.
Oran 80. 81. 83. 93. 118. 119.
Orchan, türkischer Herrscher 70.
Origenes, Kirchenvater 20.
Ormus 95.
Osman, türkischer Herrscher 70.

Osmanen siehe Türken.
Ostende 112.
Österreich 97. 109. 110. 112 113. 115 bis 117. 122 bis 125. 128. 132. 133. 137 bis 139. 145. 146. 149. 151. 152.
Ostgoten 29 bis 31.
Ostrom siehe Byzanz.
Ostrumelien 139. 149.
Ostsee 14. 46.
Osuña, Don Pedro Tellez y Giron, Herzog von, 105.
Otranto 51.
Otto der Große, deutscher Kaiser 49.
Otto III., deutscher Kaiser 51.
Ottonen, deutsches Kaisergeschlecht 49.

Paläologen, byzantinisches Kaisergeschlecht 60. 70.
Palästina 5.
Palermo 50.
Palmerston, englischer Minister 130.
Panamakanal 1.
Pantellaria, Straße von 26. 50. 53. 144.
Paoli, korsischer Freiheitskämpfer 120.
Papsttum 23. 25. 26. 29. 40. 42. 47. 49. 53 bis 57. 60 bis 63. 70. 71. 85. 88. 91. 124. 138.
Paris 112.
Passarowitz 112.
Paulus, Apostel 19.
Peñon de Velez 80.
Pentapolis 9.
Pergamon 14.
Perikles, athenischer Staatsmann 13.
Perseus, Heros vorgriechischer und griechischer Sage 8.
Persien (Perserreich) 13. 30. 32. 33. 104.
Peter von Amiens, Kreuzzugsprediger 80.

Peter der Große, Zar von Rußland 111. 115.
Petrus, Apostel 23.
Phasis, heute Rion, Fluß in Südrußland.
Philibert Emanuel, Herzog von Savoyen 97.
Philipp II. August, König von Frankreich 58.
Philipp IV. der Schöne, König von Frankreich 70.
Philipp II., König von Spanien 91 bis 93. 97. 113.
Phönizier 4 bis 7. 9. 10. 16. 68.
Piemont siehe Savoyen.
Pippin, fränkischer König 41.
Pisa 64 bis 68.
Pius V., Papst 91. 92.
Plataä 13.
Plato, griechischer Philosoph 14.
Polo, Marco, venezianischer Reisender 76.
Polybius, griechischer Geschichtschreiber 14.
Portugal, Portugiesen 6. 54. 69. 76. 77. 79. 80. 95. 98.
Poseidonios, griechischer Philosoph 14.
Preußen 114. 128. 132.
Provenzalen 67.
Ptolemäer, ägyptisches Herrschergeschlecht 14.
Pyrenäen 79.
Pytheas, Marseiller Kaufmann und Entdecker 14.

Ragusa 67. 97.
Ramses II., ägyptischer König 10.
Ravenna 29. 30. 46.
Rhodos 37. 62. 71. 80. 85.
Rialto 52.
Richard Löwenherz, König von England 58.
Richelieu, Kardinal, französischer Staatsmann 104. 106.

Roderich, Westgotenkönig 39
Roger II., normannischer König 54. 57.
Rom (Staat und Stadt des Altertums), Römer, Römertum 12. 14 bis 23. 26 bis 28. 73.
Rom (Stadt im Mittelalter und Neuzeit) 30. 134. 138.
Romanen, Romanentum 17. 28. 29. 41. 47.
Romulus Augustulus, letzter weströmischer Kaiser 29
Rotes Meer 10. 18. 36. 108. 136. 142. 143. 146.
Rumänien 139.
Rußland 46. 111. 112. 115 bis 117. 122. 124 bis 128. 132. 133. 139. 150 bis 152.

Sahara 3. 130. 147.
Saladin, arabischer Sultan 58.
Salamis 13.
Salerno 51.
Salomo, jüdischer König 5.
Salona 59.
Saloniki 59. 141.
Santa Cruz 135.
Sarazenen siehe Araber.
Sardinien 6. 12. 30. 31. 39. 65. 72. 110. 113. 123.
Sargon von Agade, König von Babylon 4.
Sassaniden, neupersisches Herrschergeschlecht 32. 33.
Savoyen 97. 110. 113. 123. 131. 133. 134.
Schwarzes Meer 9. 65. 66. 68. 70. 75. 95. 111. 116. 128. 134. 136. 141.
Scipio, römischer Feldherr 15.
Sebastopol 133.
Seldschuken 50. 55.
Seleukiden, syrisches Herrschergeschlecht 14.
Selim I., türkischer Sultan 84.
Serben, Serbien 32. 134. 139. 149.
Sergius I., byzantinischer Kaiser 49.
Sertorius, Quintus, römischer Staatsmann 16.
Sidon, phönizische Stadt 5.
Sixtus V., Papst 91. 93.
Sizilien 6. 9. 12. 26. 27. 39. 50. 53. 54. 72. 80. 97. 105 bis 107. 110. 113. 134.
Skandinavien 52. 53.
Skythen 3.
Slawen 146. 150.
Smyrna 86. 104. 141.
Soliman, Kalif 39.
Soliman der Prächtige, türkischer Sultan 85. 91.
Spanien, Spanier 6. 12. 16. 27. 30. 31. 35. 39. 45. 69. 76. 78 bis 94. 97. 98. 100. 102. 105. 110. 113 bis 115. 119. 122. 130. 131. 135. 147. 153.
Spanische Halbinsel 6. 54. 72.
Sueven 27.
Suez 108. 136. 137.
Suezkanal 1. 10. 96. 137. 138. 140 bis 143.
Sully, Herzog von, Minister Heinrichs IV. von Frankreich 102.
Sylvester II., Papst 51.
Syrakus 13. 38.
Syrien, Syrer 3. 4. 14. 18. 33. 46. 50. 58. 66 bis 68. 75. 84. 95. 125 bis 127. 153.

Tabarka 76.
Tanger 105. 130.
Tarik, arabischer Feldherr 39.
Tegetthoff, österreichischer Admiral 138.
Tetuan 135.
Theoderich, Ostgotenkönig 29 bis 32.
Theodosius, römischer Kaiser 24.
Theseus, sagenhafter König von Athen 8.
Thessalonich siehe Saloniki.
Tilsit 122.
Tirol 144.

Clemfen 80. 81. 83.
Torcello 52.
Toscanelli, Paolo, Florentiner Geograph 77.
Toulon 114. 122.
Triest 97. 110. 112. 115. 137. 141. 151.
Tripolis, Tripolitanien 9. 37. 80. 89. 90. 108. 118. 128. 144. 145.
Tunis 37. 62. 80. 81. 87. 88. 90. 93. 108. 118. 143 bis 145. 147.
Türkei, Türken 70. 72 bis 75. 79. 82. 84 bis 95. 97 bis 100. 102 bis 104. 106 bis 109. 111. 112. 114 bis 119. 121 bis 128. 132 bis 136. 139. 147 bis 153.
Turkestan 127.
Tyros, phönizische Stadt 5. 11.

Uluch Ali, Herrscher von Algier 99.
Ungarn 65. 67.
Unteritalien 53. 54.
Urban II., Papst 57.
Urban IV., Papst 61.
Utica 11.
Utrecht 110.

Valencia 141.
Valens, römischer Kaiser 26.
Valois, französisches Herrscherhaus 82.
Vandalen 27. 28. 30. 31.
Velez, Peñon de los 135.
Venedig (Staat und Stadt) 11. 51. 52. 57. 59. 64 bis 68. 71. 74 bis 76. 81. 86. 88. 92. 94 bis 97. 105. 109. 112. 121. 122. 137.
Despucci, Amerigo, Florentiner Geograph 77.
Viktor Emanuel III., König von Italien 145.
Voltaire, französischer Philosoph 116.

Wallenstein, Feldherr des Dreißigjährigen Krieges 103.
Welid I., Kalif 39.
Westgoten 26. 27. 30. 32. 39.
Wien 88. 109.
Wikinger 52.

Zaffarinas Inseln 135.
Zante 57.